Klassische d

Zoe Wilson

Klassische deutsche Kurzgeschichten

Herausgegeben von
Werner Bellmann

Reclam

2., durchgesehene und bibliographisch ergänzte Auflage

RECLAMS UNIVERSAL-BIBLIOTHEK Nr. 18251
2003, 2018 Philipp Reclam jun. GmbH & Co. KG,
Siemensstraße 32, 71254 Ditzingen

Druck und Bindung: Kösel GmbH & Co. KG,
Am Buchweg 1, 87452 Altusried-Krugzell
Printed in Germany 2019
RECLAM, UNIVERSAL-BIBLIOTHEK und
RECLAMS UNIVERSAL-BIBLIOTHEK sind eingetragene Marken
der Philipp Reclam jun. GmbH & Co. KG, Stuttgart
ISBN 978-3-15-018251-2
www.reclam.de

Inhalt

WOLFDIETRICH SCHNURRE

Das Begräbnis

Steh ich in der Küche auf m Stuhl. Klopfts.

Steig ich runter, leg den Hammer weg und den Nagel; mach auf: Nacht; Regen.

Nanu, denk ich, hat doch geklopft.

»Ptsch«, macht die Dachrinne.

»Ja –?« sag ich.

Rufts hinter mir: »Hallo!«

Geh ich zurück wieder. Liegt n Brief auf m Tisch.

Nehm ihn.

Klappt die Tür unten. Leg ich den Brief hin, geh runter, mach auf: Nichts.

Ulkig, denk ich.

Geh rauf wieder.

Liegt der Brief da; weiß mit schwarzem Rand.

Muß einer gestorben sein, denk ich.

Seh mich um.

»Riecht nach Weihrauch«, sagt meine Nase.

»Hast recht«, sag ich; »war doch vorher nich. Komisch.«

Reiß den Brief auf, setz mich, putz mir die Brille. So.

Richtig, ne Traueranzeige. Ich buchstabiere:

VON KEINEM GELIEBT, VON KEINEM GEHASST, STARB HEUTE NACH LANGEM, MIT HIMMLISCHER GEDULD ERTRAGENEM LEIDEN: GOTT.

Klein, drunter:

Die Beisetzung findet heute nacht in aller Stille auf dem St.-Zebedäus-Friedhof statt.

Siehste, denk ich, hats ihn auch geschnappt, den Alten; nu ja. Steck die Brille ins Futteral und steh auf.

»Frau!« ruf ich, »n Mantel!«

»Wieso n?« brummelt sie oben.

»Frag nich so blöd«, sag ich; »muß zur Beerdigung.«

»Kenn ich«, greint sie; »Skat kloppen willste.«

»Quatsch«, sag ich; »Gott is gestorben.«

»Na und –?« sagt sie; »vielleicht noch n Kranz kaufen, hm?«

»Nee«, sag ich; »aber Franzens Zylinder könntste rausrücken. Wer weiß, wer alles da is.«

»Ach nee«, sagt sie; »auch noch n Dicken Willem markiern? Nee, is nich. Außerdem duster; sieht sowieso keiner, daß de n Zylinder aufhast.«

Schön, denk ich; denn nich, liebe Tante.

Zieh mein Paletot an, klapp n Kragen hoch und geh runter zur Tür.

s pladdert.

Den Schirm, denk ich. Aber den Schirm hat Emma.

»Nacht«, sag ich und mach zu hinter mir.

Alles wie immer draußen. Glitschiger Asphalt, bißchen Laternenlicht; paar Autos, paar Fußgänger; auch die Straßenbahn fährt.

Frag ich einen: »Schon gehört – Gott is gestorben.«

Sagt der: »Nanu; heut erst?«

Der Regen nimmt zu. Vor mir taucht n Kiosk auf mit ner Karbidlampe drin.

Halt, denk ich, mußt doch mal sehn.

Beug mich rein; blättere, such.

HEUTE: nichts. MORGEN: nichts. NEUE WELT: nichts. DIE ZUKUNFT: nichts. AM FEIERABEND: nichts. Keine Zeile; nicht mal unter *Kurznachrichten*.

Frag ich: »Sonst noch was?«

»Anzeigenblatt«, sagt der Zeitungsmann.

»Moment«, sag ich.

Such, finds: Letzte Seite; reiner Zufall. Unter *Sonstiges*, klitzeklein:

VON KEINEM GELIEBT, VON KEINEM GEHASST, STARB HEUTE NACH LANGEM, MIT HIMMLISCHER GEDULD ERTRAGENEM LEIDEN: GOTT.

Aus; alles.

Zeigs dem Zeitungsmann: »Na –?«

Sagt der: »Armer Deubel. Kein Wunder.«

Auf m Paradeplatz, mitten im Nebel, steht n Schutzmann.

Frag ich: »Nich was durchs Radio gekommn?«

»Krieg«, sagt er.

»Nee«, sag ich; »was Besondres.«

»Nee«, sagt er.

»Kein Todesfall? Gott soll gestorben sein.«

Zuckt er die Schultern: »Hat er davon.«

Wird dunkler. Die Straße verengt sich.

Ecke Kadettenweg renn ich einen an.

Sagt der: »Gehts n hier zum Zebedäus-Friedhof?«

»Pfarrer?« frag ich; »Beerdigung?«

Er nickt.

»Wen denn.«

Sagt er: »n gewissen Klott oder Gott oder so ähnlich.«

Gehn wir zusammen. An Mietskasernen vorbei, schorfigen Brandmauern, flackernden Gaslaternen.

Fragt der Pfarrer: »Verwandt mit dem Toten?«

»Nee«, sag ich; »bloß so.«

Hinter uns wird n Fenster aufgerissen.

»Hilfe!« schreit ne Frau.

n Blumentopf klirrt aufs Pflaster. Gegenüber zieht einer n Roll-Laden hoch. Licht fällt auf die Straße.

»Ruhe!« brüllt jemand.

»Noch weit?« fragt der Pfarrer.

»Nee«, sag ich; »gleich.«

Der Regen ist jetzt so dicht, daß man kaum noch die Laternen erkennt. Bin naß bis aufs Hemd.

»Hier«, sag ich: »rechts.«

Ist die Marschallstraße; mündet auf n Kohlenplatz, der jetzt mit Stacheldraht eingezäunt ist; Quarantänelager für Heimkehrer.

Die stehn im Regen und warten. Links der Zebedäus-Friedhof daneben, eng an die Rückwand von WALDEMARS BALLSÄLEN gequetscht. Rechts die Stickstoff-Fabrik. Ihre verschmierten Fenster sind hell; man hörts, sie läuft auf Hochtouren. Ihre Schornsteine sind von unten erleuchtet; oben verlieren sie sich im Nebel.

Vorm Friedhof steht was. n Wagen mit ner Kiste drauf; paar Leute, n Pferd.

»n Abend«, sag ich.

»Biste der Pfarrer?«

»Nee«, sag ich, *»der.«*

»Los, pack mit an.«

Der Pfarrer greift zu, schweigend. Sie heben sich die Kiste auf die Schulter und schwanken durchs Tor.

»Beeilt euch!« schreit der Kutscher. Er hat sich unter ner Decke verkrochen und lehnt an dem Pferd; raucht.

s Tor quietscht, wie ichs zumach. Langsam schlendre ich hinter den Männern her.

Zwei tragen Spaten. Die kenn ich; sind die Totengräber. Der dritte hat n blauen Kittel an, hinter seinem rechten Ohr klebt ne aufgeweichte Zigarette; n Straßenfeger oder so was. Die andern beiden stecken in speckigen Feldblusen und haben Schildmützen auf; Heimkehrer aus m Lager wahrscheinlich. Der sechste ist der Pfarrer.

Jetzt sind sie aus m Schritt gekommen, die Kiste auf ihren Schultern liegt schief.

Hat der Pfarrer dran schuld; kriegt s Kreuz nicht raus, stöhnt. Schreit plötzlich: »Absetzen!« Duckt sich.

»Rumms.«

Der Deckel fliegt ab. Haben sie die Bescherung.

Der Pfarrer hinkt; hat die Kiste auf n Fuß gekriegt.

Der Tote ist rausgefallen. Liegt da, bleich. Die Azetylenlampen vom Lager leuchten ihn an. n graues Hemd trägt er, ist hager, und an seinem Mund und im Bart ist etwas Blut festgetrocknet. Er lächelt.

»Idiot«, sagt der Kittelmann.

Sie drehn die Kiste um und heben den Toten wieder rein.

Sagt der eine Heimkehrer: »Er is dreckig, paß auf.«

»Schon gut«, sagt der andre.

Wie der Deckel drauf ist, bücken sie sich.

»Haaaaaau-ruck!« schrein die Totengräber.

»Maaaarsch!«

Der Pfarrer hinkt.

An nem zermanschten Erdhaufen wartet ne Frau. Kenn ich; ist die Inspektorin. Sie hat n durchlöcherten Schirm aufgespannt, durch den man die erleuchteten Schornsteine sieht. Ihr Rock ist aus Sackleinen; STÄDTISCHE STICKSTOFFWERKE steht drauf.

»Hierher!« schreit sie.

Neben dem Erdhaufen ist n Loch. Neben dem Loch liegt n Strick. Daneben n Blechkreuz mit ner Nummer drauf.

Die Träger schwenken ein.

»Seeeeeeetzt – ab!« kommandieren die Totengräber.

Die Kiste rumpelt zur Erde. H. GOTT ist drangeschrieben mit Kreide. Drunter n Datum; schon verwischt aber.

Der Pfarrer räuspert sich.

»Junge, Junge«, sagt der eine Heimkehrer und betupft sich die Stirn.

Der andre stellt den Fuß auf die Kiste und beugt sich vornüber. »Mistwetter«, sagt er und bewegt die Zehen, die aus der Schuhspitze raussehn.

»Los, Leute«, sagt die Inspektorin, »haut hin.«

Der eine Totengräber mißt das Loch mit m Spatenstiel aus.

»Werd verrückt«, sagt er.

»Was n«, fragt der andre.

»Zu kurz.«

Sie schippen.

Es plantscht, wenn die Brocken ins Loch fallen; Grundwasser.

»Paßt«, sagt der Kittelmann.

Der Pfarrer räuspert sich. »Liebe Anwesende«, sagt er.

»Hier«, sagt der eine Totengräber, »faß mal n Strick an. So. Und jetzt drauf mit dem Ding.«

Sie heben die Kiste an und stellen sie auf den Strick, der rechts und links mit je drei Schlaufen drunter vorsieht.

»Zuuuuu-gleich!« kommandieren die Totengräber.

Die Kiste schwebt überm Loch.

Taghell machens die Azetylenlampen. Die Blechkreuze rings auf den flachen Hügeln sind nicht höher als Kohlköpfe.

Es regnet ununterbrochen.

Von der schimmligen Rückwand von WALDEMARS BALLSÄLEN löst sich n Putzplacken ab und haut zwei Grabkreuze um.

»Nachlassen«, sagt der eine Totengräber; »langsam nachlassen.«

Die Kiste senkt sich.

»Woran ist er n gestorben?« frag ich.

Die Inspektorin gähnt. »Soll *ich* n das wissen.«

Vom Quarantänelager kommt Harmonikamusik rüber.

»Bei drei loslassen«, sagt der andre Totengräber; zählt: »Eins –, zwei –«

»Moment«, sagt der Pfarrer und zieht sein Bein aus der Grube; »so.«

»Drei!«

Klang, als wär n Sack ins Wasser geplumpst.

»Sauerei«, sagt der Kittelmann und wischt sich s Gesicht ab.

Die Heimkehrer ziehn die Mützen vom Kopf. Der Pfarrer faltet die Hände.

»Na, ja.« Der eine Totengräber spuckt aus und wickelt den Strick auf.

»Bißchen tiefer hättet ihr ruhig gehn können«, sagt die Inspektorin.

Der Pfarrer hat fertig gebetet. Er hebt nen Lehmbatzen auf und wirft ihn ins Loch.

»Bumms«, macht es. Auch ich bück mich.

»Bumms.«

Der Kittelmann schubst seine Portion mit m Fuß rein.

»Bumms.«

n Augenblick ist es still; man hört nur das Rattern und Stampfen der Maschinen aus der Stickstoff-Fabrik. Dann setzt die Musik wieder ein, lauter jetzt.

Die Heimkehrer haben die Mützen wieder aufgesetzt, sie wiegen sich in den Hüften und summen mit.

»Fertig –?« fragt der Kittelmann.

»Fertig«, sagt die Inspektorin. »Haut das Kreuz weit genug rein.«

Der Pfarrer putzt sich die Hände ab. »Liebe Anwesende«, sagt er.

»He!« schreit draußen der Kutscher.

»Ja doch!« brüllt der Kittelmann. Tippt an die Mütze: »n Abend allerseits.«

»n Abend«, sagen die Heimkehrer und gehn auch.

Die Inspektorin folgt ihnen. Sieht aus wie ne Steckrübe mit ihrem geschürzten Rock.

Die Totengräber fangen an zu schippen.

»Rumms«, macht es; »rumms, rumms.«

»-fluchter Dreck«, sagt der eine und tritt mit m Absatz den Lehm vom Spaten.

»Geben se n heut im ODEON?« fragt der andre.

Der Pfarrer starrt die Rückwand von WALDEMARS BALLSÄLEN an.

»Noch nich nachgesehn«, sagt der erste Totengräber; »gleich mal vorbeigehn.«

»Hü!« schreit der Kutscher draußen.

»n Abend«, sag ich.

Der Pfarrer rührt sich nicht.

»n Abend«, sagen die Totengräber.

s Friedhofstor quietscht, wie ichs zumach. Am Zaun ist n Zettel aufgespießt. Reiß ihn ab; Stück Zeitungspapier. Inseratenteil, weich vom Regen. Links sucht die PATRIA-BAR n eleganten Kellner mit eigener Wäsche; rechts tauscht einer n Bettlaken gegen ne Bratpfanne ein. Dazwischen, schwarzer Rand, Traueranzeige:

VON KEINEM GELIEBT, VON KEINEM GEHASST, STARB HEUTE NACH LANGEM, MIT HIMMLISCHER GEDULD ERTRAGENEM LEIDEN: GOTT.

Dreh mich um.

Der eine Totengräber ist ins Loch reingesprungen und trampelt die Erde fest. Der andre schneuzt sich und schlenkert n Rotz von den Fingern.

In der Stickstoff-Fabrik rattern die Maschinen. Ihre Schornsteine sind von unten erleuchtet. Oben verlieren sie sich im Nebel. Hinterm Stacheldraht auf m Kohlenplatz stehn die Heimkehrer und warten.

s regnet. Taghell habens die Azetylenlampen gemacht; wo sie nicht hinreichen, ist Nacht.

Jetzt ist auch die Harmonika wieder da. Einer singt zu ihr: »La paloma ohé!«

s Friedhofstor quietscht. Ist der Pfarrer.

Er hinkt.

(Entstanden 1945 oder 1946)

WOLFGANG BORCHERT

Das Brot

Plötzlich wachte sie auf. Es war halb drei. Sie überlegte, warum sie aufgewacht war. Ach so! In der Küche hatte jemand gegen einen Stuhl gestoßen. Sie horchte nach der Küche. Es war still. Es war zu still und als sie mit der Hand über das Bett neben sich fuhr, fand sie es leer. Das war es, was es so besonders still gemacht hatte: sein Atem fehlte. Sie stand auf und tappte durch die dunkle Wohnung zur Küche. In der Küche trafen sie sich. Die Uhr war halb drei. Sie sah etwas Weißes am Küchenschrank stehen. Sie machte Licht. Sie standen sich im Hemd gegenüber. Nachts. Um halb drei. In der Küche.

Auf dem Küchentisch stand der Brotteller. Sie sah, daß er sich Brot abgeschnitten hatte. Das Messer lag noch neben dem Teller. Und auf der Decke lagen Brotkrümel. Wenn sie abends zu Bett gingen, machte sie immer das Tischtuch sauber. Jeden Abend. Aber nun lagen Krümel auf dem Tuch. Und das Messer lag da. Sie fühlte, wie die Kälte der Fliesen langsam an ihr hochkroch. Und sie sah von dem Teller weg.

»Ich dachte, hier wär was«, sagte er und sah in der Küche umher.

»Ich habe auch was gehört«, antwortete sie und dabei fand sie, daß er nachts im Hemd doch schon recht alt aussah. So alt wie er war. Dreiundsechzig. Tagsüber sah er manchmal jünger aus. Sie sieht doch schon alt aus, dachte er, im Hemd sieht sie doch ziemlich alt aus. Aber das liegt vielleicht an den Haaren. Bei den Frauen liegt das nachts immer an den Haaren. Die machen dann auf einmal so alt.

»Du hättest Schuhe anziehen sollen. So barfuß auf den kalten Fliesen. Du erkältest dich noch.«

Sie sah ihn nicht an, weil sie nicht ertragen konnte, daß er log. Daß er log, nachdem sie neununddreißig Jahre verheiratet waren.

»Ich dachte, hier wäre was«, sagte er noch einmal und sah wieder so sinnlos von einer Ecke in die andere, »ich hörte hier was. Da dachte ich, hier wäre was.«

»Ich hab auch was gehört. Aber es war wohl nichts.« Sie stellte den Teller vom Tisch und schnippte die Krümel von der Decke.

»Nein, es war wohl nichts«, echote er unsicher.

Sie kam ihm zu Hilfe: »Komm man. Das war wohl draußen. Komm man zu Bett. Du erkältest dich noch. Auf den kalten Fliesen.«

Er sah zum Fenster hin. »Ja, das muß wohl draußen gewesen sein. Ich dachte, es wäre hier.«

Sie hob die Hand zum Lichtschalter. Ich muß das Licht jetzt ausmachen, sonst muß ich nach dem Teller sehen, dachte sie. Ich darf doch nicht nach dem Teller sehen. »Komm man«, sagte sie und machte das Licht aus, »das war wohl draußen. Die Dachrinne schlägt immer bei Wind gegen die Wand. Es war sicher die Dachrinne. Bei Wind klappert sie immer.«

Sie tappten sich beide über den dunklen Korridor zum Schlafzimmer. Ihre nackten Füße platschten auf den Fußboden.

»Wind ist ja«, meinte er. »Wind war schon die ganze Nacht.« Als sie im Bett lagen, sagte sie: »Ja, Wind war schon die ganze Nacht. Es war wohl die Dachrinne.«

»Ja, ich dachte, es wäre in der Küche. Es war wohl die Dachrinne.« Er sagte das, als ob er schon halb im Schlaf wäre.

Aber sie merkte, wie unecht seine Stimme klang, wenn er log. »Es ist kalt«, sagte sie und gähnte leise, »ich krieche unter die Decke. Gute Nacht.«

»Nacht«, antwortete er und noch: »ja, kalt ist es schon ganz schön.«

Dann war es still. Nach vielen Minuten hörte sie, daß er leise und vorsichtig kaute. Sie atmete absichtlich tief und gleichmäßig, damit er nicht merken sollte, daß sie noch wach war. Aber sein Kauen war so regelmäßig, daß sie davon langsam einschlief.

Als er am nächsten Abend nach Hause kam, schob sie ihm vier Scheiben Brot hin. Sonst hatte er immer nur drei essen können.

»Du kannst ruhig vier essen«, sagte sie und ging von der Lampe weg. »Ich kann dieses Brot nicht so recht vertragen. Iß du man eine mehr. Ich vertrag es nicht so gut.«

Sie sah, wie er sich tief über den Teller beugte. Er sah nicht auf. In diesem Augenblick tat er ihr leid.

»Du kannst doch nicht nur zwei Scheiben essen«, sagte er auf seinen Teller.

»Doch. Abends vertrag ich das Brot nicht gut. Iß man. Iß man.«

Erst nach einer Weile setzte sie sich unter die Lampe an den Tisch.

(November 1946)

ELISABETH LANGGÄSSER

Saisonbeginn

Die Arbeiter kamen mit ihrem Schild und einem hölzernen Pfosten, auf den es genagelt werden sollte, zu dem Eingang der Ortschaft, die hoch in den Bergen an der letzten Paßkehre lag. Es war ein heißer Spätfrühlingstag, die Schneegrenze hatte sich schon hinauf zu den Gletscherwänden gezogen. Überall standen die Wiesen wieder in Saft und Kraft; die Wucherblume verschwendete sich, der Löwenzahn strotzte und blähte sein Haupt über den milchigen Stengeln; Trollblumen, welche wie eingefettet mit gelber Sahne waren, platzten vor Glück, und in strahlenden Tümpeln kleinblütiger Enziane spiegelte sich ein Himmel von unwahrscheinlichem Blau. Auch die Häuser und Gasthöfe waren wie neu: ihre Fensterläden frisch angestrichen, die Schindeldächer gut ausgebessert, die Scherenzäune ergänzt. Ein Atemzug noch: dann würden die Fremden, die Sommergäste, kommen – die Lehrerinnen, die mutigen Sachsen, die Kinderreichen, die Alpinisten, aber vor allem die Autobesitzer in ihren großen Wagen … Röhr und Mercedes, Fiat und Opel, blitzend von Chrom und Glas. Das Geld würde anrollen. Alles war darauf vorbereitet. Ein Schild kam zum andern, die Haarnadelkurve zu dem Totenkopf, Kilometerschilder und Schilder für Fußgänger: Zwei Minuten zum Café Alpenrose. An der Stelle, wo die Männer den Pfosten in die Erde einrammen wollten, stand ein Holzkreuz, über dem Kopf des Christus war auch ein Schild angebracht. Seine Inschrift war bis heute die gleiche, wie sie Pilatus entworfen hatte: J.N.R.J. – die Enttäuschung darüber, daß es im Grund hätte heißen sollen: er behauptet nur, dieser König zu sein, hatte im Lauf der Jahrhunderte an Heftigkeit eingebüßt. Die beiden Männer, welche den Pfosten, das Schild und die große Schaufel, um den Pfosten in die Erde zu graben, auf ihren Schultern trugen, setzten alles unter dem Wegekreuz ab; der dritte stellte den Werkzeugkasten, Hammer, Zange und Nägel daneben und spuckte ermunternd aus.

Nun beratschlagten die drei Männer, an welcher Stelle die Inschrift des Schildes am besten zur Geltung käme; sie sollte für alle, welche das Dorf auf dem breiten Paßweg betraten, besser: befuhren, als Blickfang dienen und nicht zu verfehlen sein. Man kam also überein, das Schild kurz vor dem Wegekreuz anzubringen, gewissermaßen als Gruß, den die Ortschaft jedem Fremden entgegenschickte. Leider stellte sich aber heraus, daß der Pfosten dann in den Pflasterbelag einer Tankstelle hätte gesetzt werden müssen – eine Sache, die sich von selbst verbot, da die Wagen, besonders die größeren, dann am Wenden behindert waren. Die Männer schleppten also den Pfosten noch ein Stück weiter hinaus bis zu der Gemeindewiese und wollten schon mit der Arbeit beginnen, als ihnen auffiel, daß diese Stelle bereits zu weit von dem Ortsschild entfernt war, das den Namen angab und die Gemeinde, zu welcher der Flecken gehörte. Wenn also das Dorf den Vorzug dieses Schildes und seiner Inschrift für sich beanspruchen wollte, mußte das Schild wieder näherrücken – am besten gerade dem Kreuz gegenüber, so daß Wagen und Fußgänger zwischen beiden hätten passieren müssen.

Dieser Vorschlag, von dem Mann mit den Nägeln und dem Hammer gemacht, fand Beifall. Die beiden anderen luden von neuem den Pfosten auf ihre Schultern und schleppten ihn vor das Kreuz. Nun sollte also das Schild mit der Inschrift zu dem Wegekreuz senkrecht stehen; doch zeigte es sich, daß die uralte Buche, welche gerade hier ihre Äste mit riesiger Spanne nach beiden Seiten wie eine Mantelmadonna ihren Umhang entfaltete, die Inschrift im Sommer verdeckt und ihr Schattenspiel deren Bedeutung verwischt, aber mindestens abgeschwächt hätte.

Es blieb daher nur noch die andere Seite neben dem Herrenkreuz, und da die erste, die in das Pflaster der Tankstelle überging, gewissermaßen den Platz des Schächers zur Linken bezeichnet hätte, wurde jetzt der Platz zur Rechten gewählt und endgültig beibehalten. Zwei Männer hoben die Erde aus, der dritte nagelte rasch das Schild mit wuchtigen Schlägen auf; dann stellten sie den Pfosten gemeinsam in die Grube und rammten ihn rings von allen Seiten mit größeren Feldsteinen an.

Ihre Tätigkeit blieb nicht unbeachtet. Schulkinder machten sich gegenseitig die Ehre streitig, dabei zu helfen, den Hammer, die Nägel hinzureichen und passende Steine zu suchen; auch einige Frauen blieben stehen, um die Inschrift genau zu studieren. Zwei Nonnen, welche die Blumenvase zu Füßen des Kreuzes aufs neue füllten, blickten einander unsicher an, bevor sie weitergingen. Bei den Männern, die von der Holzarbeit oder vom Acker kamen, war die Wirkung verschieden: einige lachten, andere schüttelten nur den Kopf, ohne etwas zu sagen; die Mehrzahl blieb davon unberührt und gab weder Beifall noch Ablehnung kund, sondern war gleichgültig, wie sich die Sache auch immer entwickeln würde. Im ganzen genommen konnten die Männer mit der Wirkung zufrieden sein. Der Pfosten, kerzengerade, trug das Schild mit der weithin sichtbaren Inschrift, die Nachmittagssonne glitt wie ein Finger über die zollgroßen Buchstaben hin und fuhr jeden einzelnen langsam nach wie den Richtspruch auf einer Tafel …

Auch der sterbende Christus, dessen blasses, blutüberronnenes Haupt im Tod nach der rechten Seite geneigt war, schien sich mit letzter Kraft zu bemühen, die Inschrift aufzunehmen: man merkte, sie ging ihn gleichfalls an, welcher bisher von den Leuten als einer der ihren betrachtet und wohl gelitten war. Unerbittlich und dauerhaft wie sein Leiden, würde sie ihm nun für lange Zeit schwarz auf weiß gegenüberstehen.

Als die Männer den Kreuzigungsort verließen und ihr Handwerkszeug wieder zusammenpackten, blickten alle drei noch einmal befriedigt zu dem Schild mit der Inschrift auf. Sie lautete: »In diesem Kurort sind Juden unerwünscht.«

(August 1947)

WOLFGANG BORCHERT

An diesem Dienstag

Die Woche hat einen Dienstag.
Das Jahr ein halbes Hundert.
Der Krieg hat viele Dienstage.

An diesem Dienstag

übten sie in der Schule die großen Buchstaben. Die Lehrerin hatte eine Brille mit dicken Gläsern. Die hatten keinen Rand. Sie waren so dick, daß die Augen ganz leise aussahen.

Zweiundvierzig Mädchen saßen vor der schwarzen Tafel und schrieben mit großen Buchstaben:

DER ALTE FRITZ HATTE EINEN TRINKBECHER AUS BLECH. DIE DICKE BERTA SCHOSS BIS PARIS. IM KRIEGE SIND ALLE VÄTER SOLDAT.

Ulla kam mit der Zungenspitze bis an die Nase. Da stieß die Lehrerin sie an. Du hast Krieg mit ch geschrieben, Ulla. Krieg wird mit g geschrieben. G wie bei Grube. Wie oft habe ich das schon gesagt. Die Lehrerin nahm ein Buch und machte einen Haken hinter Ullas Namen. Zu morgen schreibst du den Satz zehnmal ab, schön sauber, verstehst du? Ja, sagte Ulla und dachte: Die mit ihrer Brille.

Auf dem Schulhof fraßen die Nebelkrähen das weggeworfene Brot.

An diesem Dienstag

wurde Leutnant Ehlers zum Bataillonskommandeur befohlen.

Sie müssen den roten Schal abnehmen, Herr Ehlers.

Herr Major?

Doch, Ehlers. In der Zweiten ist sowas nicht beliebt.

Ich komme in die zweite Kompanie?

Ja, und die lieben sowas nicht. Da kommen Sie nicht mit durch. Die Zweite ist an das Korrekte gewöhnt. Mit dem roten Schal läßt die Kompanie Sie glatt stehen. Hauptmann Hesse trug sowas nicht.

Ist Hesse verwundet?

Nee, er hat sich krank gemeldet. Fühlte sich nicht gut, sagte er. Seit er Hauptmann ist, ist er ein bißchen flau geworden, der Hesse. Versteh ich nicht. War sonst immer so korrekt. Na ja, Ehlers, sehen Sie zu, daß Sie mit der Kompanie fertig werden. Hesse hat die Leute gut erzogen. Und den Schal nehmen Sie ab, klar?

'türlich, Herr Major.

Und passen Sie auf, daß die Leute mit den Zigaretten vorsichtig sind. Da muß ja jedem anständigen Scharfschützen der Zeigefinger jucken, wenn er diese Glühwürmchen herumschwirren sieht. Vorige Woche hatten wir fünf Kopfschüsse. Also passen Sie ein bißchen auf, ja?

Jawohl, Herr Major.

Auf dem Wege zur zweiten Kompanie nahm Leutnant Ehlers den roten Schal ab. Er steckte eine Zigarette an. Kompanieführer Ehlers, sagte er laut.

Da schoß es.

An diesem Dienstag

sagte Herr Hansen zu Fräulein Severin:

Wir müssen dem Hesse auch mal wieder was schicken, Severinchen. Was zu rauchen, was zu knabbern.

Ein bißchen Literatur. Ein Paar Handschuhe oder sowas. Die Jungens haben einen verdammt schlechten Winter draußen. Ich kenne das. Vielen Dank.

Hölderlin vielleicht, Herr Hansen?

Unsinn, Severinchen, Unsinn. Nein, ruhig ein bißchen freundlicher. Wilhelm Busch oder so. Hesse war doch mehr für das Leichte. Lacht doch gern, das wissen Sie doch. Mein Gott, Severinchen, was kann dieser Hesse lachen!

Ja, das kann er, sagte Fräulein Severin.

An diesem Dienstag

trugen sie Hauptmann Hesse auf einer Bahre in die Entlausungsanstalt. An der Tür war ein Schild:

OB GENERAL, OB GRENADIER:
DIE HAARE BLEIBEN HIER.

Er wurde geschoren. Der Sanitäter hatte lange dünne Finger. Wie Spinnenbeine. An den Knöcheln waren sie etwas gerötet. Sie rieben ihn mit etwas ab, das roch nach Apotheke. Dann fühlten die Spinnenbeine nach seinem Puls und schrieben in ein dickes Buch: Temperatur 41,6. Puls 116. Ohne Besinnung. Fleckfieberverdacht. Der Sanitäter machte das dicke Buch zu. Seuchenlazarett Smolensk stand da drauf. Und darunter: Vierzehnhundert Betten.

Die Träger nahmen die Bahre hoch. Auf der Treppe pendelte sein Kopf aus den Decken heraus und immer hin und her bei jeder Stufe. Und kurzgeschoren. Und dabei hatte er immer über die Russen gelacht. Der eine Träger hatte Schnupfen.

An diesem Dienstag

klingelte Frau Hesse bei ihrer Nachbarin. Als die Tür aufging, wedelte sie mit dem Brief. Er ist Hauptmann geworden. Hauptmann und Kompaniechef, schreibt er. Und sie haben über 40 Grad Kälte. Neun Tage hat der Brief gedauert. An Frau Hauptmann Hesse hat er oben drauf geschrieben.

Sie hielt den Brief hoch. Aber die Nachbarin sah nicht hin. 40 Grad Kälte, sagte sie, die armen Jungs. 40 Grad Kälte.

An diesem Dienstag

fragte der Oberfeldarzt den Chefarzt des Seuchenlazarettes Smolensk: Wieviel sind es jeden Tag?

Ein halbes Dutzend.

Scheußlich, sagte der Oberfeldarzt.

Ja, scheußlich, sagte der Chefarzt.

Dabei sahen sie sich nicht an.

An diesem Dienstag

spielten sie die Zauberflöte. Frau Hesse hatte sich die Lippen rot gemacht.

An diesem Dienstag

schrieb Schwester Elisabeth an ihre Eltern: Ohne Gott hält man das gar nicht durch. Aber als der Unterarzt kam, stand sie auf. Er ging so krumm, als trüge er ganz Rußland durch den Saal.

Soll ich ihm noch was geben? fragte die Schwester.

Nein, sagte der Unterarzt. Er sagte das so leise, als ob er sich schämte.

Dann trugen sie Hauptmann Hesse hinaus. Draußen

polterte es. Die bumsen immer so. Warum können sie die Toten nicht langsam hinlegen. Jedesmal lassen sie sie so auf die Erde bumsen. Das sagte einer. Und sein Nachbar sang leise:

Zicke zacke juppheidi
Schneidig ist die Infanterie.

Der Unterarzt ging von Bett zu Bett. Jeden Tag. Tag und Nacht. Tagelang. Nächte durch. Krumm ging er. Er trug ganz Rußland durch den Saal. Draußen stolperten zwei Krankenträger mit einer leeren Bahre davon. Nummer 4, sagte der eine. Er hatte Schnupfen.

An diesem Dienstag
saß Ulla abends und malte in ihr Schreibheft mit großen Buchstaben:

IM KRIEG SIND ALLE VÄTER SOLDAT.
IM KRIEG SIND ALLE VÄTER SOLDAT.

Zehnmal schrieb sie das. Mit großen Buchstaben. Und Krieg mit G. Wie Grube.

WOLFGANG BORCHERT

Nachts schlafen die Ratten doch

Das hohle Fenster in der vereinsamten Mauer gähnte blaurot voll früher Abendsonne. Staubgewölke flimmerte zwischen den steifgereckten Schornsteinresten. Die Schuttwüste döste.

Er hatte die Augen zu. Mit einmal wurde es noch dunkler. Er merkte, daß jemand gekommen war und nun vor ihm stand, dunkel, leise. Jetzt holen sie mich! dachte er. Aber als er ein bißchen blinzelte, sah er nur zwei etwas ärmlich behoste Beine. Die standen ziemlich krumm vor ihm, daß er zwischen ihnen hindurchsehen konnte. Er riskierte ein kleines Geblinzel an den Hosenbeinen hoch und erkannte einen älteren Mann. Der hatte ein Messer und einen Korb in der Hand. Und etwas Erde an den Fingerspitzen.

Du schläfst hier wohl, was? fragte der Mann und sah von oben auf das Haargestrüpp herunter. Jürgen blinzelte zwischen den Beinen des Mannes hindurch in die Sonne und sagte: Nein, ich schlafe nicht. Ich muß hier aufpassen. Der Mann nickte: So, dafür hast du wohl den großen Stock da? Ja, antwortete Jürgen mutig und hielt den Stock fest. Worauf paßt du denn auf?

Das kann ich nicht sagen. Er hielt die Hände fest um den Stock. Wohl auf Geld, was? Der Mann setzte den Korb ab und wischte das Messer an seinem Hosenboden hin und her.

Nein, auf Geld überhaupt nicht, sagte Jürgen verächtlich. Auf ganz etwas anderes.

Na, was denn?

Ich kann es nicht sagen. Was anderes eben.

Na, denn nicht. Dann sag ich dir natürlich auch nicht, was ich hier im Korb habe. Der Mann stieß mit dem Fuß an den Korb und klappte das Messer zu.

Pah, kann mir denken, was in dem Korb ist, meinte Jürgen geringschätzig, Kaninchenfutter.

Donnerwetter, ja! sagte der Mann verwundert, bist ja ein fixer Kerl. Wie alt bist du denn?

Neun.

Oha, denk mal an, neun also. Dann weißt du ja auch, wieviel drei mal neun sind, wie?

Klar, sagte Jürgen und um Zeit zu gewinnen, sagte er noch: Das ist ja ganz leicht. Und er sah durch die Beine des Mannes hindurch. Dreimal neun, nicht? fragte er noch mal, siebenundzwanzig. Das wußte ich gleich.

Stimmt, sagte der Mann, genauso viel Kaninchen habe ich.

Jürgen machte einen runden Mund: Siebenundzwanzig?

Du kannst sie sehen. Viele sind noch ganz jung. Willst du?

Ich kann doch nicht. Ich muß doch aufpassen, sagte Jürgen unsicher.

Immerzu? fragte der Mann, nachts auch?

Nachts auch. Immerzu. Immer. Jürgen sah an den krummen Beinen hoch. Seit Sonnabend schon, flüsterte er.

Aber gehst du denn garnicht nach Hause? Du mußt doch essen.

Jürgen hob einen Stein hoch. Da lag ein halbes Brot. Und eine Blechschachtel.

Du rauchst? fragte der Mann, hast du denn eine Pfeife?

Jürgen faßte seinen Stock fest an und sagte zaghaft: Ich drehe. Pfeife kann ich nicht ab.

Schade, der Mann bückte sich zu seinem Korb, die Kaninchen hättest du ruhig mal ansehen können. Vor allem die Jungen. Vielleicht hättest du dir eines ausgesucht. Aber du kannst hier ja nicht weg.

Nein, sagte Jürgen traurig, nein nein.

Der Mann nahm den Korb hoch und richtete sich auf. Na ja, wenn du hierbleiben mußt – schade. Und er drehte sich um. Wenn du mich nicht verrätst, sagte Jürgen da schnell, es ist wegen den Ratten.

Die krummen Beine kamen einen Schritt zurück: Wegen den Ratten?

Ja, die essen doch von Toten. Von Menschen. Da leben sie doch von.

Wer sagt das?

Unser Lehrer.

Und du paßt nun auf die Ratten auf? fragte der Mann.

Auf die doch nicht! Und dann sagte er ganz leise: Mein Bruder, der liegt nämlich da unten. Da. Jürgen zeigte mit dem Stock auf die zusammengesackten Mauern. Unser Haus kriegte eine Bombe. Mit einmal war das Licht weg im Keller. Und er auch. Wir haben noch gerufen. Er war viel kleiner als ich. Erst vier. Er muß hier ja noch sein. Er ist doch viel kleiner als ich.

Der Mann sah von oben auf das Haargestrüpp. Aber dann sagte er plötzlich: Ja, hat euer Lehrer euch denn nicht gesagt, daß die Ratten nachts schlafen?

Nein, flüsterte Jürgen und sah mit einmal ganz müde aus, das hat er nicht gesagt.

Na, sagte der Mann, das ist aber ein Lehrer, wenn er

das nicht mal weiß. Nachts schlafen die Ratten doch. Nachts kannst du ruhig nach Hause gehen. Nachts schlafen sie immer. Wenn es dunkel wird, schon.

Jürgen machte mit seinem Stock kleine Kuhlen in den Schutt. Lauter kleine Betten sind das, dachte er, alles kleine Betten. Da sagte der Mann (und seine krummen Beine waren ganz unruhig dabei): Weißt du was? Jetzt füttere ich schnell meine Kaninchen und wenn es dunkel wird, hole ich dich ab. Vielleicht kann ich eins mitbringen. Ein kleines, oder was meinst du?

Jürgen machte kleine Kuhlen in den Schutt. Lauter kleine Kaninchen. Weiße, graue, weißgraue. Ich weiß nicht, sagte er leise und sah auf die krummen Beine, wenn sie wirklich nachts schlafen.

Der Mann stieg über die Mauerreste weg auf die Straße. Natürlich, sagte er von da, euer Lehrer soll einpacken, wenn er das nicht mal weiß.

Da stand Jürgen auf und fragte: Wenn ich eins kriegen kann? Ein weißes vielleicht?

Ich will mal versuchen, rief der Mann schon im Weggehen, aber du mußt hier solange warten. Ich gehe dann mit dir nach Hause, weißt du? Ich muß deinem Vater doch sagen, wie so ein Kaninchenstall gebaut wird. Denn das müßt ihr ja wissen.

Ja, rief Jürgen, ich warte. Ich muß ja noch aufpassen, bis es dunkel wird. Ich warte bestimmt. Und er rief: Wir haben auch noch Bretter zu Hause. Kistenbretter, rief er.

Aber das hörte der Mann schon nicht mehr. Er lief mit seinen krummen Beinen auf die Sonne zu. Die war schon rot vom Abend und Jürgen konnte sehen, wie sie durch die Beine hindurchschien, so krumm waren sie. Und der Korb schwenkte aufgeregt hin und her. Kaninchenfutter war da drin. Grünes Kaninchenfutter, das war etwas grau vom Schutt.

(November 1947)

ELISABETH LANGGÄSSER

Glück haben

Dieses merkwürdig endende Selbstgespräch hörte ich auf der Gartenbank eines ländlichen Sanatoriums, welches gleichzeitig Altersheim war. Ich wartete damals auf einen Bekannten, den wir kurz vor dem Ende des letzten Krieges mit einem Nervenschock aus dem Keller seines Hauses gezogen hatten; sein Kopf ging wie ein Uhrperpendikel immer ticktack hin und her … immer ticktack, ganz friedlich, ganz ruhig, niemand von uns (weder ich noch mein Mann noch die Skatfreunde meines Bekannten) hätten sich drüber gewundert, wenn die Stunde gerade halb oder voll war, noch den Westminstergong zu hören – ticktack und den Westminstergong. Na ja. Aber diese Geschichte steht auf 'nem anderen Blatt.

Übrigens war die Heilanstalt ein wahres Paradies. Schöner Park, alte Bäume, das Haus dahinter ein märkisches Landschloß: zwei einfache Flügel und eine Freitreppe in der Mitte – bißchen kleiner, wäre es ein Wohnhaus in Caputh oder Bernau gewesen. Wie gesagt, es war wirklich ein Paradies, wie es gleich hinterm Friedhof kommt. Wir wünschten uns alle damals so etwas ähnliches, um uns vier Wochen auszuruhen. Aber wer hat das Glück?

Neben mir saß eine ältere Frau; das heißt, ob sie eigentlich älter war, kann ich nicht mehr mit Sicherheit sagen. Sie war verrückt, das stand einwandfrei fest. Auf gar keinen Fall gehörte sie etwa nur in das Altersheim. Aber alt oder nicht alt – keine von uns sah damals gern in den Spiegel. Auch die da: Wenn ich mir's jetzt überlege, war sie weder – noch. Sie war keins von beiden: Nicht alt und nicht jung – natürlich nicht jung –, doch ihr Gesicht ganz glatt wie ein Ei unter vollkommen schlohweißen Haaren. Man wird sagen, solche Gesichter gibt's viele. Und das ist auch wieder wahr. Nur daß nicht alle verrückt sind und erst recht nicht alle eingesperrt werden – wo käme man sonst hin? Gut möglich, daß mir die Frau normalerweise nicht aufgefallen oder mir, was sie erzählte, nicht haften geblieben wäre; es gab soviel Unglück in dieser Zeit, daß es auf weniger oder mehr schon überhaupt nicht mehr ankam – man behielt es im Grunde nicht. (Heute sage ich: Gott sei Dank. Wo käme man sonst hin?) Also, normalerweise wäre mir so ein Geschöpf sicher nicht aufgefallen. Beim Schlangestehen, zum Beispiel, erlebt man ja ähnliche Dinge. Oder auf der Bezugscheinstelle.

Aber hier war die Sache anders. Man bekam nichts erzählt; man hörte da etwas, das im Grunde nicht für einen bestimmt war, man hatte das verdammte Gefühl, einen offenen Brief zu lesen, der liegengeblieben war. Ja: Einen offenen Brief. Ich glaube, dieser Vergleich ist richtig, wenn auch jeder natürlich hinkt. Denn daß man etwas gelesen hatte, durfte man scheinbar nicht wissen. Kaum sagte man: Wie? Oder: Ach? Oder: Oh!, so fuhr die Frau wie gepickt in die Höhe und sah einen böse an. Na – ›böse‹ ist überhaupt kein Ausdruck für dieses Angucken – nur ein Verrückter kann einen so ansehen … so gefährlich und so aus 'ner anderen Welt. Ich hätte mich natürlich gefürchtet, wenn nicht eine Schwester die ganze Zeit in der Nähe geblieben wäre. Eigentlich dürfte man diese Biester ja gar nicht Schwestern nennen. Wenn so eine still von hinten her andrückt und packt die Kranken in ihre Klammer und schiebt sie am Ellbogen weiter, ohne ein Wort zu sagen ... so eine blauweiß gestreifte, dicke Lokomotive –. Na ja, es muß ja am Ende sein. Wo käme man sonst hin?

Wie gesagt: Die Frau war schon mitten im Reden, als ich mich neben sie setzte. Allerdings kann sie mit ihrer Geschichte nicht weit gewesen sein.

»Ich war wirklich ein hübsches Kind«, sagte sie. »Augen wie Tollkirschen. Eine Figur wie eine Groschenpuppe. Meine Eltern ließen mich gern und häufig photographieren. Warum auch nicht? Warum denn auch nicht? Sie hatten es ja dazu. Da gibt es Bilder von mir vor einer Waldkulisse, und andere wieder in einem Park auf einer Birkenholzbank. Mein kleiner Bruder mußte den Kopf an meine Schulter legen – ›Hänsel und Gretel‹, sagten die Leute zu dieser Photographie. Ein anderes Mal, ich weiß nicht wieso, halte ich einen japanischen Schirm über mich und mein Stickereikleid. Ich war ein Glückskind. Wir hatten Geld; was ich wollte, konnte ich haben, keine Puppe war groß genug. Auch in der Schule ging es mir gut. Ich hatte in allem die erste Nummer, nur in Handarbeit immer fünf. Das sei doch schade, meinte die Lehrerin, und meine Mutter setzte sich hin und machte für mich die Handarbeiten – da hatte ich von der Religion bis zur Handarbeit nur noch eins. So ging es weiter. Mit sieben Jahren bekam ich ein kleines Dreirad, mit zehn ein größeres und mit vierzehn ein richtiges Damenrad. Wir machten Reisen – mal eine nach Bayern, mal eine nach Helgoland. Dann starb unser Vater. Mein Bruder und ich merkten nicht viel davon. Ein Jahr wie das andre: in einem lernte ich Rückenschwimmen und im andern Diabolo spielen, in dem dritten sammelten wir einen Haufen von bunten Ansichtspostkarten, in dem vierten Reklamemarken. Ich hatte wie immer Glück beim Tauschen: Pfeiffer und Dillers Kaffeezusatz gegen die Weltausstellung; das Persilmädchen gegen moderne Kunst und den Darmstädter Jugendstil. So kam der Weltkrieg und ging vorüber, ohne uns weh zu tun – am Anfang gab es noch alles zu essen, am Ende die Quäkerspeisung. In der Unterprima verliebte ich mich zum ersten Male in einen Lehrer, obwohl ich das Schwärmen nicht leiden konnte und nichts von der Sinnlichkeit hielt. Von da ab verliebte ich mich sehr häufig und wurde auch angeschwärmt. Ich bekam meinen ersten Heiratsantrag und bald einen zweiten und dritten, obwohl doch sehr viele junge Männer im Krieg gefallen waren. Na, ich war eben wirklich nett und hatte auch wohl, wie man damals so sagte, richtigen ›Sex-Appeal‹. Als fünftes Mädchen aus meiner Klasse verheiratete ich mich. Mein Mann war Assessor, sein Vorgesetzter nannte mich ›kleine Frau‹. Am Anfang wollten wir keine Kinder, um das Leben noch zu genießen, auf keinen Fall aber mehr als zwei: einen Jungen, ein Mädchen und Schluß. Natürlich hatte ich wieder Glück, und alles ging wie bestellt. Zuerst kam der Junge, ich nannte ihn Harald, hernach die kleine Brigitte, ein wunderhübsches Kind. Mein Mann war ein hochbegabter Jurist, auch kaufmännisch erfahren, ein lieber, guter Kerl. Er hätte im Staatsdienst bleiben können, aber um rascher voranzukommen und noch mehr Geld zu verdienen, wurde er Syndikus. Zuerst in Köln, dann in Hamburg, zuletzt in Königsberg. Immer weiter nach Norden, dann nach Nordosten, im Osten blieben wir hängen und kauften uns schließlich ein Gütchen in der Romintener Heide mit Jagd und Fischerei. Womit unser Unglück eigentlich anfing, weiß ich heute nicht mehr genau. Vielleicht hätten wir nicht so schrecklich weit vom Westen fortgehen sollen, aber wer konnte das ahnen? Der Norden war zeitgemäß, mehr noch der Osten, viele Kinder zu haben, war schick. Ich raffte mich also zu dem Entschluß auf, noch ein weiteres Baby zu kriegen, doch es war eine Fehlgeburt. Ich versuchte es noch einmal: wieder dasselbe. Nach dem dritten Male gab ich es auf. Mein Mann war inzwischen auch älter geworden und hatte ein Magengeschwür. Nichts Schlimmes natürlich, wir hatten Glück, die Operation war nach Wunsch verlaufen, da bekam er plötzlich, kein Mensch weiß warum, die übliche Embolie. Ich war sehr traurig, aber die Kinder standen mir tatkräftig bei. Das war kurz vor dem Krieg, der Junge war achtzehn, das Mädchen sechzehn Jahre. Alles wie üblich: zuerst Abitur, dann Arbeitsdienst, dann wurde Harald zum Militär eingezogen. Er hatte Glück: Weil er technisch begabt war, kam er zu einer Nachrichtentruppe und blieb zunächst hinter der Front. Brigitte, groß und blond wie mein Mann, wurde Arbeitsdienstführerin im Generalgouvernement. Es wäre wohl alles gut gegangen, wenn Harald sich nicht aus dem Ehrgeiz heraus, das Ritterkreuz zu erhalten, bei den Fallschirmtruppen gemeldet hätte. Kurz darauf kam er zum Einsatz und fiel bei Monte Cassino … fast an dem gleichen Tag, als die Brigitte von einem SS-Kameraden den kleinen Heiko bekam. Natürlich wollte sie jetzt nicht länger Lagerführerin bleiben, sondern ging mit dem Jungen nach Haus. Das Kind gedieh prächtig, sie hatte Glück und verlobte sich mit einem Schlipsoffizier, einem Nachtjäger, welcher kurz nach der Landung der Engländer in Nordfrankreich fiel, aber sie hatte Glück und war vorher noch mit ihm ferngetraut worden. Als das Kind gerade zu laufen anfing, merkten wir, daß den Führer sein Glück verlassen hatte. Alles ging schief, der Russe kam näher und näher, schließlich mußten wir fliehen. Es war im Winter, Hals über Kopf mußten wir alles verlassen, zwei Koffer in der Hand. Die Züge waren natürlich von Flüchtlingen überfüllt, es waren Güterzüge, Viehwagen, offene Loren; wir hatten Glück und bekamen einen geschlossenen Wagen von Dirschau bis Schneidemühl. In Schneidemühl mußten die Wagen halten, um einem Verwundetenzug und den flüchtenden Truppen Vorfahrt zu lassen, die über die Geleise kamen. Wir wurden alle herausgesetzt, die Koffer auf die Schienen geworfen, und erst, als die Truppen aufgenommen und in die Wagen gepackt worden waren, durften wir mitfahren – teils auf dem Dach, auf den Puffern, den Trittbrettern, wo eben Platz war, so gut es eben ging. Meine Tochter gab mir den Kleinen zu halten und ging noch einmal auf die Geleise, um nach den Koffern zu sehen. Sie hatte auch Glück und fand ihren Koffer und reichte ihn mir auf das Dach. In diesem Augenblick fuhr der Zug los, und von der anderen Seite kam ein Gegenzug an uns vorbei. Meine Tochter wurde sofort überfahren, ich packte das Kind in die Wolldecke ein, aber am nächsten Morgen war es natürlich schon tot. Wir fuhren weiter, auch andere Kinder waren oben auf dem Dach erfroren, immer neue

Flüchtlinge stiegen dazu, wir warfen schließlich, um Platz zu haben, die hartgefrorenen Kinderleichen herunter in den Schnee. Endlich kamen wir nach Berlin und in ein Flüchtlingslager. Wir wurden erobert, ich hatte Glück, der Vorort wurde fast ohne Schuß den Russen übergeben, in der Nähe war ein Barackenlager mit vielen Konservendosen. Als das vorüber war und noch kein Brot gebacken werden konnte, gingen wir weiter hinaus in das verlassene Lager, wo noch Kartoffeln waren; doch als ich hinkam, hatten schon alle ihre Kartoffelsäcke gefüllt, die Mieten waren leer. Was sollte ich machen? Ich hatte Glück: In einem großen hölzernen Bottich, der mit Wasser angefüllt war, war eine riesige Menge geschälter Kartoffeln zurückgeblieben – ich krempelte meine Ärmel hoch und fischte sie heraus. Mein Rucksack war schon beinahe voll, ich fuhr noch einmal recht tief auf den Grund und hatte beide Hände voll Dreck, voll braunem, stinkendem, glitschigem Dreck; sie mußten, bevor sie das Lager verließen, in den Bottich hineingemacht haben. Jetzt war das Maß meines Unglücks voll, ich nahm meinen Sack auf den Rücken und fing zu schreien an. ›Dieses Scheißleben!‹ schrie ich … ›Scheißleben! … Scheiß …‹«

Sie schrie es wirklich, die Krankenschwester – wie aus dem Boden geschossen – stand plötzlich hinter ihr und schob sie gegen das Haus. »Scheißleben!« schrie sie, und ich schrie mit; wir schrien beide, sie machte sich steif, und ich schlug auf die Dicke ein. Das Unglück wollte es, daß mein Bekannter in diesem Moment dazukam. Sein Kopf ging ticktack, dann schlug er gemeinsam mit uns auf die Wärterin ein, aber nicht den Westminstergong …

Schließlich beruhigte ich mich und blieb da. Ich blieb tatsächlich noch vier Wochen da, es war gerade ein Zimmer frei, das Wetter war wie gemalt. Es war überhaupt meine schönste Zeit: gutes Essen und Ruhe, die Krankenschwester fand ich schließlich besonders nett, wir freundeten uns an. Sie war früher mal mit einem Gasmann verlobt. Na ja. Aber diese Geschichte steht auf ’nem anderen Blatt.

(Dezember 1947)

LUISE RINSER

Die rote Katze

Ich muß immer an diesen roten Teufel von einer Katze denken, und ich weiß nicht, ob das richtig war, was ich getan hab. Es hat damit angefangen, daß ich auf dem Steinhaufen neben dem Bombentrichter in unserm Garten saß. Der Steinhaufen ist die größere Hälfte von unserm Haus. Die kleinere steht noch, und da wohnen wir, ich und die Mutter und Peter und Leni, das sind meine kleinen Geschwister. Also, ich sitz da auf den Steinen, da wächst überall schon Gras und Brennesseln und anderes Grünes. Ich halt ein Stück Brot in der Hand, das ist schon hart, aber meine Mutter sagt, altes Brot ist gesünder als frisches. In Wirklichkeit ist es deswegen, weil sie meint, am alten Brot muß man länger kauen und dann wird man von weniger satt. Bei mir stimmt das nicht. Plötzlich fällt mir ein Brocken herunter. Ich bück mich, aber im nämlichen Augenblick fährt eine rote Pfote aus den Brennesseln und angelt sich das Brot. Ich hab nur dumm schauen können, so schnell ist es gegangen. Und da seh ich, daß in den Brennesseln eine Katze hockt, rot wie ein Fuchs und ganz mager. »Verdammtes Biest«, sag ich und werf einen Stein nach ihr. Ich hab sie gar nicht treffen wollen, nur verscheuchen. Aber ich muß sie doch getroffen haben, denn sie hat geschrien, nur ein einziges Mal, aber so wie ein Kind. Fortgelaufen ist sie nicht. Da hat es mir leid getan, daß ich nach ihr geworfen hab, und ich hab sie gelockt. Aber sie ist nicht aus den Nesseln rausgegangen. Sie hat ganz schnell geatmet. Ich hab gesehen, wie ihr rotes Fell über dem Bauch auf und ab gegangen ist. Sie hat mich immerfort angeschaut mit ihren grünen Augen. Da hab ich sie gefragt: »Was willst du eigentlich?« Das war verrückt, denn sie ist doch kein Mensch, mit dem man reden kann. Dann bin ich ärgerlich geworden über sie und auch über mich, und ich hab einfach nicht mehr hingeschaut und hab ganz schnell mein Brot hinuntergewürgt. Den letzten Bissen, das war noch ein großes Stück, den hab ich ihr hingeworfen und bin ganz zornig fortgegangen.

Im Vorgarten, da waren Peter und Leni und haben Bohnen geschnitten. Sie haben sich die grünen Bohnen in den Mund gestopft, daß es nur so geknirscht hat, und Leni hat ganz leise gefragt, ob ich nicht noch ein Stückchen Brot hab. »Na«, hab ich gesagt, »du hast doch genau so ein großes Stück bekommen wie ich und du bist erst neun, und ich bin dreizehn. Größere brauchen mehr.« – »Ja«, hat sie gesagt, sonst nichts. Da hat Peter gesagt: » Weil sie ihr Brot doch der Katze gegeben hat.« – »Was für einer Katze?« hab ich gefragt. »Ach«, sagt Leni, »da ist so eine Katze gekommen, eine rote, wie so ein kleiner Fuchs und so schrecklich mager. Die hat mich immer angeschaut, wie ich mein Brot hab essen wollen.« – »Dummkopf«, hab ich ärgerlich gesagt, »wo wir doch selber nichts zu essen haben.« Aber sie hat nur mit den Achseln gezuckt und ganz schnell zu Peter hingeschaut, der hat einen roten Kopf gehabt, und ich bin sicher, er hat sein Brot auch der Katze gegeben. Da bin ich wirklich ärgerlich gewesen und hab ganz schnell weggehen müssen.

Wie ich auf die Hauptstraße komm, steht da ein amerikanisches Auto, so ein großer langer Wagen, ein

Buick, glaub ich, und da fragt mich der Fahrer nach dem Rathaus. Auf Englisch hat er gefragt, und ich kann doch ein bißchen Englisch. »The next street«, hab ich gesagt, »and then left and then« – geradeaus hab ich nicht gewußt auf Englisch, das hab ich mit dem Arm gezeigt, und er hat mich schon verstanden. – »And behind the church is the marketplace with the Rathaus.« Ich glaub, das war ein ganz gutes Amerikanisch, und die Frau im Auto hat mir ein paar Schnitten Weißbrot gegeben, ganz weißes, und wie ich's aufklapp, ist Wurst dazwischen, ganz dick. Da bin ich gleich heimgerannt mit dem Brot. Wie ich in die Küche komm, da verstecken die zwei Kleinen schnell was unterm Sofa, aber ich hab es doch gesehen. Es ist die rote Katze gewesen. Und auf dem Boden war ein bißchen Milch verschüttet, und da hab ich alles gewußt. »Ihr seid wohl verrückt«, hab ich geschrien, »wo wir doch nur einen halben Liter Magermilch haben am Tag, für vier Personen.« Und ich hab die Katze unterm Sofa herausgezogen und hab sie zum Fenster hinausgeworfen. Die beiden Kleinen haben kein Wort gesagt. Dann hab ich das amerikanische Weißbrot in vier Teile geschnitten und den Teil für die Mutter im Küchenschrank versteckt.

»Woher hast du das?« haben sie gefragt und ganz ängstlich geschaut. »Gestohlen«, hab ich gesagt und bin hinausgegangen. Ich hab nur schnell nachsehn wollen, ob auf der Straße keine Kohlen liegen, weil nämlich ein Kohlenauto vorbeigefahren war, und die verlieren manchmal was. Da sitzt im Vorgarten die rote Katze und schaut so an mir rauf. »Geh weg«, hab ich gesagt und mit dem Fuß nach ihr gestoßen. Aber sie ist nicht weggegangen. Sie hat bloß ihr kleines Maul aufgemacht und gesagt »Miau.« Sie hat nicht geschrien wie andere Katzen, sie hat es einfach so gesagt, ich kann das nicht erklären. Dabei hat sie mich ganz starr angeschaut mit den grünen Augen. Da hab ich ihr voll Zorn einen Brocken von dem amerikanischen Weißbrot hingeworfen. Nachher hat's mich gereut.

Wie ich auf die Straße komm, da sind schon zwei andere da, Größere, die haben die Kohlen aufgehoben. Da bin ich einfach vorbeigegangen. Sie haben einen ganzen Eimer voll gehabt. Ich hab schnell hineingespuckt. Wär das mit der Katze nicht gewesen, hätte ich sie alle allein gekriegt. Und wir hätten ein ganzes Abendessen damit kochen können. Es waren so schöne glänzende Dinger. Nachher hab ich dafür einen Wagen mit Frühkartoffeln getroffen, da bin ich ein bißchen drangestoßen, und da sind ein paar runtergekollert und noch ein paar. Ich hab sie in die Taschen gesteckt und in die Mütze. Wie der Fuhrmann umgeschaut hat, hab ich gesagt: »Sie verlieren Ihre Kartoffeln.« Dann bin ich schnell heimgegangen. Die Mutter war allein daheim, und auf ihrem Schoß, da war die rote Katze. »Himmeldonnerwetter«, hab ich gesagt, »ist das Biest schon wieder da?« – »Red doch nicht so grob«, hat die Mutter gesagt, »das ist eine herrenlose Katze, und wer weiß, wie lange sie nichts mehr gefressen hat. Schau nur, wie mager sie ist.« – »Wir sind auch mager«, hab ich gesagt. »Ich hab ihr ein bißchen was von meinem Brot gegeben«, hat sie gesagt und mich schief angeschaut. Ich hab an unsere Brote gedacht und an die Milch und an das Weißbrot, aber gesagt hab ich nichts. Dann haben wir die Kartoffeln gekocht, und die Mutter war froh. Aber woher ich sie hab, hat sie nicht gefragt. Meinetwegen hätte sie schon fragen können. Nachher hat die Mutter ihren Kaffee schwarz getrunken, und sie haben alle zugeschaut, wie das rote Biest die Milch ausgesoffen hat. Dann ist sie endlich durchs Fenster hinausgesprungen. Ich hab schnell zugemacht und richtig aufgeatmet. Am Morgen, um sechs, hab ich mich für Gemüse angestellt. Wie ich um acht Uhr heimkomm, sitzen die Kleinen beim Frühstück, und auf dem Stuhl dazwischen hockt das Vieh und frißt eingeweichtes Brot aus Lenis Untertasse. Nach ein paar Minuten kommt die Mutter zurück, die ist seit halb sechs beim Metzger angestanden. Die Katze springt gleich zu ihr hin, und wie die Mutter denkt, ich geb nicht acht, läßt sie ein Stück Wurst fallen. Es war zwar markenfreie Wurst, so graues Zeug, aber wir hätten sie uns auch gern aufs Brot gestrichen, das hätte Mutter doch wissen müssen. Ich verschluck meinen Zorn, nehm die Mütze und geh. Ich hab das alte Rad aus dem Keller geholt und bin vor die Stadt gefahren. Da ist ein Teich, in dem gibt's Fische. Ich hab keine Angel, nur so einen Stecken mit zwei spitzen Nägeln drin, mit dem stech ich nach den Fischen. Ich hab schon oft Glück gehabt und diesmal auch. Es ist noch nicht zehn Uhr, da hab ich zwei ganz nette Dinger, genug für ein Mittagessen. Ich fahr heim, so schnell ich kann, und daheim leg ich die Fische auf den Küchentisch. Ich geh nur rasch in den Keller und sag's der Mutter, die hat Waschtag. Sie kommt auch gleich mit herauf. Aber da ist nur mehr ein Fisch da und ausgerechnet der kleinere. Und auf dem Fensterbrett, da sitzt der rote Teufel und frißt den letzten Bissen. Da krieg ich aber die Wut und werf ein Stück Holz nach ihr, und ich treff sie auch. Sie kollert vom Fensterbrett, und ich hör sie wie einen Sack im Garten aufplumsen. »So«, sag ich, »die hat genug.« Aber da krieg ich von der Mutter eine Ohrfeige, daß es nur so klatscht. Ich bin dreizehn und hab sicher seit fünf Jahren keine mehr gekriegt. »Tierquäler«, schreit die Mutter und ist ganz blaß vor Zorn über mich. Ich hab nichts anderes tun können als fortgehen. Mittags hat es dann doch Fischsalat gegeben mit mehr Kartoffeln als Fisch. Jedenfalls sind wir das rote Biest losgeworden. Aber glaub ja keiner, daß das besser gewesen ist. Die Kleinen sind durch die Gärten gelaufen und haben immer nach der Katze gerufen, und die Mutter hat jeden Abend ein Schälchen mit Milch vor die Tür gestellt, und sie hat mich vorwurfsvoll angeschaut. Und da hab ich selber angefangen, in allen Winkeln nach dem Vieh zu suchen, es hätte ja irgendwo krank oder tot liegen können. Aber nach drei Tagen war die Katze wieder da. Sie hat gehinkt und hat eine Wunde am Bein gehabt, am rechten Vorderbein, das war von meinem Scheit. Die Mutter hat sie verbunden, und sie hat ihr auch was zu fressen gegeben. Von da an ist sie jeden Tag gekommen. Es hat keine Mahlzeit gegeben ohne das rote Vieh, und keiner von uns hat irgendwas vor ihm verheimlichen können. Kaum hat man was gegessen, so ist sie schon dagesessen und hat einen angestarrt. Und alle haben wir ihr gegeben, was sie hat haben wollen, ich auch. Obwohl ich wütend war. Sie ist immer fetter geworden, und eigentlich war es eine schöne Katze, glaub ich. Und dann ist der Winter sechsundvierzig auf siebenundvierzig gekommen. Da haben wir wirklich kaum mehr was zu essen gehabt. Es hat ein paar Wochen lang kein Gramm Fleisch gegeben und nur gefrorene Kartoffeln, und die Kleider haben nur so geschlottert an uns. Und einmal hat Leni ein Stück Brot gestohlen beim Bäcker vor Hunger. Aber das weiß nur ich. Und Anfang Februar, da hab ich zur Mutter gesagt: »Jetzt schlachten wir das Vieh.« – »Was für ein Vieh?« hat sie gefragt und hat mich scharf angeschaut. »Die Katze halt«, hab ich gesagt und hab gleichgültig getan, aber ich hab schon gewußt, was kommt. Sie sind alle über mich hergefallen. »Was? Unsere Katze? Schämst du dich nicht?« – »Nein«, hab ich gesagt, »ich schäm mich nicht. Wir haben sie von unserm Essen gemästet, und sie ist fett wie ein Spanferkel, jung ist sie auch noch, also?« Aber Leni hat angefangen zu heulen, und Peter hat mir unterm Tisch einen Fußtritt gegeben, und Mutter hat traurig gesagt: »Daß du so ein böses Herz hast, hab ich nicht geglaubt.« Die Katze ist auf dem Herd gesessen und hat geschlafen. Sie war wirklich ganz rund und sie war so faul, daß sie kaum mehr aus dem Haus zu jagen war. Wie es dann im April keine Kartoffeln mehr gegeben hat, da haben wir nicht mehr gewußt, was wir essen sollen. Eines Tages, ich war schon ganz verrückt, da hab ich sie mir vorgenommen und hab gesagt: »Also hör mal, wir haben nichts mehr, siehst du das nicht ein?« Und ich hab ihr die leere Kartoffelkiste gezeigt und den leeren Brotkasten. »Geh fort«, hab ich ihr gesagt, »du siehst ja, wie's bei uns ist.« Aber sie hat nur geblinzelt und sich auf dem Herd herumgedreht. Da hab ich vor Zorn geheult und auf den Küchentisch geschlagen. Aber sie hat sich nicht darum gekümmert.

Da hab ich sie gepackt und untern Arm genommen. Es war schon ein bißchen dunkel draußen, und die Kleinen waren mit der Mutter fort, Kohlen am Bahndamm zusammensuchen. Das rote Vieh war so faul, daß es sich einfach forttragen hat lassen. Ich bin an den Fluß gegangen. Auf einmal ist mir ein Mann begegnet, der hat gefragt, ob ich die Katze verkauf. »Ja«, hab ich gesagt, und hab mich schon gefreut. Aber er hat nur gelacht und ist weitergegangen. Und dann war ich auf einmal am Fluß. Da war Treibeis und Nebel und kalt war es. Da hat sich die Katze ganz nah an mich gekuschelt, und dann hab ich sie gestreichelt und mit ihr geredet. »Ich kann das nicht mehr sehen«, hab ich ihr gesagt, »es geht nicht, daß meine Geschwister hungern, und du bist fett, ich kann das einfach nicht mehr mit ansehen.« Und auf einmal hab ich ganz laut geschrien, und dann hab ich das rote Vieh an den Hinterläufen genommen und hab's an einen Baumstamm geschlagen. Aber sie hat bloß geschrien. Tot war sie noch lange nicht. Da hab ich sie an eine Eisscholle gehaut, aber davon hat sie nur ein Loch im Kopf bekommen, und da ist das Blut herausgeflossen, und überall im Schnee waren dunkle Flecken. Sie hat geschrien wie ein Kind. Ich hätt gern aufgehört, aber jetzt hab ich's schon fertig tun müssen. Ich hab sie immer wieder an die Eisscholle geschlagen, es hat gekracht, ich weiß nicht, ob es ihre Knochen waren oder das Eis, und sie war immer noch nicht tot. Eine Katze hat sieben Leben, sagen die Leute, aber die hat mehr gehabt. Bei jedem Schlag hat sie laut geschrien, und auf einmal hab ich auch geschrien, und ich war ganz naß vor Schweiß bei aller Kälte. Aber einmal war sie dann doch tot. Da hab ich sie in den Fluß geworfen und hab mir meine Hände im Schnee gewaschen, und wie ich noch einmal nach dem Vieh schau, da schwimmt es schon weit draußen mitten unter den Eisschollen, dann war es im Nebel verschwunden. Dann hat mich gefroren, aber ich hab noch nicht heimgehen mögen. Ich bin noch in der Stadt herumgelaufen, aber dann bin ich doch heimgegangen. »Was hast du denn?« hat die Mutter gefragt, »du bist ja käsweiß. Und was ist das für Blut an deiner Jacke?« – »Ich hab Nasenbluten gehabt«, hab ich gesagt. Sie hat mich nicht angeschaut und ist an den Herd gegangen und hat mir Pfefferminztee gemacht. Auf einmal ist mir schlecht geworden, da hab ich schnell hinausgehen müssen, dann bin ich gleich ins Bett gegangen. Später ist die Mutter gekommen und hat ganz ruhig gesagt: »Ich versteh dich schon. Denk nimmer dran.« Aber nachher hab ich Peter und Leni die halbe Nacht unterm Kissen heulen hören. Und jetzt weiß ich nicht, ob es richtig war, daß ich das rote Biest umgebracht hab. Eigentlich frißt so ein Tier doch gar nicht viel.

(Januar 1948)

HEINRICH BÖLL

An der Brücke

Die haben mir meine Beine geflickt und haben mir einen Posten gegeben, wo ich sitzen kann: ich zähle die Leute, die über die neue Brücke gehen. Es macht ihnen ja Spaß, sich ihre Tüchtigkeit mit Zahlen zu belegen, sie berauschen sich an diesem sinnlosen Nichts aus ein paar Ziffern, und den ganzen Tag, den ganzen Tag, geht mein stummer Mund wie ein Uhrwerk, indem ich Nummer auf Nummer häufe, um ihnen abends den Triumph einer Zahl zu schenken. Ihre Gesichter strahlen, wenn ich ihnen das Ergebnis meiner Schicht mitteile, je höher die Zahl, um so mehr strahlen sie, und sie haben Grund, sich befriedigt ins Bett zu legen, denn viele Tausende gehen täglich über ihre neue Brücke …

Aber ihre Statistik stimmt nicht. Es tut mir leid, aber sie stimmt nicht. Ich bin ein unzuverlässiger Mensch, obwohl ich es verstehe, den Eindruck von Biederkeit zu erwecken.

Insgeheim macht es mir Freude, manchmal einen zu unterschlagen und dann wieder, wenn ich Mitleid empfinde, ihnen ein paar zu schenken. Ihr Glück liegt in meiner Hand. Wenn ich wütend bin, wenn ich nichts zu rauchen habe, gebe ich nur den Durchschnitt an, manchmal unter dem Durchschnitt, und wenn mein Herz aufschlägt, wenn ich froh bin, lasse ich meine Großzügigkeit in einer fünfstelligen Zahl verströmen. Sie sind ja so glücklich! Sie reißen mir förmlich das Ergebnis jedesmal aus der Hand, und ihre Augen leuchten auf, und sie klopfen mir auf die Schulter. Sie ahnen ja nichts! Und dann fangen sie an zu multiplizieren, zu dividieren, zu prozentualisieren, ich weiß nicht, was. Sie rechnen aus, wieviel heute jede Minute über die Brücke gehen und wieviel in zehn Jahren über die Brücke gegangen sein werden. Sie lieben das zweite Futur, das zweite Futur ist ihre Spezialität – und doch, es tut mir leid, daß alles nicht stimmt ...

Wenn meine kleine Geliebte über die Brücke kommt – und sie kommt zweimal am Tage –, dann bleibt mein Herz einfach stehen. Das unermüdliche Ticken meines Herzens setzt einfach aus, bis sie in die Allee eingebogen und verschwunden ist. Und alle, die in dieser Zeit passieren, verschweige ich ihnen. Diese zwei Minuten gehören mir, mir ganz allein, und ich lasse sie mir nicht nehmen. Und auch wenn sie abends wieder zurückkommt aus ihrer Eisdiele – ich weiß inzwischen, daß sie in einer Eisdiele arbeitet –, wenn sie auf der anderen Seite des Gehsteiges meinen stummen Mund passiert, der zählen, zählen muß, dann setzt mein Herz wieder aus, und ich fange erst wieder an zu zählen, wenn sie nicht mehr zu sehen ist. Und alle, die das Glück haben, in diesen Minuten vor meinen blinden Augen zu defilieren, gehen nicht in die Ewigkeit der Statistik ein: Schattenmänner und Schattenfrauen, nichtige Wesen, die im zweiten Futur der Statistik nicht mitmarschieren werden ...

Es ist klar, daß ich sie liebe. Aber sie weiß nichts davon, und ich möchte auch nicht, daß sie es erfährt. Sie soll nicht ahnen, auf welche ungeheure Weise sie alle Berechnungen über den Haufen wirft, und ahnungslos und unschuldig soll sie mit ihren langen braunen Haaren und den zarten Füßen in ihre Eisdiele marschieren, und sie soll viel Trinkgeld bekommen. Ich liebe sie. Es ist ganz klar, daß ich sie liebe.

Neulich haben sie mich kontrolliert. Der Kumpel, der auf der anderen Seite sitzt und die Autos zählen muß, hat mich früh genug gewarnt, und ich habe höllisch aufgepaßt. Ich habe gezählt wie verrückt, ein Kilometerzähler kann nicht besser zählen. Der Oberstatistiker selbst hat sich drüben auf die andere Seite gestellt und hat später das Ergebnis einer Stunde mit meinem Stundenergebnis verglichen. Ich hatte nur einen weniger als er. Meine kleine Geliebte war vorbeigekommen, und niemals im Leben werde ich dieses hübsche Kind ins zweite Futur transponieren lassen, diese meine kleine Geliebte soll nicht multipliziert und dividiert und in ein prozentuales Nichts verwandelt werden. Mein Herz hat mir geblutet, daß ich zählen mußte, ohne ihr nachsehen zu können, und dem Kumpel drüben, der die Autos zählen muß, bin ich sehr dankbar gewesen. Es ging ja glatt um meine Existenz.

Der Oberstatistiker hat mir auf die Schulter geklopft und hat gesagt, daß ich gut bin, zuverlässig und treu. »Eins in der Stunde verzählt«, hat er gesagt, »macht nicht viel. Wir zählen sowieso einen gewissen prozentualen Verschleiß hinzu. Ich werde beantragen, daß Sie zu den Pferdewagen versetzt werden.«

Pferdewagen ist natürlich die Masche. Pferdewagen ist ein Lenz wie nie zuvor. Pferdewagen gibt es höchstens fünfundzwanzig am Tage, und alle halbe Stunde einmal in seinem Gehirn die nächste Nummer fallen zu lassen, das ist ein Lenz!

Pferdewagen wäre herrlich. Zwischen vier und acht dürfen überhaupt keine Pferdewagen über die Brücke, und ich könnte spazierengehen oder in die Eisdiele, könnte sie mir lange anschauen oder sie vielleicht ein Stück nach Hause bringen, meine kleine ungezählte Geliebte …

(Februar 1949)

ILSE AICHINGER

Spiegelgeschichte

Wenn einer dein Bett aus dem Saal schiebt, wenn du siehst, daß der Himmel grün wird, und wenn du dem Vikar die Leichenrede ersparen willst, so ist es Zeit für dich, aufzustehen, leise, wie Kinder aufstehen, wenn am Morgen Licht durch die Läden schimmert, heimlich, daß es die Schwester nicht sieht – und schnell!

Aber da hat er schon begonnen, der Vikar, da hörst du seine Stimme, jung und eifrig und unaufhaltsam, da hörst du ihn schon reden. Laß es geschehen! Laß seine guten Worte untertauchen in dem blinden Regen. Dein Grab ist offen. Laß seine schnelle Zuversicht erst hilflos werden, daß ihr geholfen wird. Wenn du ihn läßt, wird er am Ende nicht mehr wissen, ob er schon begonnen hat. Und weil er es nicht weiß, gibt er den Trägern das Zeichen. Und die Träger fragen nicht viel und holen deinen Sarg wieder herauf. Und sie nehmen den Kranz vom Deckel und geben ihn dem jungen Mann zurück, der mit gesenktem Kopf am Rande des Grabes steht. Der junge Mann nimmt seinen Kranz und streicht verlegen alle Bänder glatt, er hebt für einen Augenblick die Stirne, und da wirft ihm der Regen ein paar Tränen über die Wangen. Dann bewegt sich der Zug die Mauern entlang wieder zurück. Die Kerzen in der kleinen häßlichen Kapelle werden noch einmal angezündet, und der Vikar sagt die Totengebete, damit du leben kannst. Er schüttelt dem jungen Mann heftig die Hand und wünscht ihm vor Verlegenheit viel Glück. Es ist sein erstes Begräbnis, und er errötet bis zum Hals hinunter. Und ehe er sich verbessern kann, ist auch der junge Mann verschwunden. Was bleibt jetzt zu tun? Wenn einer einem Trauernden viel Glück gewünscht hat, bleibt ihm nichts übrig, als den Toten wieder heimzuschicken.

Gleich darauf fährt der Wagen mit deinem Sarg die lange Straße wieder hinauf. Links und rechts sind Häuser, und an allen Fenstern stehen gelbe Narzissen, wie sie ja auch in alle Kränze gewunden sind, dagegen ist nichts zu machen. Kinder pressen ihre Gesichter an die verschlossenen Scheiben, es regnet, aber eins davon wird trotzdem aus der Haustür laufen. Es hängt sich hinten an den Leichenwagen, wird abgeworfen und bleibt zurück. Das Kind legt beide Hände über die Augen und schaut euch böse nach. Wo soll denn eins sich aufschwingen, solang es auf der Friedhofsstraße wohnt?

Dein Wagen wartet an der Kreuzung auf das grüne Licht. Es regnet schwächer. Die Tropfen tanzen auf dem Wagendach. Das Heu riecht aus der Ferne. Die Straßen sind frisch getauft, und der Himmel legt seine Hand auf alle Dächer. Dein Wagen fährt aus reiner Höflichkeit ein Stück neben der Trambahn her. Zwei kleine Jungen am Straßenrand wetten um ihre Ehre. Aber der auf die Trambahn gesetzt hat, wird verlieren. Du hättest ihn warnen können, aber um dieser Ehre willen ist noch keiner aus dem Sarg gestiegen.

Sei geduldig. Es ist ja Frühsommer. Da reicht der Morgen noch lange in die Nacht hinein. Ihr kommt zurecht. Bevor es dunkel wird und alle Kinder von den Straßenrändern verschwunden sind, biegt auch der Wagen schon in den Spitalshof ein, ein Streifen Mond fällt zugleich in die Einfahrt. Gleich kommen die Männer und heben deinen Sarg vom Leichenwagen. Und der Leichenwagen fährt fröhlich nach Hause.

Sie tragen deinen Sarg durch die zweite Einfahrt über den Hof in die Leichenhalle. Dort wartet der leere Sockel, schwarz und schief und erhöht, und sie setzen den Sarg darauf und öffnen ihn wieder, und einer von ihnen flucht, weil die Nägel zu fest eingeschlagen sind. Diese verdammte Gründlichkeit!

Gleich darauf kommt auch der junge Mann und bringt den Kranz zurück, es war schon hohe Zeit. Die Männer ordnen die Schleifen und legen ihn vorne hin, da kannst du ruhig sein, der Kranz liegt gut. Bis morgen sind die welken Blüten frisch und schließen sich zu Knospen. Die Nacht über bleibst du allein, das Kreuz zwischen den Händen, und auch den Tag über wirst du viel Ruhe haben. Du wirst es später lange nicht mehr fertigbringen, so still zu liegen.

Am nächsten Morgen kommt der junge Mann wieder. Und weil der Regen ihm keine Tränen gibt, starrt er ins Leere und dreht die Mütze zwischen seinen Fingern. Erst bevor sie den Sarg wieder auf das Brett heben, schlägt er die Hände vor das Gesicht. Er weint. Du bleibst nicht länger in der Leichenhalle. Warum weint er? Der Sargdeckel liegt nur mehr lose, und es ist heller Morgen. Die Spatzen schreien fröhlich. Sie wissen nicht, daß es verboten ist, die Toten zu erwecken. Der junge Mann geht vor deinem Sarg her, als stünden Gläser zwischen seinen Schritten. Der Wind ist kühl und verspielt, ein unmündiges Kind.

Sie tragen dich ins Haus und die Stiegen hinauf. Du wirst aus dem Sarg gehoben. Dein Bett ist frisch gerichtet. Der junge Mann starrt durch das Fenster in den Hof hinunter, da paaren sich zwei Tauben und gurren laut, geekelt wendet er sich ab.

Und da haben sie dich schon in das Bett zurückgelegt. Und sie haben dir das Tuch wieder um den Mund gebunden, und das Tuch macht dich so fremd. Der Mann beginnt zu schreien und wirft sich über dich. Sie führen ihn sachte weg. »Bewahret Ruhe!« steht an allen Wänden, die Krankenhäuser sind zur Zeit überfüllt, die Toten dürfen nicht zu früh erwachen.

Vom Hafen heulen die Schiffe. Zur Abfahrt oder zur Ankunft? Wer soll das wissen? Still! Bewahret Ruhe! Erweckt die Toten nicht, bevor es Zeit ist, die Toten haben einen leisen Schlaf. Doch die Schiffe heulen weiter. Und ein wenig später werden sie dir das Tuch vom Kopf nehmen müssen, ob sie es wollen oder nicht. Und sie werden dich waschen und deine Hemden wechseln, und einer von ihnen wird sich schnell über dein Herz beugen, schnell, solang du noch tot bist. Es ist nicht mehr viel Zeit, und daran sind die Schiffe schuld. Der Morgen wird schon dunkler. Sie öffnen deine Augen, und die funkeln weiß. Sie sagen jetzt auch nichts mehr davon, daß du friedlich aussiehst, dem Himmel sei Dank dafür, es erstirbt ihnen im Mund. Warte noch! Gleich sind sie gegangen. Keiner will Zeuge sein, denn dafür wird man heute noch verbrannt.

Sie lassen dich allein. So allein lassen sie dich, daß du die Augen aufschlägst und den grünen Himmel siehst, so allein lassen sie dich, daß du zu atmen beginnst, schwer und röchelnd und tief, rasselnd wie eine Ankerkette, wenn sie sich löst. Du bäumst dich auf und schreist nach deiner Mutter. Wie grün der Himmel ist!

»Die Fieberträume lassen nach«, sagt eine Stimme hinter dir, »der Todeskampf beginnt!«

Ach die! Was wissen die?

Geh jetzt! Jetzt ist der Augenblick! Alle sind weggerufen. Geh, eh sie wiederkommen und eh ihr Flüstern wieder laut wird, geh die Stiegen hinunter, an dem Pförtner vorbei, durch den Morgen, der Nacht wird. Die Vögel schreien in der Finsternis, als hätten deine Schmerzen zu jubeln begonnen. Geh nach Hause! Und leg dich in dein eigenes Bett zurück, auch wenn es in den Fugen kracht und noch zerwühlt ist. Da wirst du schneller gesund! Da tobst du nur drei Tage lang gegen dich und trinkst dich satt am grünen Himmel, da stößt du nur drei Tage lang die Suppe weg, die dir die Frau von oben bringt, am vierten nimmst du sie.

Und am siebenten, der der Tag der Ruhe ist, am siebenten gehst du weg. Die Schmerzen jagen dich, den Weg wirst du ja finden. Erst links, dann rechts und wieder links, quer durch die Hafengassen, die so elend sind, daß sie nicht anders können, als zum Meer zu führen. Wenn nur der junge Mann in deiner Nähe wäre, aber der junge Mann ist nicht bei dir, im Sarg warst du viel schöner. Doch jetzt ist dein Gesicht verzerrt von Schmerzen, die Schmerzen haben zu jubeln aufgehört. Und jetzt steht auch der Schweiß wieder auf deiner Stirne, den ganzen Weg lang, nein, im Sarg, da warst du schöner!

Die Kinder spielen mit den Kugeln am Weg. Du läufst in sie hinein, du läufst, als liefst du mit dem Rücken nach vorn, und keines ist dein Kind. Wie soll denn auch eines davon dein Kind sein, wenn du zur Alten gehst, die bei der Kneipe wohnt? Das weiß der ganze Hafen, wovon die Alte ihren Schnaps bezahlt.

Sie steht schon an der Tür. Die Tür ist offen, und sie streckt dir ihre Hand entgegen, die ist schmutzig. Alles ist dort schmutzig. Am Kamin stehen die gelben Blumen, und das sind dieselben, die sie in die Kränze winden, das sind schon wieder dieselben. Und die Alte ist viel zu freundlich. Und die Treppen knarren auch hier. Und die Schiffe heulen, wohin du immer gehst, die heulen überall. Und die Schmerzen schütteln dich, aber du darfst nicht schreien. Die Schiffe dürfen heulen, aber du darfst nicht schreien. Gib der Alten das Geld für den Schnaps! Wenn du ihr erst das Geld gegeben hast, hält sie dir deinen Mund mit beiden Händen zu. Die ist ganz nüchtern von dem vielen Schnaps, die Alte. Die träumt nicht von den Ungeborenen. Die unschuldigen Kinder wagen's nicht, sie bei den Heiligen zu verklagen, und die schuldigen wagen's auch nicht. Aber du – du wagst es!

»Mach mir mein Kind wieder lebendig!«

Das hat noch keine von der Alten verlangt. Aber du verlangst es. Der Spiegel gibt dir Kraft. Der blinde Spiegel mit den Fliegenflecken läßt dich verlangen, was noch keine verlangt hat.

»Mach es lebendig, sonst stoß ich deine gelben Blumen um, sonst kratz ich dir die Augen aus, sonst reiß ich deine Fenster auf und schrei über die Gasse, damit sie hören müssen, was sie wissen, ich schrei – –«

Und da erschrickt die Alte. Und in dem großen Schrecken, in dem blinden Spiegel erfüllt sie deine Bitte. Sie weiß nicht, was sie tut, doch in dem blinden Spiegel gelingt es ihr. Die Angst wird furchtbar, und die Schmerzen beginnen endlich wieder zu jubeln. Und eh du schreist, weißt du das Wiegenlied:

Schlaf, Kindlein, schlaf! Und eh du schreist, stürzt dich der Spiegel die finsteren Treppen wieder hinab und läßt dich gehen, laufen läßt er dich. Lauf nicht zu schnell!

Heb lieber deinen Blick vom Boden auf, sonst könnt es sein, daß du da drunten an den Planken um den leeren Bauplatz in einen Mann hineinläufst, in einen jungen Mann, der seine Mütze dreht. Daran erkennst du ihn. Das ist derselbe, der zuletzt an deinem Sarg die Mütze gedreht hat, da ist er schon wieder! Da steht er, als wäre er nie weggewesen, da lehnt er an den Planken. Du fällst in seine Arme. Er hat schon wieder keine Tränen, gib ihm von den deinen. Und nimm Abschied, eh du dich an seinen Arm hängst. Nimm von ihm Abschied! Du wirst es nicht vergessen, wenn er es auch vergißt: Am Anfang nimmt man Abschied. Ehe man miteinander weitergeht, muß man sich an den Planken um den leeren Bauplatz für immer trennen.

Dann geht ihr weiter. Es gibt da einen Weg, der an den Kohlenlagern vorbei zur See führt. Ihr schweigt. Du wartest auf das erste Wort, du läßt es ihm, damit dir nicht das letzte bleibt. Was wird er sagen? Schnell, eh ihr an der See seid, die unvorsichtig macht! Was sagt er? Was ist das erste Wort? Kann es denn so schwer sein, daß es ihn stammeln läßt, daß es ihn zwingt, den Blick zu senken? Oder sind es die Kohlenberge, die über die Planken ragen und ihm Schatten unter die Augen werfen und ihn mit ihrer Schwärze blenden? Das erste Wort – jetzt hat er es gesagt: es ist der Name einer Gasse. So heißt die Gasse, in der die Alte wohnt. Kann denn das sein? Bevor er weiß, daß du das Kind erwartest, nennt er dir schon die Alte, bevor er sagt, daß er dich liebt, nennt er die Alte. Sei ruhig! Er weiß nicht, daß du bei der Alten schon gewesen bist, er kann es auch nicht wissen, er weiß nichts von dem Spiegel. Aber kaum hat er's gesagt, hat er es auch vergessen. Im Spiegel sagt man alles, daß es vergessen sei. Und kaum hast du gesagt, daß du das Kind erwartest, hast du es auch verschwiegen. Der Spiegel spiegelt alles. Die Kohlenberge weichen hinter euch zurück, da seid ihr an der See und seht die weißen Boote wie Fragen an der Grenze eures Blicks, seid still, die See nimmt euch die Antwort aus dem Mund, die See verschlingt, was ihr noch sagen wolltet.

Von da ab geht ihr viele Male den Strand hinauf, als ob ihr ihn hinabgingt, nach Hause, als ob ihr weglieft, und weg, als gingt ihr heim.

Was flüstern die in ihren hellen Hauben? »Das ist der Todeskampf!« Die laßt nur reden.

Eines Tages wird der Himmel blaß genug sein, so blaß, daß seine Blässe glänzen wird. Gibt es denn einen anderen Glanz als den der letzten Blässe?

An diesem Tag spiegelt der blinde Spiegel das verdammte Haus. Verdammt nennen die Leute ein Haus, das abgerissen wird, verdammt nennen sie das, sie wissen es nicht besser. Es soll euch nicht erschrecken. Der Himmel ist jetzt blaß genug. Und wie der Himmel in der Blässe erwartet auch das Haus am Ende der Verdammung die Seligkeit. Vom vielen Lachen kommen leicht die Tränen. Du hast genug geweint. Nimm deinen Kranz zurück. Jetzt wirst du auch die Zöpfe bald wieder lösen dürfen. Alles ist im Spiegel. Und hinter allem, was ihr tut, liegt grün die See. Wenn ihr das Haus verlaßt, liegt sie vor euch. Wenn ihr durch die eingesunkenen Fenster wieder aussteigt, habt ihr vergessen. Im Spiegel tut man alles, daß es vergeben sei.

Von da ab drängt er dich, mit ihm hineinzugehen. Aber in dem Eifer entfernt ihr euch davon und biegt vom Strand ab. Ihr wendet euch nicht um. Und das verdammte Haus bleibt hinter euch zurück. Ihr geht den Fluß hinauf, und euer eigenes Fieber fließt euch entgegen, es fließt an euch vorbei. Gleich läßt sein Drängen nach. Und in demselben Augenblick bist du nicht mehr bereit, ihr werdet scheuer. Das ist die Ebbe, die die See von allen Küsten wegzieht. Sogar die Flüsse sinken zur Zeit der Ebbe. Und drüben auf der anderen Seite lösen die Wipfel endlich die Krane ab. Weiße Schindeldächer schlafen darunter.

Gib acht, jetzt beginnt er bald von der Zukunft zu reden, von den vielen Kindern und vom langen Leben, und seine Wangen brennen vor Eifer. Sie zünden auch die deinen an. Ihr werdet streiten, ob ihr Söhne oder Töchter wollt, und du willst lieber Söhne. Und er wollte sein Dach lieber mit Ziegeln decken, und du willst lieber – – –, aber da seid ihr den Fluß schon viel zu weit hinauf gegangen. Der Schrecken packt euch. Die Schindeldächer auf der anderen Seite sind verschwunden, da drüben sind nur mehr Auen und feuchte Wiesen. Und hier? Gebt auf den Weg acht. Es dämmert – so nüchtern, wie es nur am Morgen dämmert. Die Zukunft ist vorbei. Die Zukunft ist ein Weg am Fluß, der in die Auen mündet. Geht zurück!

Was soll jetzt werden?

Drei Tage später wagt er nicht mehr, den Arm um deine Schultern zu legen. Wieder drei Tage später fragt er dich, wie du heißt, und du fragst ihn. Nun wißt ihr voneinander nicht einmal mehr die Namen. Und ihr fragt auch nicht mehr. Es ist schöner so. Seid ihr nicht zum Geheimnis geworden?

Jetzt geht ihr endlich wieder schweigsam nebeneinander her. Wenn er dich jetzt noch etwas fragt, so fragt er, ob es regnen wird. Wer kann das wissen? Ihr werdet immer fremder. Von der Zukunft habt ihr schon lange zu reden aufgehört. Ihr seht euch nur mehr selten, aber noch immer seid ihr einander nicht fremd genug. Wartet, seid geduldig. Eines Tages wird es soweit sein. Eines Tages ist er dir so fremd, daß du ihn auf einer finsteren Gasse vor einem offenen Tor zu lieben beginnst. Alles will seine Zeit. Jetzt ist sie da.

»Es dauert nicht mehr lang«, sagen die hinter dir, »es geht zu Ende!«

Was wissen die? Beginnt nicht jetzt erst alles?

Ein Tag wird kommen, da siehst du ihn zum erstenmal. Und er sieht dich. Zum erstenmal, das heißt: Nie wieder. Aber erschreckt nicht! Ihr müßt nicht voneinander Abschied nehmen, das habt ihr längst getan. Wie gut es ist, daß ihr es schon getan habt!

Es wird ein Herbsttag sein, voller Erwartung darauf, daß alle Früchte wieder Blüten werden, wie er schon ist, der Herbst, mit diesem hellen Rauch und mit den Schatten, die wie Splitter zwischen den Schritten liegen, daß du die Füße daran zerschneiden könntest, daß du darüberfällst, wenn du um Äpfel auf den Markt geschickt bist, du fällst vor Hoffnung und vor Fröhlichkeit. Ein junger Mann kommt dir zu Hilfe. Er hat die Jacke nur lose umgeworfen und lächelt und dreht die Mütze und weiß kein Wort zu sagen. Aber ihr seid sehr fröhlich in diesem letzten Licht. Du dankst ihm und wirfst ein wenig den Kopf zurück, und da lösen sich die aufgesteckten Zöpfe und fallen herab. »Ach«, sagt er, »gehst du nicht noch zur Schule?« Er dreht sich um und geht und pfeift ein Lied. So trennt ihr euch, ohne einander nur noch einmal anzuschauen, ganz ohne Schmerz und ohne es zu wissen, daß ihr euch trennt.

Jetzt darfst du wieder mit den kleinen Brüdern spielen, und du darfst mit ihnen den Fluß entlanggehen, den Weg am Fluß unter den Erlen, und drüben sind die weißen Schindeldächer wie immer zwischen den Wipfeln. Was bringt die Zukunft? Keine Söhne. Brüder hat sie dir gebracht, Zöpfe, um sie tanzen zu lassen, Bälle, um zu fliegen. Sei ihr nicht böse, es ist das Beste, was sie hat. Die Schule kann beginnen.

Noch bist du ein wenig zu groß, noch mußt du auf dem Schulhof während der großen Pause in Reihen gehen und flüstern und erröten und durch die Finger lachen. Aber warte noch ein Jahr, und du darfst wieder über die Schnüre springen und nach den Zweigen haschen, die über die Mauern hängen. Die fremden Sprachen hast du schon gelernt, doch so leicht bleibt es nicht. Deine eigene Sprache ist viel schwerer. Noch schwerer wird es sein, lesen und schreiben zu lernen, doch am schwersten ist es, alles zu vergessen. Und wenn du bei der ersten Prüfung alles wissen mußtest, so darfst du doch am Ende nichts mehr wissen. Wirst du das bestehen? Wirst du still genug sein? Wenn du genug Furcht hast, um den Mund nicht aufzutun, wird alles gut.

Du hängst den blauen Hut, den alle Schulkinder tragen, wieder an den Nagel und verläßt die Schule. Es ist wieder Herbst. Die Blüten sind lange schon zu Knospen geworden, die Knospen zu nichts und nichts wieder zu Früchten. Überall gehen kleine Kinder nach Hause, die ihre Prüfung bestanden haben, wie du. Ihr alle wißt nichts mehr. Du gehst nach Hause, dein Vater erwartet dich, und die kleinen Brüder schreien so laut sie können und zerren an deinem Haar. Du bringst sie zur Ruhe und tröstest deinen Vater.

Bald kommt der Sommer mit den langen Tagen. Bald stirbt deine Mutter. Du und dein Vater, ihr beide holt sie vom Friedhof ab. Drei Tage liegt sie noch zwischen den knisternden Kerzen, wie damals du. Blast alle Kerzen aus, eh sie erwacht! Aber sie riecht das Wachs und hebt sich auf die Arme und klagt leise über die Verschwendung. Dann steht sie auf und wechselt ihre Kleider.

Es ist gut, daß deine Mutter gestorben ist, denn länger hättest du es mit den kleinen Brüdern allein nicht machen können. Doch jetzt ist sie da. Jetzt besorgt sie alles und lehrt dich auch das Spielen noch viel besser, man kann es nie genug gut können. Es ist keine leichte Kunst. Aber das Schwerste ist es noch immer nicht.

Das Schwerste bleibt es doch, das Sprechen zu vergessen und das Gehen zu verlernen, hilflos zu stammeln und auf dem Boden zu kriechen, um zuletzt in Windeln gewickelt zu werden. Das Schwerste bleibt es, alle Zärtlichkeiten zu ertragen und nur mehr zu schauen. Sei geduldig! Bald ist alles gut. Gott weiß den Tag, an dem du schwach genug bist.

Es ist der Tag deiner Geburt. Du kommst zur Welt und schlägst die Augen auf und schließt sie wieder vor dem starken Licht. Das Licht wärmt dir die Glieder, du regst dich in der Sonne, du bist da, du lebst. Dein Vater beugt sich über dich.

»Es ist zu Ende –«, sagen die hinter dir, »sie ist tot!«

Still! Laß sie reden!

(August 1949)

SIEGFRIED LENZ

Die Nacht im Hotel

Der Nachtportier strich mit seinen abgebissenen Fingerkuppen über eine Kladde, hob bedauernd die Schultern und drehte seinen Körper zur linken Seite, wobei sich der Stoff seiner Uniform gefährlich unter dem Arm spannte.

»Das ist die einzige Möglichkeit«, sagte er. »Zu so später Stunde werden Sie nirgendwo ein Einzelzimmer bekommen. Es steht Ihnen natürlich frei, in anderen Hotels nachzufragen. Aber ich kann Ihnen schon jetzt sagen, daß wir, wenn Sie ergebnislos zurückkommen, nicht mehr in der Lage sein werden, Ihnen zu dienen. Denn das freie Bett in dem Doppelzimmer, das Sie – ich weiß nicht, aus welchen Gründen – nicht nehmen wollen, wird dann auch einen Müden gefunden haben.«

»Gut«, sagte Schwamm, »ich werde das Bett nehmen. Nur, wie Sie vielleicht verstehen werden, möchte ich wissen, mit wem ich das Zimmer zu teilen habe; nicht aus Vorsicht, gewiß nicht, denn ich habe nichts zu fürchten. Ist mein Partner – Leute, mit denen man eine Nacht verbringt, könnte man doch fast Partner nennen – schon da?«

»Ja, er ist da und schläft.«

»Er schläft«, wiederholte Schwamm, ließ sich die Anmeldeformulare geben, füllte sie aus und reichte sie dem Nachtportier zurück; dann ging er hinauf.

Unwillkürlich verlangsamte Schwamm, als er die Zimmertür mit der ihm genannten Zahl erblickte, seine Schritte, hielt den Atem an, in der Hoffnung, Geräusche, die der Fremde verursachen könnte, zu hören, und beugte sich dann zum Schlüsselloch hinab. Das Zimmer war dunkel. In diesem Augenblick hörte er jemanden die Treppe heraufkommen, und jetzt mußte er handeln. Er konnte fortgehen, selbstverständlich, und so tun, als ob er sich im Korridor geirrt habe. Eine andere Möglichkeit bestand darin, in das Zimmer zu treten, in welches er rechtmäßig eingewiesen worden war und in dessen einem Bett bereits ein Mann schlief.

Schwamm drückte die Klinke herab. Er schloß die Tür wieder und tastete mit flacher Hand nach dem Lichtschalter. Da hielt er plötzlich inne: neben ihm – und er schloß sofort, daß da die Betten stehen müßten – sagte jemand mit einer dunklen, aber auch energischen Stimme:

»Halt! Bitte machen Sie kein Licht. Sie würden mir einen Gefallen tun, wenn Sie das Zimmer dunkel ließen.«

»Haben Sie auf mich gewartet?« fragte Schwamm erschrocken; doch er erhielt keine Antwort. Statt dessen sagte der Fremde:

»Stolpern Sie nicht über meine Krücken, und seien Sie vorsichtig, daß Sie nicht über meinen Koffer fallen, der ungefähr in der Mitte des Zimmers steht. Ich werde Sie sicher zu Ihrem Bett dirigieren. Gehen Sie drei Schritte an der Wand entlang, und dann wenden Sie sich nach links, und wenn Sie wiederum drei Schritte getan haben, werden Sie den Bettpfosten berühren können.«

Schwamm gehorchte: er erreichte sein Bett, entkleidete sich und schlüpfte unter die Decke. Er hörte die Atemzüge des anderen und spürte, daß er vorerst nicht würde einschlafen können.

»Übrigens«, sagte er zögernd nach einer Weile, »mein Name ist Schwamm.«

»So«, sagte der andere.

»Ja.«

»Sind Sie zu einem Kongreß hierhergekommen?«

»Nein. Und Sie?«

»Nein.«

»Geschäftlich?«

»Nein, das kann man nicht sagen.«

»Wahrscheinlich habe ich den merkwürdigsten Grund, den je ein Mensch hatte, um in die Stadt zu fahren«, sagte Schwamm. Auf dem nahen Bahnhof rangierte ein Zug. Die Erde zitterte, und die Betten, in denen die Männer lagen, vibrierten.

»Wollen Sie in der Stadt Selbstmord begehen?« fragte der andere.

»Nein«, sagte Schwamm, »sehe ich so aus?«

»Ich weiß nicht, wie Sie aussehen«, sagte der andere, »es ist dunkel.«

Schwamm erklärte mit banger Fröhlichkeit in der Stimme:

»Gott bewahre, nein. Ich habe einen Sohn, Herr … (der andere nannte nicht seinen Namen), einen kleinen Lausejungen, und seinetwegen bin ich hierhergefahren.«

»Ist er im Krankenhaus?«

»Wieso denn? Er ist gesund, ein wenig bleich zwar, das mag sein, aber sonst sehr gesund. Ich wollte Ihnen sagen, warum ich hier bin, hier bei Ihnen, in diesem Zimmer. Wie ich schon sagte, hängt das mit meinem Jungen zusammen. Er ist äußerst sensibel, mimosenhaft, er reagiert bereits, wenn ein Schatten auf ihn fällt.«

»Also ist er doch im Krankenhaus.«

»Nein«, rief Schwamm, »ich sagte schon, daß er gesund ist, in jeder Hinsicht. Aber er ist gefährdet, dieser kleine Bengel hat eine Glasseele, und darum ist er bedroht.«

»Warum begeht er nicht Selbstmord?« fragte der andere.

»Aber hören Sie, ein Kind wie er, ungereift, in solch einem Alter! Warum sagen Sie das? Nein, mein Junge ist aus folgendem Grunde gefährdet: Jeden Morgen, wenn er zur Schule geht – er geht übrigens immer allein dorthin –, jeden Morgen muß er vor einer Schranke stehen bleiben und warten, bis der Frühzug vorbei ist. Er steht dann da, der kleine Kerl, und winkt, winkt heftig und freundlich und verzweifelt.«

»Ja und?«

»Dann«, sagte Schwamm, »dann geht er in die Schule, und wenn er nach Hause kommt, ist er verstört und benommen, und manchmal heult er auch. Er ist nicht imstande, seine Schularbeiten zu machen, er mag nicht spielen und nicht sprechen: das geht nun schon seit Monaten so, jeden lieben Tag. Der Junge geht mir kaputt dabei!«

»Was veranlaßt ihn denn zu solchem Verhalten?«

»Sehen Sie«, sagte Schwamm, »das ist merkwürdig. Der Junge winkt, und – wie er traurig sieht – es winkt ihm keiner der Reisenden zurück. Und das nimmt er sich so zu Herzen, daß wir – meine Frau und ich – die größten Befürchtungen haben. Er winkt, und keiner winkt zurück; man kann die Reisenden natürlich nicht dazu zwingen, und es wäre absurd und lächerlich, eine diesbezügliche Vorschrift zu erlassen, aber …«

»Und Sie, Herr Schwamm, wollen nun das Elend Ihres Jungen aufsaugen, indem Sie morgen den Frühzug nehmen, um dem Kleinen zu winken?«

»Ja«, sagte Schwamm, »ja.«

»Mich«, sagte der Fremde, »gehen Kinder nichts an. Ich hasse sie und weiche ihnen aus, denn ihretwegen habe ich – wenn man's genau nimmt – meine Frau verloren. Sie starb bei der ersten Geburt.«

»Das tut mir leid«, sagte Schwamm und stützte sich im Bett auf. Eine angenehme Wärme floß durch seinen Körper; er spürte, daß er jetzt würde einschlafen können.

Der andere fragte: »Sie fahren nach Kurzbach, nicht wahr?«

»Ja.«

»Und Ihnen kommen keine Bedenken bei Ihrem Vorhaben? Offener gesagt: Sie schämen sich nicht, Ihren Jungen zu betrügen? Denn, was Sie vorhaben, Sie müssen es zugeben, ist doch ein glatter Betrug, eine Hintergehung.«

Schwamm sagte aufgebracht: »Was erlauben Sie sich, ich bitte Sie, wie kommen Sie dazu!« Er ließ sich fallen, zog die Decke über den Kopf, lag eine Weile überlegend da und schlief dann ein.

Als er am nächsten Morgen erwachte, stellte er fest, daß er allein im Zimmer war. Er blickte auf die Uhr und erschrak: bis zum Morgenzug blieben ihm noch fünf Minuten, es war ausgeschlossen, daß er ihn noch erreichte.

Am Nachmittag – er konnte es sich nicht leisten, noch eine Nacht in der Stadt zu bleiben – kam er niedergeschlagen und enttäuscht zu Hause an.

Sein Junge öffnete ihm die Tür, glücklich, außer sich vor Freude. Er warf sich ihm entgegen und hämmerte mit den Fäusten gegen seinen Schenkel und rief:

»Einer hat gewinkt, einer hat ganz lange gewinkt.«

»Mit einer Krücke?« fragte Schwamm.

»Ja, mit einem Stock. Und zuletzt hat er sein Taschentuch an den Stock gebunden und es so lange aus dem Fenster gehalten, bis ich es nicht mehr sehen konnte.«

(Entstanden 1949)

HEINRICH BÖLL

Wanderer, kommst du nach Spa...

Als der Wagen hielt, brummte der Motor noch eine Weile; draußen wurde irgendwo ein großes Tor aufgerissen, Licht fiel durch das zertrümmerte Fenster in das Innere des Wagens, und ich sah jetzt, daß auch die Glühbirne oben an der Decke zerfetzt war; nur ihr Gewinde stak noch in der Schrauböffnung, ein paar flimmernde Drähtchen mit Glasresten. Dann hörte der Motor auf zu brummen, und draußen schrie eine Stimme: »Die Toten hierhin, habt ihr Tote dabei?« »Verflucht«, rief der Fahrer zurück, »verdunkelt ihr schon nicht mehr?«

»Da nützt kein Verdunkeln mehr, wenn die ganze Stadt wie eine Fackel brennt«, schrie die fremde Stimme. »Ob ihr Tote habt, habe ich gefragt?«

»Weiß nicht.«

»Die Toten hierhin, hörst du? Und die anderen die Treppe hinauf in den Zeichensaal, verstehst du?«

»Ja, ja.«

Aber ich war noch nicht tot, ich gehörte zu den anderen, und sie trugen mich die Treppe hinauf. Erst ging es in einen langen, schwach beleuchteten Flur, dessen Wände mit grüner Ölfarbe gestrichen waren; krumme, schwarze, altmodische Kleiderhacken waren in die Wände eingelassen, und da waren Türen mit Emailleschildchen: VIa und VIb, und zwischen diesen Türen hing, sanftglänzend unter Glas in einem schwarzen Rahmen, die Medea von Feuerbach und blickte in die Ferne; dann kamen Türen mit Va und Vb, und dazwischen hing ein

Bild des Dornausziehers, eine wunderbare rötlich schimmernde Photographie in braunem Rahmen.

Auch die große Säule in der Mitte vor dem Treppenaufgang war da, und hinter ihr, lang und schmal, wunderbar gemacht, eine Nachbildung des Parthenonfrieses in Gips, gelblich schimmernd, echt, antik, und alles kam, wie es kommen mußte: der griechische Hoplit, bunt und gefährlich, wie ein Hahn sah er aus: gefiedert, und im Treppenhaus selbst, auf dieser Wand, die hier mit gelber Ölfarbe gestrichen war, da hingen sie alle der Reihe nach: vom Großen Kurfürsten bis Hitler …

Und dort, in diesem schmalen kleinen Gang, wo ich endlich wieder für ein paar Schritte gerade auf meiner Bahre lag, da war das besonders schöne, besonders große, besonders bunte Bild des Alten Fritzen mit der himmelblauen Uniform, den strahlenden Augen und dem großen, golden glänzenden Stern auf der Brust.

Wieder lag ich dann schief auf der Bahre und wurde vorbeigetragen an den Rassegesichtern: da war der nordische Kapitän mit dem Adlerblick und dem dummen Mund, die westische Moselanerin, ein bißchen hager und scharf, der ostische Grinser mit der Zwiebelnase und das lange adamsapfelige Bergfilmprofil; und dann kam wieder ein Flur, wieder lag ich für ein paar Schritte gerade auf meiner Bahre, und bevor die Träger in die zweite Treppe hineinschwenkten, sah ich es noch eben: Das Kriegerdenkmal mit dem großen, goldenen Eisernen Kreuz obendrauf und dem steinernen Lorbeerkranz.

Das ging alles sehr schnell: ich bin nicht schwer, und die Träger rasten. Immerhin: alles konnte auch Täuschung sein; ich hatte hohes Fieber, hatte überall

Schmerzen. Im Kopf, in den Armen und Beinen, und mein Herz schlug wie verrückt; was sieht man nicht alles im Fieber!

Aber als wir an den Rassegesichtern vorbei waren, kam alles andere: die drei Büsten von Caesar, Cicero, Marc Aurel, brav nebeneinander, wunderbar nachgemacht, ganz gelb und echt, antik und würdig standen sie an der Wand, und auch die Hermessäule kam, als wir um die Ecke schwenkten, und ganz hinten im Flur – der Flur war hier rosenrot gestrichen –, ganz, ganz hinten im Flur hing die große Zeusfratze über dem Eingang zum Zeichensaal; doch die Zeusfratze war noch weit. Rechts sah ich durch das Fenster den Feuerschein, der ganze Himmel war rot, und schwarze, dicke Wolken von Qualm zogen feierlich vorüber …

Und wieder mußte ich links sehen, und wieder sah ich Schildchen über den Türen OIa und OIb, und zwischen den bräunlichen muffigen Türen sah ich nur Nietzsches Schnurrbart und seine Nasenspitze in einem goldenen Rahmen, denn sie hatten die andere Hälfte des Bildes mit einem Zettel überklebt, auf dem zu lesen war: »Leichte Chirurgie« …

»Wenn jetzt«, dachte ich flüchtig … »Wenn jetzt«, aber da war es schon: das Bild von Togo: bunt und groß, flach wie ein alter Stich, ein prachtvoller Druck, und vorne, vor den Kolonialhäusern, vor den Negern und dem Soldaten, der da sinnlos mit seinem Gewehr herumstand, vor allem war das große, ganz naturgetreu abgebildete Bündel Bananen: links ein Bündel, rechts ein Bündel, und auf der mittleren Banane im rechten Bündel, da war etwas hingekritzelt, ich sah es; ich selbst mußte es hingeschrieben haben …

Aber nun wurde die Tür zum Zeichensaal aufgerissen, und ich schwebte unter der Zeusbüste hinein und schloß die Augen. Ich wollte nichts mehr sehen. Der Zeichensaal roch nach Jod, Scheiße, Mull und Tabak, und es war laut. Sie setzten mich ab, und ich sagte zu den Trägern: »Steck mir 'ne Zigarette in den Mund, links oben in der Tasche.«

Ich spürte, wie einer mir an der Tasche herumfummelte, dann zischte ein Streichholz, und ich hatte die brennende Zigarette im Mund. Ich zog daran. »Danke«, sagte ich.

»Alles das«, dachte ich, »ist kein Beweis. Letzten Endes gibt es in jedem Gymnasium einen Zeichensaal, Gänge, in denen krumme, alte Kleiderhaken in grün- und gelbgestrichene Wände eingelassen sind; letzten Endes ist es kein Beweis, daß ich in meiner Schule bin, wenn die Medea zwischen VIa und VIb hängt und Nietzsches Schnurrbart zwischen OIa und OIb. Gewiß gibt es eine Vorschrift, die besagt, daß er da hängen muß. Hausordnung für humanistische Gymnasien in Preußen: Medea zwischen VIa und VIb, Dornauszieher dort, Caesar, Marc Aurel und Cicero im Flur und Nietzsche oben, wo sie schon Philosophie lernen. Parthenonfries, ein buntes Bild von Togo. Dornauszieher und Parthenonfries sind schließlich gute, alte, generationenlang bewährte Schulrequisiten, und gewiß bin ich nicht der einzige, der den Einfall gehabt hat, auf eine Banane zu schreiben: Es lebe Togo. Auch die Witze, die sie in den Schulen machen, sind immer dieselben. Und außerdem besteht die Möglichkeit, daß ich Fieber habe, daß ich träume.«

Schmerzen hatte ich jetzt nicht mehr. Im Auto war es noch schlimm gewesen; wenn sie durch die kleinen Schlaglöcher fuhren, schrie ich jedesmal; da waren die großen Trichter schon besser: das Auto hob und senkte sich wie ein Schiff in einem Wellental. Aber jetzt schien die Spritze schon zu wirken, die sie mir irgendwo im Dunkeln in den Arm gehauen hatten: ich hatte gespürt, wie die Nadel sich durch die Haut bohrte und wie es unten am Bein ganz heiß wurde.

»Es kann ja nicht wahr sein«, dachte ich, »so viele Kilometer kann das Auto ja gar nicht gefahren sein: fast dreißig. Und außerdem: du spürst nichts: kein Gefühl sagt es dir: nur die Augen; kein Gefühl sagt dir, daß du in deiner Schule bist, in deiner Schule, die du vor drei Monaten erst verlassen hast. Acht Jahre sind keine Kleinigkeit, solltest du nach acht Jahren das alles nur mit den Augen erkennen?«

Hinter meinen geschlossenen Lidern sah ich alles noch einmal, wie im Film lief es ab: unterer Flur, grüngestrichen, Treppe rauf, gelbgestrichen, Kriegerdenkmal, Flur, Treppe rauf, Caesar, Cicero, Marc Aurel … Hermes, Nietzscheschnurrbart, Togo, Zeusfratze …

Ich spuckte meine Zigarette aus und schrie; es war immer gut, zu schreien; man mußte nur laut schreien; schreien war herrlich, ich schrie wie verrückt. Als sich jemand über mich beugte, machte ich immer noch nicht die Augen auf; ich spürte einen fremden Atem, warm und widerlich roch er nach Tabak und Zwiebeln, und eine Stimme fragte ruhig: »Was ist denn?«

»Was zu trinken«, sagte ich, »und noch 'ne Zigarette, die Tasche oben.«

Wieder fummelte einer an meiner Tasche herum, wieder zischte ein Streichholz, und jemand steckte mir 'ne brennende Zigarette in den Mund.

»Wo sind wir?« fragte ich.

»In Bendorf.«

»Danke«, sagte ich und zog.

Immerhin schien ich wirklich in Bendorf zu sein, zu Hause also, und wenn ich nicht außergewöhnlich hohes Fieber hatte, stand wohl auch fest, daß ich in einem humanistischen Gymnasium war: eine Schule war es bestimmt. Hatte die Stimme unten nicht geschrien: »Die anderen in den Zeichensaal!«? Ich war ein anderer, ich lebte, die lebten, waren offenbar die anderen. Der Zeichensaal war also da, und wenn ich richtig hörte, warum sollte ich nicht richtig sehen, und dann stimmte es wohl auch, daß ich Caesar, Cicero und Marc Aurel erkannt hatte, und das konnte nur in einem humanistischen Gymnasium sein; ich glaube nicht, daß sie diese Kerle in den anderen Schulen auf den Fluren an die Wand stellen.

Endlich brachte er mir Wasser: wieder roch ich den Tabak- und Zwiebelatem aus seinem Gesicht, und ich machte, ohne es zu wollen, die Augen auf: da war ein müdes, altes, unrasiertes Gesicht über einer Feuerwehruniform, und eine alte Stimme sagte leise: »Trink, Kamerad.«

Ich trank; es war Wasser, aber Wasser ist herrlich; ich spürte den metallenen Geschmack des Kochgeschirrs auf meinen Lippen, und es war schön zu spüren, welch eine Menge Wasser noch nachdrängte, aber der Feuerwehrmann riß mir das Kochgeschirr von den Lippen und ging: ich schrie, aber er wandte sich nicht um, zuckte nur müde die Schultern und ging weiter; einer, der neben mir lag, sagte ruhig: »Hat gar keinen Zweck zu brüllen, sie haben nicht mehr Wasser; die Stadt brennt, du siehst es doch.« Ich sah es durch die Verdunkelung hindurch, es glühte und wummerte hinter den schwarzen Vorhängen, Rot hinter Schwarz, wie in einem Ofen, auf den man neue Kohlen geschüttet hat. Ich sah es: ja, die Stadt brannte.

»Wie heißt die Stadt?« fragte ich den, der neben mir lag. »Bendorf«, sagte er.

»Danke.«

Ich blickte ganz gerade vor mich hin auf die Fensterreihe, und manchmal zur Decke. Die Decke war noch tadellos, weiß und glatt, mit einem schmalen klassizistischen Stuckrand; aber sie haben doch in allen Schulen klassizistische Stuckränder an den Decken in den Zeichensälen, wenigstens in den guten, alten humanistischen Gymnasien. Das ist doch klar.

Ich mußte mir jetzt zugestehen, daß ich im Zeichensaal eines humanistischen Gymnasiums in Bendorf lag. Bendorf hat drei humanistische Gymnasien: die Schule »Friedrich der Große«, die Albertus-Schule und – vielleicht brauche ich es nicht zu erwähnen –, aber die letzte, die dritte war die Adolf-Hitler-Schule. Hing nicht in der Schule »Friedrich der Große« das Bild des Alten Fritz besonders bunt, besonders schön, besonders groß im Treppenhaus? Ich war auf dieser Schule gewesen, acht Jahre lang, aber warum konnte nicht in den anderen Schulen dieses Bild genauso an derselben Stelle hängen, so deutlich und auffallend, daß es den Blick fangen mußte, wenn man die erste Treppe hinaufstieg?

Draußen hörte ich jetzt die schwere Artillerie schießen. Sonst war es fast ruhig; nur manchmal drang das Fressen der Flammen durch, und im Dunkeln stürzte irgendwo ein Giebel ein. Die Artillerie schoß ruhig und regelmäßig, und ich dachte: Gute Artillerie! Ich weiß, das ist gemein, aber ich dachte es. Mein Gott, wie beruhigend war die Artillerie, wie gemütlich: dunkel und rauh, ein sanftes, fast feines Orgeln. Irgendwie vornehm. Ich finde, die Artillerie hat etwas Vornehmes, auch wenn sie schießt. Es hört sich so anständig an, richtig nach Krieg in den Bilderbüchern ... Dann dachte ich daran, wieviel Namen wohl auf dem Kriegerdenkmal stehen würden, wenn sie es wieder einweihten, mit einem noch größeren goldenen Eisernen Kreuz darauf und einem noch größeren steinernen Lorbeerkranz, und plötzlich wußte ich es: wenn ich wirklich in meiner alten Schule war, würde mein Name auch darauf stehen, eingehauen in Stein, und im Schulkalender würde hinter meinem Namen stehen – »zog von der Schule ins Feld und fiel für ...«

Aber ich wußte noch nicht, wofür, und wußte noch nicht, ob ich in meiner alten Schule war. Ich wollte es jetzt unbedingt herauskriegen. Am Kriegerdenkmal war auch nichts Besonderes gewesen, nichts Auffallendes, es war wie überall, es war ein Konfektionskriegerdenkmal, ja, sie bekamen sie aus irgendeiner Zentrale ...

Ich sah mir den Zeichensaal an, aber die Bilder hatten sie abgehängt, und was ist schon an ein paar Bänken zu sehen, die in einer Ecke gestapelt sind, und an den Fenstern, schmal und hoch, viele nebeneinander, damit viel Licht hereinfällt, wie es sich für einen Zeichensaal gehört? Mein Herz sagte mir nichts. Hätte es nicht etwas gesagt, wenn ich in dieser Bude gewesen wäre, wo ich acht Jahre lang Vasen gezeichnet und Schriftzeichen geübt hatte, schlanke, feine, wunderbar nachgemachte römische Glasvasen, die der Zeichenlehrer vorne auf einen Ständer setzte, und Schriften aller Art, Rundschrift, Antiqua, Römisch, Italienne. Ich hatte diese Stunden gehaßt wie nichts in der ganzen Schule, ich hatte die Langeweile gefressen stundenlang, und niemals hatte ich Vasen zeichnen können oder Schriftzeichen malen. Aber wo waren meine Flüche, wo war mein Haß angesichts dieser dumpfgetönten, langweiligen Wände? Nichts sprach in mir, und ich schüttelte stumm den Kopf.

Immer wieder hatte ich radiert, den Bleistift gespitzt, radiert … nichts …

Ich wußte nicht genau, wie ich verwundet war; ich wußte nur, daß ich meine Arme nicht bewegen konnte und das rechte Bein nicht, nur das linke ein bißchen; ich dachte, sie hätten mir die Arme an den Leib gewickelt, so fest, daß ich sie nicht bewegen konnte.

Ich spuckte die zweite Zigarette in den Gang zwischen den Strohsäcken und versuchte, meine Arme zu bewegen, aber es tat so weh, daß ich schreien mußte; ich schrie weiter; es war immer wieder schön, zu schreien; ich hatte auch Wut, weil ich die Arme nicht bewegen konnte.

Dann stand der Arzt vor mir; er hatte die Brille abgenommen und blinzelte mich an; er sagte nichts; hinter ihm stand der Feuerwehrmann, der mir das Wasser gegeben hatte. Er flüsterte dem Arzt etwas ins Ohr, und der Arzt setzte die Brille auf: deutlich sah ich seine großen grauen Augen mit den leise zitternden Pupillen hinter den dicken Brillengläsern. Er sah mich lange an, so lange, daß ich wegsehen mußte, und er sagte leise: »Augenblick, Sie sind gleich an der Reihe ...«

Dann hoben sie den auf, der neben mir lag, und trugen ihn hinter die Tafel; ich blickte ihnen nach: sie hatten die Tafel auseinandergezogen und quer gestellt und die Lücke zwischen Wand und Tafel mit einem Betttuch zugehängt; dahinter brannte grelles Licht ...

Nichts war zu hören, bis das Tuch wieder beiseite geschlagen und der, der neben mir gelegen hatte, hinausgetragen wurde; mit müden, gleichgültigen Gesichtern schleppten die Träger ihn zur Tür.

Ich schloß wieder die Augen und dachte: »Du mußt doch herauskriegen, was du für eine Verwundung hast und ob du in deiner alten Schule bist.«

Mir kam das alles so kalt und gleichgültig vor, als hätten sie mich durch das Museum einer Totenstadt getragen, durch eine Welt, die mir ebenso gleichgültig wie fremd war, obwohl meine Augen sie erkannten, nur meine Augen; es konnte doch nicht wahr sein, daß ich vor drei Monaten noch hier gesessen, Vasen gezeichnet und Schriften gemalt hatte, daß ich in den Pausen hinuntergegangen war mit meinem Marmeladenbutterbrot, vorbei an Nietzsche, Hermes, Togo, Caesar, Cicero, Marc Aurel, ganz langsam bis in den Flur unten, wo die Medea hing, dann zum Hausmeister, zu Birgeler, um Milch zu trinken, Milch in diesem dämmerigen kleinen Stübchen, wo man es auch riskieren konnte, eine Zigarette zu rauchen, obwohl es verboten war. Sicher trugen sie den, der neben mir gelegen hatte, unten hin, wo die Toten lagen, vielleicht lagen die Toten in Birgelers grauem kleinen Stübchen, wo es nach warmer Milch roch, nach Staub und Birgelers schlechtem Tabak …

Endlich kamen die Träger wieder herein, und jetzt hoben sie mich auf und trugen mich hinter die Tafel. Ich schwebte wieder, jetzt an der Tür vorbei, und im Vorbeischweben sah ich, daß auch das stimmte: über der Tür hatte einmal ein Kreuz gehangen, als die Schule noch Thomas-Schule hieß, und damals hatten sie das Kreuz weggemacht, aber da blieb ein frischer dunkelgelber Flecken an der Wand, kreuzförmig, hart und klar, der fast noch deutlicher zu sehen war als das alte, schwache, kleine Kreuz selbst, das sie abgehangen hatten; sauber und schön blieb das Kreuzzeichen auf der verschossenen Tünche der Wand. Damals hatten sie aus Wut die ganze Wand neu gepinselt, aber es hatte nichts genützt: der Anstreicher hatte den Ton nicht richtig getroffen: das Kreuz blieb da, bräunlich und deutlich, aber die ganze Wand war rosa. Sie hatten geschimpft, aber es hatte nichts genützt: das Kreuz blieb da, braun und deutlich auf dem Rosa der Wand, und ich glaube, ihr Etat für Farbe war erschöpft, und sie konnten nichts machen. Das Kreuz war noch da, und wenn man genau hinsah, konnte man sogar noch eine deutliche Schrägspur über dem rechten Balken sehen, wo jahrelang der Buchsbaumzweig gehangen hatte, den der Hausmeister Birgeler dorthinter klemmte, als es noch erlaubt war, Kreuze in die Schulen zu hängen …

Das alles fiel mir in der kleinen Sekunde ein, als ich an der Tür vorbeigetragen wurde hinter die Tafel, wo das grelle Licht brannte.

Ich lag auf dem Operationstisch und sah mich selbst

ganz deutlich, aber sehr klein, zusammengeschrumpft, oben in dem klaren Glas der Glühbirne, winzig und weiß, ein schmales, mullfarbenes Paketchen wie ein außergewöhnlich subtiler Embryo: das war also ich da oben.

Der Arzt drehte mir den Rücken zu und stand an einem Tisch, wo er in Instrumenten herumkramte; breit und alt stand der Feuerwehrmann vor der Tafel und lächelte mich an; er lächelte müde und traurig, und sein bärtiges, schmutziges Gesicht war wie das Gesicht eines Schlafenden; an seiner Schulter vorbei auf der schmierigen Rückseite der Tafel sah ich etwas, was mich zum ersten Male, seitdem ich in diesem Totenhaus war, mein Herz spüren machte: irgendwo in einer geheimen Kammer meines Herzens erschrak ich tief und schrecklich, und es fing heftig an zu schlagen: da war meine Handschrift an der Tafel. Oben in der obersten Zeile. Ich kenne meine Handschrift: es ist schlimmer, als wenn man sich im Spiegel sieht, viel deutlicher, und ich hatte keine Möglichkeit, die Identität meiner Handschrift zu bezweifeln. Alles andere war kein Beweis gewesen, weder Medea noch Nietzsche, nicht das dinarische Bergfilmprofil noch die Banane aus Togo, und nicht einmal das Kreuzzeichen über der Tür: das alles war in allen Schulen dasselbe, aber ich glaube nicht, daß sie in anderen Schulen mit meiner Handschrift an die Tafeln schreiben. Da stand er noch, der Spruch, den wir damals hatten schreiben müssen, in diesem verzweifelten Leben, das erst drei Monate zurücklag: Wanderer, kommst du nach Spa…

Oh, ich weiß, die Tafel war zu kurz gewesen, und der Zeichenlehrer hatte geschimpft, daß ich nicht richtig eingeteilt hatte, die Schrift zu groß gewählt, und er selbst hatte es kopfschüttelnd in der gleichen Größe daruntergeschrieben: Wanderer, kommst du nach Spa…

Siebenmal stand es da: in meiner Schrift, in Antiqua, Fraktur, Kursiv, Römisch, Italienne und Rundschrift; siebenmal deutlich und unerbittlich: Wanderer, kommst du nach Spa…

Der Feuerwehrmann war jetzt beiseite getreten auf einen leisen Ruf des Arztes hin, so sah ich den ganzen Spruch, der nur ein bißchen verstümmelt war, weil ich die Schrift zu groß gewählt hatte, der Punkte zu viele.

Ich zuckte hoch, als ich einen Stich in den linken Oberschenkel spürte, ich wollte mich aufstützen, aber ich konnte es nicht: ich blickte an mir herab, und nun sah ich es: sie hatten mich ausgewickelt, und ich hatte keine Arme mehr, auch kein rechtes Bein mehr, und ich fiel ganz plötzlich nach hinten, weil ich mich nicht aufstützen konnte; ich schrie; der Arzt und der Feuerwehrmann blickten mich entsetzt an, aber der Arzt zuckte nur die Schultern und drückte weiter auf den Kolben seiner Spritze, der langsam und ruhig nach unten sank; ich wollte wieder auf die Tafel blicken, aber der Feuerwehrmann stand nun ganz nah neben mir und verdeckte sie; er hielt mich an den Schultern fest, und ich roch nur den brandigen, schmutzigen Geruch seiner verschmierten Uniform, sah nur sein müdes, trauriges Gesicht, und nun erkannte ich ihn: es war Birgeler.

»Milch«, sagte ich leise …

(Oktober 1950)

ILSE AICHINGER

Die geöffnete Order

Vom Kommando war lange keine Weisung gekommen, und es hatte den Anschein, als ob man überwintern würde. In den Schlägen ringsum fielen die letzten Beeren von den Sträuchern und verfaulten im Moos. Die ausgesetzten Posten klebten verloren in den Baumwipfeln und beobachteten das Fallen der Schatten. Der Feind lag jenseits des Flusses und griff nicht an. Statt dessen wurden die Schatten Abend für Abend länger, und die Nebel hoben sich von Morgen zu Morgen schwerer aus den Niederungen. Es gab unter den jüngeren Freiwilligen der Verteidigungsarmee einige, die Sonne und Mond satt hatten und sich dieser Art der Kriegführung nicht gewachsen fühlten. Sie waren entschlossen, wenn es nötig sein sollte, auch ohne Befehl anzugreifen, bevor Schnee fiel.

Derjenige von ihnen, der an einem der nächsten Tage von den Befehlshabern der Abteilung mit einer Meldung an das Kommando geschickt wurde, ahnte deshalb nichts Gutes. Er wußte, daß sie keinen Scherz verstanden, wenn es um Meuterei ging, so nachlässig sie auch sonst schienen. Einige Fragen, die ihm nach Abgabe der Meldung auf dem Kommando gestellt wurden, ließen ihn fast an ein Verhör denken und erhöhten seine Unsicherheit.

Um so mehr überraschte es ihn, als ihm nach längerer Wartezeit eine Order mit dem Befehl übergeben wurde, sie noch vor Einbruch der Nacht an die Abteilung zurückzubringen. Er wurde angewiesen, den kürzeren Weg zu fahren. Auf einer Karte bezeichnete man ihm die eingesehenen Stellen. Zu seinem Unwillen gab man ihm einen Begleiter mit. Durch das offene Fenster sah er den Beginn des Weges, den er zu nehmen hatte, vor sich. Der Weg lief quer über die Lichtung und verlor sich spielerisch zwischen den Haselsträuchern. Man schärfte dem Mann noch einmal Vorsicht ein. Gleich darauf fuhren sie los.

Es war kurz nach Mittag. Wolkenschatten zogen äsenden Tieren gleich über den Rasen und verschwanden gelassen im Dickicht. Der Weg war schlecht und stellenweise fast unbefahrbar. Niedrige Sträucher drängten dicht heran. Sobald der Fahrer eine größere Geschwindigkeit nahm, schlugen ihre Zweige den Männern in die Augen. Der Wald schien auf Holzsammler zu warten, und auch der Fluß, der da und dort über ausgerodete Stellen hinweg in der Tiefe sichtbar wurde, stellte sich unwissend. Auf den Kämmen glänzte geschlagenes Holz in der Mittagssonne. Nichts in der Natur nahm die Grenzhaftigkeit zur Kenntnis.

Sie hatten Eile, durch die Schläge zu kommen, die sich immer wieder zwischen den Stämmen auftaten und mit dem Blick in die Tiefe auch sie selbst den Blikken der Tiefe freigaben. Der Fahrer ließ den Wagen über Wurzeln springen und wandte sich von Zeit zu Zeit nach dem Mann mit der Order zurück, wie um sich einer Fracht zu versichern. Das erbitterte den anderen und machte ihn des Mißtrauens seiner Auftraggeber gewiß. Was hatte seine Meldung enthalten? Wohl hieß es, daß am frühen Morgen einer der entfernteren Posten Bewegungen jenseits des Flusses beobachtet hatte, doch solche Gerüchte gab es immer wieder, und es war möglich, daß sie vom Stab zur Beruhigung der Leute erfunden wurden. Ebenso konnte es sein, daß die Aussendung der Meldung ein Manöver gewesen war und das Vertrauen, das man ihm erwies, fingiert. Sollte er aber Unerwartetes gemeldet haben, so mußte es aus dem Inhalt der Order hervorgehen. Er sagte sich, daß es besser sei, den Inhalt zu wissen, solange man auf eingesehenen Straßen fuhr. Eine Erklärung dieser Art würde er auch geben, wenn man ihn zur Verantwortung zog. Er tastete nach dem Kuvert und berührte das Siegel. Seine Sucht, die Order zu öffnen, wuchs wie Fieber mit dem sinkenden Licht.

Um eine Frist zu gewinnen, bat er den anderen, ihm seinen Platz zu überlassen. Während er fuhr, überkam den Mann Beruhigung. Sie hatten jetzt schon stundenlang die Wälder nicht mehr verlassen. Der Weg war stellenweise von Geröll überschüttet, das von künstlichen Sperren herrührte und auf die Nähe des Zieles schließen ließ. Diese Nähe flößte dem Mann Gleichmut ein, vielleicht würde sie ihn hindern, das Siegel zu öffnen. Er fuhr ruhig und sicher, aber während sie da, wo der Weg wie in einer plötzlichen Sinnesverwirrung selbstmörderisch hinabstürzte, ohne Schaden wegkamen, blieb der Wagen unmittelbar darauf an einer sumpfigen Stelle stecken. Der Motor hatte ausgesetzt, Schreie von Vögeln ließen die darauffolgende Stille noch größer erscheinen. Farnkräuter wucherten im Umkreis. Sie hoben den Wagen heraus. Der Junge erbot sich, einen Defekt, der ihrer Weiterfahrt noch im Weg war, zu beheben. Während er unter dem Wagen lag, erbrach der Mann ohne jede weitere Überlegung die Order. Er mühte sich kaum, das Siegel zu wahren.

Er stand über den Wagen gebeugt und las. Die Order lautete auf seine Erschießung.

Es gelang ihm, sie in die Brusttasche zurückzuschieben, ehe der andere seinen Kopf unter dem Wagen hervorzog. »Alles in Ordnung!« sagte er fröhlich. Dann fragte er, ob er nun wieder fahren sollte. Ja, er sollte fahren. Während er ankurbelte, überlegte der Mann, ob es besser wäre, ihn jetzt oder im Fahren niederzuschießen. Es gab für ihn keinen Zweifel mehr darüber, daß sein Begleiter Eskorte war.

Der Weg verbreiterte sich an seinem tiefsten Punkt, als reute ihn sein plötzlicher Absturz, und führte sachte hinauf. ›Die Seele eines Selbstmörders, von Engeln getragen‹, dachte der Mann. Aber sie trugen ihn dem Gericht entgegen, und es würde sich als Schuld enthüllen, was als gutes Recht gegolten hatte. Es war die Aktion ohne Befehl. Was ihn verwunderte, war die Mühe, die man sich mit ihm nahm.

Im fallenden Dunkel sah er die Umrisse des anderen vor sich, seinen Schädel und seine Schultern, die Bewegungen seiner Arme – eine Fraglosigkeit der Kontur, die ihm selbst versagt blieb. Die Kontur des Bewußten verfließt in der Finsternis.

Der Fahrer wandte sich nach ihm um und sagte: »Wir werden eine ruhige Nacht haben!« Das klang wie reiner Hohn. Aber die Nähe des Zieles schien ihn gesprächig zu machen, und er fuhr fort, ohne eine Antwort abzuwarten: »Wenn wir gut hinkommen!« Der Mann nahm den Revolver vom Koppel. Es war im Wald so finster, daß man denken konnte, die Nacht wäre schon hereingebrochen. »Als Kind«, sagte der Fahrer, »mußte ich immer von der Schule durch den

Wald nach Hause gehen, wenn es abends war, da habe ich laut gesungen, damals ...«

Sie waren über Erwarten schnell an die letzte Rodung gekommen. Wenn wir darüber sind – dachte der Mann, denn von da ab wurde der Wald noch einmal sehr dicht, ehe er sich gegen den abgebrannten Weiler zu öffnete, wo die Abteilung lag. Aber diese letzte Rodung war breiter als alle bisherigen, der Fluß glänzte aus einer größeren Nähe herüber. Ein Spinnennetz von Mondlicht lag über dem Schlag, der sich bis zum Kamm hinaufzog. Der Weg war von den Rädern der Ochsenkarren zerfurcht, die vor langer Zeit hier gefahren waren. Die eingetrockneten Furchen glichen im Mondlicht dem Innern einer Totenmaske. Auch dem, der die Rodung gegen den Fluß zu hinuntersah, wurde deutlich, daß die Erde den Abdruck eines fremden Gesichtes trug.

Der Mann hielt den Revolver vor sich auf den Knien. Als der erste Schuß fiel, hatte er deshalb die Empfindung, ihn gegen seinen Willen vorzeitig ausgelöst zu haben. Aber wenn der vor ihm getroffen war, so mußte sein Gespenst von großer Geistesgegenwart sein, denn es fuhr mit größerer Geschwindigkeit weiter. Er brauchte verhältnismäßig lange, ehe er erkannte, daß er selbst der Getroffene war. Der Revolver entfiel seiner Hand, sein Arm sackte herab. Ehe sie den Wald wieder erreichten, fielen noch mehrere Schüsse, ohne zu treffen.

Das Gespenst vor ihm wandte dem Mann sein fröhliches Gesicht zu und sagte: »Hier wären wir glücklich darüber, der Schlag war eingesehen!« – »Halten Sie!« sagte der Mann. »Nicht hier«, erwiderte der Junge, »tiefer drinnen!« – »Ich bin getroffen«, sagte der Mann verzweifelt. Der andere fuhr noch ein Stück weiter, ohne sich umzusehen, und hielt dann plötzlich an. Es gelang ihm, die Wunde abzubinden und das Blut zu stillen. Dann sagte er das einzig Tröstliche, das er wußte: »Wir sind jetzt bald am Ziel!« Dem Verwundeten wird der Tod versprochen – dachte der Mann. »Warten Sie!« sagte er. »Noch etwas?« fragte der Junge ungeduldig. »Die Order!« erwiderte der Mann und griff mit der linken Hand in die Brusttasche. Im Augenblick seiner tiefsten Verzweiflung war ihm der Wortlaut auf eine neue Weise bewußt geworden. Die Order lautete auf die Erschießung des Überbringers, sie nannte keinen Namen.

»Mein Rock ist durchblutet«, sagte der Mann, »übernehmen Sie die Order!« Wenn der andere sich weigerte, so würde sich hier alles entscheiden. Nach einem Augenblick des Schweigens fühlte er, wie ihm der Brief aus der Hand genommen wurde. »In Ordnung!« sagte der andere.

Die letzte halbe Stunde verging in Schweigen, Zeit und Weg waren zu Wölfen geworden, die einander rissen. Auf den himmlischen Weiden sind die Schafe geschützt, aber die himmlischen Weiden enthüllten sich als Richtplatz.

Der Ort, wo die Abteilung lag, war ein Weiler von fünf Häusern gewesen, von denen im Lauf der bisherigen Scharmützel drei abgebrannt waren. Die Helle der heilen Höfe machte deutlich, daß die Jungfräulichkeit des Abends der Nacht noch nicht gewichen war. Der Ort war ringsum vom Wald umschlossen, der Rasen war niedergetreten und von Fahrzeugen und Geschützen übersät. Ein Drahtverhau grenzte den Platz gegen die Wälder ab.

Auf die Frage des Postens, was er brächte, erwiderte der Fahrer: »Einen Verwundeten und eine Order!« Sie fuhren rund um den Platz. Während der Mann im Wagen sich aufzurichten versuchte, dachte er, daß dieser Ort einem Ziel nicht ähnlicher war als alle andern Orte der Welt. Alle waren eher als Ausgangspunkt begreiflich. Er hörte eine Stimme fragen: »Ist er bei sich?« und hielt die Augen geschlossen. Es ging darum, Zeit zu gewinnen.

Und ehe irgend etwas bekannt wurde, hatte er neue Kräfte gefunden und Waffen, die seine Flucht erleichterten. Als sie ihn aus dem Wagen hoben, hing er schlaff in ihren Armen.

Sie trugen ihn in eines der Häuser über den Hof, in dem ein Ziehbrunnen stand. Zwei Hunde schnüffelten um ihn her. Die Wunde schmerzte. In einem Raum im Erdgeschoß legten sie ihn auf eine Bank. Es brannten keine Lampen hier, die Fenster standen offen. »Kümmert euch weiter um ihn!« sagte der Fahrer. »Ich möchte keine Zeit verlieren.«

Der Mann erwartete, daß man ihn jetzt verbinden würde, aber als er vorsichtig die Lider hob, fand er sich allein. Vielleicht waren sie weggegangen, um Verbandzeug zu holen. Im Haus war ein lebhaftes Kommen und Gehen, Türen wurden zugeschlagen, Stimmen klangen auf, aber all das trug sein eigenes Verstummen schon in sich und erhöhte, den Schreien der Vögel ähnlich, die Stille, aus der es sich erhob. ›Wozu das alles?‹ dachte der Mann und begann, als nach einigen Minuten noch immer niemand gekommen war, die Möglichkeit einer sofortigen Flucht zu erwägen. Im Flur lehnten abgestellte Gewehre. Dem Posten würde er sagen, er sei mit einer neuen Meldung an das Kommando bestellt. Ausweise hatte er bei sich. Wenn er es bald tat, konnte noch niemand Bescheid wissen.

Er richtete sich auf, wunderte sich aber, wie groß die Schwäche war, die er vorzugeben gedacht hatte. Ungeduldig setzte er die Füße auf den Boden, erhob sich, konnte aber nicht stehen. Er setzte sich zurück und versuchte es entschlossen ein zweites Mal. Bei diesem Versuch riß der Notverband, den der andere angelegt hatte, und die Wunde brach auf. Sie öffnete sich mit der Vehemenz eines verborgenen Wunsches. Er fühlte, wie das Blut sein Hemd durchtränkte und das Holz der Bank näßte, auf die er zurückgefallen war. Durch das Fenster sah er über der getünchten Mauer des Hofes den Himmel. Er hörte das Aufschlagen von Hufen, Pferde wurden in die Stallungen gebracht. Die Bewegungen im Hause hatten sich verstärkt, die Geräusche nahmen zu, es schien Unerwartetes geschehen zu sein. Er zog sich an dem Fenstersims hoch und glitt wieder herab. Er rief, aber es hörte ihn niemand. Man hatte ihn vergessen.

Während er dalag, wich seine Auflehnung einer verzweifelten Heiterkeit. Das Verbluten schien ihm dem Entweichen durch verschlossene Türen ähnlich, einem Übergehen aller Posten. Der Raum, der nur durch die Helle der gegenüberliegenden Mauer wie von Schneelicht ein wenig erleuchtet wurde, enthüllte sich als Zustand. Und war nicht der reinste aller Zustände Verlassenheit und das Strömen des Blutes Aktion? Da er sie an sich und nicht um der Verteidigung willen gewünscht hatte, war das Urteil, das sich an ihm erfüllte, richtig. Da er das Liegen an den Grenzen satt hatte, bedeutete es Erlösung.

In der Ferne fielen Schüsse. Der Mann öffnete die Augen und erinnerte sich. Es war sinnlos gewesen, die Order weiterzugeben. Sie schossen den anderen nieder, während er hier lag und verblutete. Sie zerrten den anderen hinaus zwischen die Sparren der abgebrannten Höfe, vielleicht hatten sie ihm schon die Augen verbunden, nur sein Mund stand noch halb offen vor Überraschung, sie legten an, sie zielten. Achtung – –

Als er zu sich kam, fühlte er, daß seine Wunden verbunden waren. Er hielt es für einen unnötigen Dienst, den die Engel an den Verbluteten taten, für Barmherzigkeit, die zu spät kam. »Hier sehen wir uns wieder!« sagte er zu dem Fahrer, der sich über ihn beugte. Erst als er einen Offizier vom Stab am Fußende des Bettes bemerkte, erkannte er mit Schrecken, daß er nicht gestorben war.

»Die Order«, sagte er, »was ist mit der Order geschehen?«

»Durch den Schuß lädiert«, erwiderte der Offizier, »aber noch lesbar.«

»Ich hatte sie zu überbringen«, sagte der Mann.

»Wir sind zurecht gekommen!« unterbrach ihn der Fahrer. »Die am andern Ufer haben überall den Angriff begonnen!«

»Es war die letzte Nachricht, die wir zu erwarten hatten.« Der vom Stab wandte sich zum Gehen. In der Tür drehte er sich noch einmal zurück und sagte, nur um noch irgend etwas zu sagen: »Ihr Glück, daß Sie den Wortlaut der Order nicht kannten. Wir hatten eine merkwürdige Chiffre für den Beginn der Aktion.«

(Februar 1951)

WOLFGANG HILDESHEIMER

Das Atelierfest

Seit einiger Zeit findet in dem Atelier neben meiner Wohnung ein rauschendes Fest statt. Ich habe mich an diesen Umstand gewöhnt, und das Rauschen stört mich gewöhnlich nicht mehr. Aber manchmal, da gibt es Höhepunkte, da tobt es, und ich sehe mich veranlaßt, beim Hauswirt Beschwerde einzulegen. Nachdem ich das mehrmals getan hatte, kam er eines Abends, um sich selbst von dem Lärm zu überzeugen. Aber wie es eben so ist – zu diesem Zeitpunkt hatte eine ruhige Periode eingesetzt, und die Folge war, daß der Hauswirt meine Klage als unberechtigt zurückwies. Ich hoffte, ihn vielleicht auf optischem Wege von dem unhaltbaren Zustand überzeugen zu können: Zu diesem Zweck öffnete ich den Kleiderschrank und ließ ihn durch eine Ritze in der Rückwand einen Blick auf das Fest werfen. Denn hinter dem Schrank befindet sich ein Loch in der Mauer von der Größe eines Bullauges in einer Kabine zweiter Klasse. Er sah eine Weile hindurch, aber alles, was er von sich gab, als er aus dem Schrank stieg, war ein Grunzen der Kenntnisnahme. Dann ging er, und als ich einige Stunden später – als es nämlich wieder tobte – durch das Loch sah, war der Hauswirt ein überzeugter Teilnehmer des Atelierfestes.

Ein wenig verstört ging ich im Wohnzimmer auf und ab, aber wie immer bei solchen Anlässen erschwerte mir die strenge, unverrückbare Anordnung der Gegenstände meinen Pendelweg. Schon bei leichtem Anstoß klirrte das Bleikristall in den Regalen, der

Teakholztisch wackelt, obgleich ich dauernd Zigarettenschachteln unter die Füße lege, und die leichtfüßige finnische Vase kippt bei geringster Gelegenheit um, als sei das ihre Funktion. Schließlich blieb ich vor dem Druck von Picassos »Blauer Jugend« stehen. Wie großartig, dachte ich, sind doch diese originalgetreuen Wiedergaben, wie raffiniert die moderne Reproduktionstechnik. Auf diese und ähnliche Art werden nämlich nach solchen Ärgernissen meine Gedanken in andere Bahnen geleitet, und besänftigt, wenn nicht gar geläutert, gehe ich dann zum Kühlschrank, um ein Glas kalten Pfefferminztee zu genießen, ein vorzügliches Getränk für solche Zustände: Jeder kleine Schluck bestätigt, daß ich im Kampf gegen die Auflehnung wieder einmal den Sieg davongetragen habe. Danach lege ich gewöhnlich, wenn auch nicht immer, eine Patience.

Denn in dieser Wohnung, die ich schon lange als meine eigene betrachte, scheinen sich die Bräuche durch meine Übernahme nicht geändert zu haben. Sie haften an Einrichtung und Ausstattung. Die Atmosphäre bedingt die Handlungen der Bewohner, und oft habe ich gar das Gefühl, ich müsse in irgendein sachliches Büro gehen, jedoch die Ausführung dieses Gedankens scheitert an meiner mangelnden Entschlußkraft; zudem weiß ich nicht, welcher Art das Büro sei. Aber es ist schließlich noch nicht aller Tage Abend, wie ich oft – wenn auch vielleicht nicht ganz richtig – zu mir selbst sage.

Immer seltener schaue ich durch das Loch. Ich bemerke, daß der Menschenbestand drüben wechselt. Gäste, die am Anfang dabei waren, sind inzwischen gegangen, andere dafür gekommen. Manche scheinen sich sogar verdoppelt zu haben, wie zum Beispiel der Dichter Benrath, den ich ständig an zwei Stellen zu gleicher Zeit zu sehen vermeine: eine seltsame, beinahe tendenziöse Augentäuschung! Ich bemerke, daß Gerda Stoehr sich die Haare gefärbt hat – vielleicht mit Farben, die ehemals mir gehörten; ich erkenne die Halldorff, die ich zum letztenmal vor acht Jahren als Maria Stuart gesehen habe (übrigens ein unvergeßlicher Eindruck!), Frau von Hergenrath ist gegangen – vielleicht ist sie inzwischen gestorben? –, aber der Glaser, ja, der ist immer noch – und war auch die ganze Zeit – dabei.

Er war dabei an jenem Nachmittag, als das Atelier noch mir gehörte, jenem denkwürdigen Nachmittag, als ich nach einer langen, unfruchtbaren Periode wieder anfangen wollte, zu malen. Er wechselte einige zerbrochene Fensterscheiben aus und hämmerte leise vor sich hin. Meine Frau lag im Nebenzimmer und schlief; draußen regnete es: Die Stimmung ist mir noch gegenwärtig. Im Vorgefühl, nun nach Wochen des Suchens einer Eingebung auf der Spur zu sein, mischte ich vergnügt die Farben und erfreute mich am würzigen Duft der Emulsionen.

Der Glaser glaste still und schwieg: Er würde nicht stören, so dachte ich. Aber als ich die Leinwand auf die Staffelei stellte, sagte er: »Ich male auch.« »So«, sagte ich kühl, vielleicht habe ich auch »ach« gesagt, jedenfalls war mein Kommentar einsilbig.

»Ja«, fuhr er dennoch ermuntert fort, »Bergmotive in Wasserfarben. Aber nicht so modern wie diese Sachen, wo man nicht weiß, was oben oder unten ist. Ich male, was ich sehe.« Er sprach mit der aggressiven Autorität des Amateurs. »Kennen Sie den Landschaftsmaler Linnertsrieder? Ich male so wie der.«

Ich sagte, daß ich diesen Landschaftsmaler nicht kenne, und beschloß, nun doch mit dem Beginn der Arbeit zu warten, bis der Glaser sich entfernt habe. Denn ich kannte diesen schmalen Stimmungsgrat: wenn ich meiner Reizbarkeit freie Bahn ließe, würde sofort die Konzeption meines Bildes ins Wanken geraten. Ich setzte mich in einen Sessel, zündete mir eine Zigarette an und versuchte, den kommenden Schaffensakt vor mir herzuschieben, sanft, sanft, damit er nicht verletzt werde.

Aber bevor der Glaser mit seiner Arbeit fertig war, kam Frau von Hergenrath. Ich hörte auf zu schieben und unterdrückte einen Atemstoß der Resignation. Es galt, Ruhe zu bewahren: Sie war eine Mäzenin, die Wesentliches zu meinem Lebensunterhalt beitrug. Denn die Kunst geht nach Brot, wie jedermann, der nichts davon versteht, oft und gern versichern wird.

»Ich komme«, sagte die Gute, »um mich nach Ihnen umzusehen.« Dabei sah sie sich um, als suche sie mich zwischen den Bildern. »Ich höre, Sie gehen durch eine unfruchtbare Periode.«

Ich war nun wahrhaftig nicht geneigt, mich mit Frau von Hergenrath über die Tücken meiner Muse zu unterhalten. Daher versicherte ich ihr, das Gegenteil sei der Fall, ich erfreue mich voller Schaffenskraft, wobei ich mit vitaler Geste auf die umherstehenden Bilder als Zeugen wies. Sie waren zwar alt, und Frau von Hergenrath hatte sie alle bereits mehrere Male gesehen, aber ich konnte mich auf ihr mangelhaftes Gedächtnis verlassen. In der Tat erkannte sie die Bilder nicht und ging mit frischer, unsachlicher Kritik daran, indem sie mehr als einmal das Gegenteil dessen äußerte, was ich als ihre frühere Meinung in Erinnerung hatte. Etwas gequält, wie immer bei solchen Anlässen, hörte ich ihr zu. Aber wenigstens war der Glaser verstummt. Er hatte schweigend das Hämmern wieder aufgenommen. Ich stellte fest, daß der Regen nachgelassen hatte. Die Zeit stand still.

Dieser einschläfernde Nachmittag nahm eine jähe Wendung, als Engelhardt plötzlich ins Zimmer stürzte, Engelhardt, der unausstehliche Gesellschafter mit seiner tödlichen Herzlichkeit, dem man aber nicht böse sein darf, denn wie reifer Camembert ist er unter seiner unangenehmen Schale weich, was ihn letzten Endes noch unausstehlicher macht. Das auch noch! Ich zuckte zusammen bei dem Gedanken an den Schulterschlag, den er mir gleich geben würde. Er küßte Frau von Hergenrath die Hand, stürzte sich dann auf mich und schlug zu. Dabei rief er zuerst etwas mit »alter Knabe« und fragte dann: »Was macht die Kunst?«

»Na ja! es geht«, sagte ich. Die Antwort auf solche Fragen variierte ich von Fall zu Fall nur gering. Es war mir niemals gelungen, eine Entgegnung zu finden, die zugleich kurz und erschöpfend ist, und es war auch nicht nötig, denn die Fragesteller schienen stets mit diesen vagen Worten zufrieden zu sein.

»Ich sehe«, fuhr dieser Mensch fort, indem er sich Frau von Hergenrath bei der Besichtigung einiger besonders schwacher Frühwerke anschloß, »die Muse küßt dich unentwegt. Das wollen wir begießen.« Er zog eine Flasche Kognak aus der Rocktasche. In seiner Fähigkeit, sein einziges Ziel im Leben – die sogenannte

Hochstimmung – zu verwirklichen, war er wahrhaftig beneidenswert. »Ein begabter Hund, was?« fragte er Frau von Hergenrath. Er meinte mich. Ich war damit beschäftigt, Gläser zu holen, sah daher nicht, ob er sie dabei – wie es seine Art war – in die Seite puffte.

Hier stieß meine Frau zu uns. Das Geräusch des Entkorkens weckt sie immer, weckt sie selbst auf einige Entfernung, es wirkt, wo Küchenwecker versagen. Sie wandelte auf uns zu und begrüßte uns verhalten. Ich hatte das Gefühl, daß sie außer mir niemanden so recht erkannte: Es wurde ihr immer ein wenig schwer, sich nach dem Mittagsschlaf im Leben zurechtzufinden, aber nach einigen Glas Schnaps gewann sie ihre – oft eigenwillige – Perspektive wieder. Engelhardt reichte ihr ein großzügiges Maß. Dann wollte er Frau von Hergenrath einschenken; sie aber legte ihre flache Hand auf das Glas und sagte, sie trinke niemals um diese Zeit. Diese Feststellung enthielt natürlich eine Spitze, auf mich gerichtet: Ein Mäzenat, dessen Nutznießer am hellichten Tag außerkünstlerischer Tätigkeit nachgehe, sei zu überprüfen! Aber diese Feinheit nahm Engelhardt nicht wahr. Unter Anwendung seiner spaßigen Überredungskunst gelang es ihm, sie zu einem sogenannten halben Gläschen zu bewegen. Damit war die Basis zur Überschreitung ihrer Vorsätze geschaffen, und hiernach sprach sie, wie man sagt, dem Kognak eifrig zu.

Leider gelang es mir nicht, Engelhardt daran zu hindern, auch dem Glaser einen Schluck anzubieten. Dieser hatte bis dahin sinnlos vor sich hingehämmert, obgleich er längst mit seiner Arbeit fertig sein mußte. Es gefiel ihm hier. Auf Engelhardts Aufforderung hin kam er nun zum Tisch, sagte: »Ich bin so frei«, und kippte sich – man kann es nicht anders ausdrücken – die Flüssigkeit in den Hals. »Ich male auch«, sagte er daraufhin zu Engelhardt, gleichsam um die Aufnahme in unseren Kreis als gerechtfertigt erscheinen zu lassen. »Wer malt nicht?« fragte dieser albern, aber damit konnte der Glaser nichts anfangen und verwickelte meine Frau in ein – freilich einseitiges – Gespräch über Kunst.

So saßen wir denn, als sich die Tür öffnete und ein mir fremdes Paar – vermutlich ein Ehepaar – eintrat. Da meine Frau über dem Getränk ihre Pflichten als Gastgeberin vergessen hatte, stand ich auf und begrüßte die beiden so freundlich, wie es mir unter den Umständen gegeben war. Der Mann stellte sich vor – den Namen verstand ich nicht; ich habe beim Vorstellen noch niemals einen Namen verstanden; denn jeder Name trifft mich unvorbereitet – und sagte, er käme mit einer Empfehlung von Hébertin in Paris. »Aha, Hébertin«, sagte ich und nickte, als sei mir die mit ihm verbrachte Periode meines Lebens gegenwärtig; dabei hatte ich noch nie von ihm gehört. Ich stellte das Paar meiner Frau und den anderen vor, indem ich einige Vokale murmelte, die ich in ihrem Namen gehört zu haben glaubte, und betonte dabei die Empfehlung von Hébertin, aber dieser schien bei niemandem eine Gedankenverbindung hervorzurufen. Meine Frau holte Gläser, Engelhardt zog eine zweite Flasche aus einer anderen Rocktasche, und schon war das Paar mit von der Partie.

Irgendwie war die Situation außer Kontrolle geraten. Erstens beunruhigte mich der Anblick dieses Glasers; er hatte seine Hand auf Frau von Hergenraths Arm gelegt und erklärte ihr soeben, daß er das male, was er sehe, aber sie hörte nicht zu, sondern trällerte leise. Zweitens hatte mich ein Gefühl hilfloser Melancholie ergriffen. Die Vision des geplanten Bildes war in sich zusammengestürzt, die Muse verhüllten Gesichtes geflohen; sie hatte nichts zurückgelassen als einen tantalisierenden Terpentinduft. Ich sah auf das unbekannte Paar. Beide rauchten Zigarre. Sie schienen sich wohl zu fühlen. Die Frau erzählte soeben meiner Frau, daß Hébertin in die Rue Marbeau gezogen sei und immer noch – leider – seiner alten Angewohnheit fröhne. Dem Mienenspiel der Frau nach zu urteilen, mußte es sich um etwas Schlimmeres als Rauschgift handeln.

Inzwischen hatte Engelhardt, der Herr der Situation, noch mehrere Leute angerufen – er selbst nannte diesen Akt: »Zusammentrommeln« – und ihnen erklärt, bei mir sei ein Fest im Gange. Er forderte sie auf, zu kommen und Freunde, Verwandte, vor allem aber Flaschen möglichst potenten Inhalts mitzubringen. Nur mit Mühe gelang es mir, den Glaser davon abzuhalten, das gleiche zu tun. Ich klopfte ihm freundschaftlich auf die Schulter und erklärte ihm, daß, wenn zu viele Leute kämen, man gegenseitig nichts mehr voneinander habe; denn das Wesentliche jeder Geselligkeit sei doch schließlich das »Gespräch«. Überraschenderweise leuchtete ihm das ein.

Zuerst kam Gerda Stoehr, flankiert von zwei älteren Herren, untadelig, mit Stil, geborene Beschützer, beide. Befremdet sahen sie sich um. Aber als ihr wuscheliger Schützling meine Frau in Kindersprache begrüßte, lächelten sie einander bestätigend zu, und der Prozeß des Auftauens begann, der nun vor nichts und niemandem mehr haltmachte.

Und dann brach der laute Schwarm der Gäste herein, jeder mit einer oder mehreren Flaschen beladen. Einige unter ihnen kannte ich, so zum Beispiel Vera Erbsam, eine intime Busenfeindin meiner Frau, die mir immer Augen gemacht hat, bis ich ihr eines Tages erzählte, daß mein Vater eine Dampfbäckerei in Dobritzburg betriebe; seitdem sah sie mich nur noch argwöhnisch an. Trotzdem war sie gekommen und hatte einen jungen Mann mitgebracht, den ich ebenfalls oberflächlich kannte, einen Assessor oder Referendar, wenn das nicht überhaupt das gleiche ist. Er sah aus wie ein Bräutigam, vermutlich war er der ihre. Dann war da ein Filmschauspielerehepaar rätselhafter Herkunft, sie hießen de Pollani, aber wohl nicht wirklich, waren wohl in Wirklichkeit auch kein Ehepaar. Ich hatte die Frau einmal gemalt, bei welcher Gelegenheit sie ihre Sonnenbrille abgenommen hatte. Ich hörte Engelhardt, der inzwischen die Rolle des Gastgebers übernommen hatte, Frau de Pollani mit »darling« anreden, womit er das Panorama der Welten, auf deren Boden er sich mit Sicherheit bewegte, um einen weiteren Ausschnitt vergrößerte.

Es ist unnötig, hier weiter auf andere Gäste als Individuen einzugehen. Um der Stimmung gerecht zu werden, genügt es, zu sagen, daß noch vor Anbruch der Nacht der Gästekörper eine homogene Masse war, in welcher dauernd nüchterne Neuankömmlinge untertauchten, um beinahe sofort Glieder der Allgemeinheit zu werden.

»Das ganze Leben müßte ein Atelierfest sein«, hörte ich nicht weit von mir einen jungen Kollegen sagen.

»Das ganze Leben ist ein Atelierfest«, sagte der Bärtige neben ihm. Er war Kunstkritiker, auch berühmt für seine treffenden ex-tempore-Aphorismen. Mir fiel ein, daß ich ihn diesen Abend zum Essen eingeladen hatte, aber er schien sich mit der veränderten Situation abgefunden zu haben. Er stand da, lächelte versonnen in sein Glas und tippte dauernd mit der Schuhspitze an den fetten Schmitt-Holweg, der kolossal und trunken am Boden lag. Er war Bildhauer, trug seine Berufung mit schmerzlicher Erbitterung, der er lallend Ausdruck verlieh, und sah aus, als habe Rabelais ihn im Rausch erfunden.

Kurz vor Mitternacht wurde ich an die Wand gedrückt, und zwar mit dem Gesicht zur Mauer. Ein bacchantischer Zug wälzte sich an mir vorbei und machte es mir unmöglich, vermittels einer halben Drehung mich wenigstens auf meine eigenen Bilder setzen zu können. In dieser verzweifelten Lage entdeckte ich einen Hammer in der Tasche meines Nebenmannes. Es war der Glaser. Ich rief: »Gestatten Sie einen Augenblick« – obgleich Höflichkeit hier völlig fehl am Platz war; denn man konnte sich kaum noch verständlich machen –, nahm ihm den Hammer aus der Tasche und begann damit die Wand aufzuhauen.

Da ich hinten nicht weit ausholen durfte, um die Gäste nicht zu gefährden, war diese Arbeit anstrengend und ging recht langsam von der Hand. Zuerst bröckelte der Putz in kleinen Scheiben ab, dann lokkerte sich der Beton, der als Kies und Sand abfiel und bald mir zu Füßen einen Haufen bildete. Die Gesellschaft hinter mir schien einen Höhepunkt erreicht zu haben, aber es kümmerte mich nicht. Aus der Ecke an der anderen Seite hörte ich durch den trunkenen Lärm eine Frauenstimme ein anstößiges Lied singen. Unter gewöhnlichen Umständen wäre mir das wegen Frau von Hergenrath peinlich gewesen, aber nun, da ich im Begriff war, aus dem Atelier zu schlüpfen, war es mir gleichgültig. Übrigens erkannte ich auch bald, daß es Frau von Hergenrath war, die sang: Offensichtlich besaß sie Eigenschaften, von denen ich nichts geahnt hatte, da sie wohl auch einer gewissen Entfesselung bedurften, um voll hervortreten zu können.

Das Loch wuchs. Nach einiger Zeit stieß ich auf der anderen Seite durch und konnte mit Hilfe des einbrechenden Lichtkegels die Lage im Schlafzimmer meiner Nachbarn überblicken. Sie hießen Gießlich, heißen wohl immer noch so und sind auch in gewissem Sinne wieder meine Nachbarn. Es waren modern eingestellte, dabei rechtschaffene Leute, aber diese letztere Eigenschaft hat sich nun wohl ein wenig geändert – und zwar zugunsten der ersten Eigenschaft –, und ich will meine Schuld daran nicht leugnen.

Beide hatten sich in den Betten aufgerichtet, schalteten das Licht an und begrüßten mich erstaunt, aber nicht unfreundlich; ja, ich muß sagen, sie legten eine gewisse liebevolle Nachsicht zur Schau, wie sie Künstler nur selten von seiten bürgerlicher Mitmenschen erfahren, vor allem in solch ungewöhnlichen Situationen. Vielleicht waren sie sich beim Erwachen sofort ihrer Modernität bewußt geworden. Ich grüßte aus Verlegenheit zunächst nur kurz und hämmerte weiter, bis die Öffnung die Ausmaße erreicht hatte, die sie auch jetzt noch hat. Dann fragte ich etwas unbeholfen: »Darf ich näher treten?« und schob mich, ohne die Antwort abzuwarten, hindurch.

Nachdem ich mir mit der Hand den Betonstaub von den Schultern gebürstet hatte, um diesen nächtlichen Auftritt nicht allzu improvisiert erscheinen zu lassen, sagte ich: »Bitte, entschuldigen Sie die Störung zu so später Stunde; aber ich bin gekommen, um Sie zu einem Atelierfest einzuladen, das heute Nacht bei mir stattfindet.« Pause. »Es geht sehr lustig zu.«

Die Gießlichs sahen einander an, eine Reaktion, der ich mit Erleichterung entnahm, daß meine Einladung als Gegenstand der Erörterung gelten durfte. Ich wollte sofort wieder einhaken, aber da sagte Herr Gießlich mit einem, wie mir schien, etwas süßlichen Lächeln, daß er mir zwar für die freundliche Einladung danke, aber daß ein Ehepaar in ihren Jahren, wenn auch modern eingestellt, doch wohl kaum mehr so recht in eine Versammlung von Menschen gehöre, deren gemeinsame Lebensaufgabe – nämlich die Kunst – auch ein gemeinsames Schicksal bedinge, welches sie – die Gießlichs – nun einmal nicht teilen. Aber gerade, sagte ich, Künstler haben ja eben die Eigenschaft, jeden Außenstehenden sogleich spüren zu lassen, daß er bei ihnen zu Hause sei; außerdem gäbe es bei mir da drüben eine bunte Mischung von Gästen, von adeligen Mäzenen bis zu einfachen Handwerkern. Ich entfaltete zum erstenmal in dieser Nacht eine gewaltige Beredsamkeit, mit der ich auch schließlich die Gießlichs für das Fest zu erwärmen vermochte, ja, es gelang mir sogar, sie zu überreden, sich nicht erst anzuziehen und in Nachtgewändern hinüberzuschlüpfen, indem ich sagte, drüben seien alle recht leicht bekleidet. Das war zwar eine Lüge, aber ich verspürte das wachsende Bedürfnis, nun endlich allein zu sein.

Sie standen von ihren Betten auf. Herr Gießlich hatte einen gestreiften Pyjama an, sie trug ein Nachthemd. Er half ihr in den Morgenrock wie in einen Abendmantel und lief, nun schon ungeduldig, auf und ab, während sie sich vor ihrem Toilettenspiegel das Haar kämmte. Es war mir also tatsächlich gelungen, in ihnen Feuer und Flamme zu entfachen; nachträglich fragte ich mich, welche der Verlockungen wohl den Ausschlag gegeben hatte: die menschenfreundlichen Eigenschaften der Künstler? Oder die Gegenwart adliger Mäzene? Wenn ich durch das Loch schaue, denke ich allerdings, daß es wohl doch die Sache mit der leichten Bekleidung war, die in erschreckendem Maße zur Wahrheit wird.

Zuerst zwängte sich Herr Gießlich durch das Loch. Er muß drüben sofort festen Fuß gefaßt haben; denn er reichte von dort galant seiner Frau die Hand, als helfe er ihr, die hohen Stufen einer Droschke zu erklimmen. Ich mußte an meiner Seite zupacken; denn Frau Gießlichs Umfang war beträchtlich, ist es übrigens heute noch. Aber auch sie hatte sicheren Boden erreicht. Ich war allein.

Unter einigem Kraftaufwand schob ich den schweren Kleiderschrank vor das Loch, wo er heute noch steht. Nun wurde es wesentlich ruhiger; denn die Kleider im Schrank dämpften den Schall. Zudem war vielleicht auch Ermattung auf dem Fest eingetreten, eine ruhigere Periode zwischen zwei Höhepunkten.

Erschöpft ließ ich mich auf eines der beiden Betten sinken und versuchte meine Situation zu überdenken, aber ich war zu müde und kam über die Verarbeitung unmittelbarer Eindrücke nicht mehr hinaus, hatte schließlich auch einen anstrengenden Abend hinter mir. Von weitem hörte ich das Pfeifen einer Lokomotive, und ich weiß noch, daß ich froh war, nun über dem Rauschen des Festes nebenan – im Augenblick schien es nicht mehr als ein Summen – andere Geräusche wahrnehmen zu können. Durch die Vorhänge sah ich, daß es heller wurde, also die Tageszeit anbrach, zu der ich, wenn ich wach bin, einer langen Bahn von Bildern, von Erinnerungen bis zu trüben Ahnungen entlanggleite. Dazwischen hörte ich das Krähen eines Hahnes; die einzige Funktion des Federviehs, die ihm Anspruch auf poetische Verarbeitung gibt, dachte ich und merkte, daß, wie so oft in ungewohnten Lagen, meine Gedanken sich selbständig machten. Darauf schlief ich ein. Am späten Nachmittag erwachte ich. Ich sah durch das Loch. Da war das Fest noch in vollem Gange, und ich wußte, daß es nun für immer weitergehen würde.

(September 1951)

ILSE AICHINGER

Seegeister

Den Sommer über beachtet man sie wenig oder hält sie für seinesgleichen, und wer den See mit dem Sommer verläßt, wird sie nie erkennen. Erst gegen den Herbst zu beginnen sie, sich deutlicher abzuheben. Wer später kommt oder länger bleibt, wer zuletzt selbst nicht mehr weiß, ob er noch zu den Gästen oder schon zu den Geistern gehört, wird sie unterscheiden. Denn es gibt gerade im frühen Herbst Tage, an denen die Grenzen im Hinüberwechseln noch einmal sehr scharf werden.

Da ist der Mann, der den Motor seines Bootes, kurz bevor er landen wollte, nicht mehr abstellen konnte. Er dachte zunächst, das sei weiter kein Unglück und zum Glück sei der See groß, machte kehrt und fuhr vom Ostufer gegen das Westufer zurück, wo die Berge steil aufsteigen und die großen Hotels stehen. Es war ein schöner Abend, und seine Kinder winkten ihm vom Landungssteg, aber er konnte den Motor noch immer nicht abstellen, tat auch, als wollte er nicht landen, und fuhr wieder gegen das flache Ufer zurück. Hier – zwischen entfernten Segelbooten, Ufern und Schwänen, die sich weit vorgewagt hatten – brach ihm angesichts der Röte, die die untergehende Sonne auf das östliche Ufer warf, zum erstenmal der Schweiß aus den Poren, denn er konnte seinen Motor noch immer nicht abstellen. Er rief seinen Freunden, die auf der Terrasse des Gasthofes beim Kaffee saßen, fröhlich zu, er wolle noch ein wenig weiterfahren, und sie riefen fröhlich zurück, das solle er nur. Als er zum drittenmal kam, rief er, er wolle nur seine Kinder holen, und seinen Kindern rief er zu, er wolle nur seine Freunde holen. Bald darauf waren Freunde und Kinder von beiden Ufern verschwunden, und als er zum viertenmal kam, rief er nichts mehr.

Er hatte entdeckt, daß sein Benzintank leck war, das Benzin war längst ausgelaufen, aber das Seewasser trieb seinen Motor weiter. Er dachte jetzt nicht mehr, das sei weiter kein Unglück und zum Glück sei der See groß. Der letzte Dampfer kam vorbei, und die Leute riefen ihm übermütig zu, aber er antwortete nicht, er dachte jetzt: ›Wenn nur kein Boot mehr käme!‹ Und dann kam auch keins mehr. Die Jachten lagen mit eingezogenen Segeln in den Buchten, und der See spiegelte die Lichter der Hotels. Dichter Nebel begann aufzusteigen, der Mann fuhr kreuz und quer und dann die Ufer entlang, irgendwo schwamm noch ein Mädchen und warf sich den Wellen nach, die sein Boot warf, und ging auch an Land.

Aber er konnte, während er fuhr, den lecken Tank nicht abdichten und fuhr immer weiter. Jetzt erleichterte ihn nur mehr der Gedanke, daß sein Tank doch eines Tages den See ausgeschöpft haben müsse, und er dachte, es sei eine merkwürdige Art des Sinkens, den See aufzusaugen und zuletzt mit seinem Boot auf dem Trockenen zu sitzen. Kurz darauf begann es zu regnen, und er dachte auch das nicht mehr. Als er wieder an dem Haus vorbeikam, vor dem das Mädchen gebadet hatte, sah er, daß hinter einem Fenster noch Licht war, aber uferaufwärts, in den Fenstern, hinter denen seine

Kinder schliefen, war es schon dunkel, und als er kurz danach wieder zurückfuhr, hatte auch das Mädchen sein Licht gelöscht. Der Regen ließ nach, aber das tröstete ihn nun nicht mehr.

Am nächsten Morgen wunderten sich seine Freunde, die beim Frühstück auf der Terrasse saßen, daß er schon so früh auf dem Wasser sei. Er rief ihnen fröhlich zu, der Sommer ginge zu Ende, man müsse ihn nützen, und seinen Kindern, die schon am frühen Morgen auf dem Landungssteg standen, sagte er dasselbe. Und als sie am nächsten Morgen eine Rettungsexpedition nach ihm ausschicken wollten, winkte er ab, denn er konnte doch jetzt, nachdem er sich zwei Tage lang auf die Fröhlichkeit hinausgeredet hatte, eine Rettungsexpedition nicht mehr zulassen; vor allem nicht angesichts des Mädchens, das täglich gegen Abend die Wellen erwartete, die sein Boot warf. Am vierten Tag begann er zu fürchten, daß man sich über ihn lustig machen könnte, tröstete sich aber bei dem Gedanken, daß auch dies vorüberginge. Und es ging vorüber.

Seine Freunde verließen, als es kühler wurde, den See, und auch die Kinder kehrten zur Stadt zurück, die Schule begann. Das Motorengeräusch von der Uferstraße ließ nach, jetzt lärmte nur noch sein Boot auf dem Wasser. Der Nebel zwischen Wald und Gebirge wurde täglich dichter, und der Rauch aus den Kaminen blieb in den Wipfeln hängen.

Als letztes verließ das Mädchen den See. Vom Wasser her sah er sie ihre Koffer auf den Wagen laden. Sie warf ihm eine Kußhand zu und dachte: ›Wäre er ein Verwunschener, ich wäre länger geblieben, aber er ist mir zu genußsüchtig!‹

Bald darauf fuhr er an dieser Stelle mit seinem Boot aus Verzweiflung auf den Schotter. Das Boot wurde längsseits aufgerissen und tankt von nun an Luft. In den Herbstnächten hören es die Einheimischen über ihre Köpfe dahinbrausen.

Oder die Frau, die vergeht, sobald sie ihre Sonnenbrille abnimmt.

Das war nicht immer so. Es gab Zeiten, zu denen sie mitten in der hellen Sonne im Sand spielte, und damals trug sie keine Sonnenbrille. Und es gab Zeiten, zu denen sie die Sonnenbrille trug, sobald ihr die Sonne ins Gesicht schien, und sie abnahm, sobald sie verging – und doch selbst nicht verging. Aber das ist lange vorbei, sie würde, wenn man sie fragte, selbst nicht sagen können, wie lange, und sie würde sich eine solche Frage auch verbitten.

Wahrscheinlich rührt all das Unglück von dem Tag her, an dem sie begann, die Sonnenbrille auch im Schatten nicht abzunehmen, von dieser Autofahrt im Frühsommer, als es plötzlich trüb wurde und jedermann die dunklen Gläser von den Augen nahm, nur sie nicht. Aber man sollte Sonnenbrillen niemals im Schatten tragen, sie rächen sich.

Als sie wenig später während einer Segelfahrt auf der Jacht eines Freundes die Sonnenbrille für einen Augenblick abnahm, fühlte sie sich plötzlich zu nichts werden, Arme und Beine lösten sich im Ostwind auf. Und dieser Ostwind, der die weißen Schaumkämme über den See trieb, hätte sie sicher wie nichts über Bord geweht, wäre sie nicht geistesgegenwärtig genug gewesen, ihre Sonnenbrille sofort wieder aufzusetzen.

Derselbe Ostwind brachte aber zum Glück gutes Wetter, Sonne und große Hitze, und so fiel sie während der nächsten Wochen weiter nicht auf. Wenn sie abends tanzte, erklärte sie jedem, der es wissen wollte, sie trüge die Sonnenbrille gegen das starke Licht der Bogenlampen, und bald begannen viele, sie nachzuahmen. Freilich wußte niemand, daß sie die Sonnenbrille auch nachts trug, denn sie schlief bei offenem Fenster und hatte keine Lust, hinausgeweht zu werden oder am nächsten Morgen aufzuwachen und einfach nicht mehr da zu sein.

Als für kurze Zeit trübes Wetter und Regen einsetzte, versuchte sie noch einmal, ihre Sonnenbrille abzunehmen, geriet aber sofort in denselben Zustand der Auflösung, wie das erste Mal, und bemerkte, daß auch der Westwind bereit war, sie davonzutragen. Sie versuchte es daraufhin nie wieder, sondern hielt sich so lange abseits und wartete, bis die Sonne wiederkam. Und die Sonne kam wieder. Sie kam den ganzen Sommer über immer wieder. Dann segelte sie auf den Jachten ihrer Freunde, spielte Tennis oder schwamm auch, mit der Sonnenbrille im Gesicht, ein Stück weit in den See hinaus. Und sie küßte auch den einen oder den anderen und nahm die Sonnenbrille dazu nicht ab. Sie entdeckte, daß sich das meiste auf der Welt auch mit Sonnenbrillen vor den Augen tun ließ. Solange es Sommer war.

Aber nun wird es langsam Herbst. Die meisten ihrer Freunde sind in die Stadt zurückgekehrt, nur einige wenige sind noch geblieben. Und sie selbst – was sollte sie jetzt mit Sonnenbrillen in der Stadt? Hier legt man ihre Not noch als persönliche Note aus, und solange es sonnige Tage gibt und die letzten ihrer Freunde um sie sind, wird sich nichts ändern. Aber der Wind bläst mit jedem Tag stärker, Freunde und sonnige Tage werden mit jedem Tag weniger. Und es ist keine Rede davon, daß sie die Sonnenbrille jemals wieder abnehmen könnte.

Was soll geschehen, wenn es Winter wird?

Da waren auch noch drei Mädchen, die am Heck des Dampfers standen und sich über den einzigen Matrosen lustig machten, den es auf dem Dampfer gab. Sie stiegen am flachen Ufer ein, fuhren an das bergige Ufer hinüber, um dort Kaffee zu trinken, und dann wieder an das flache zurück.

Der Matrose beobachtete vom ersten Augenblick an, wie sie lachten und sich hinter der vorgehaltenen Hand Dinge zuriefen, die er wegen des großen Lärms, den der kleine Dampfer verursachte, nicht verstehen konnte. Aber er hatte den bestimmten Argwohn, daß es ihn und den Dampfer betraf; und als er von seinem Sitz neben dem Kapitän herunterkletterte, um die Fahrkarten zu markieren, und dabei in die Nähe der Mädchen kam, wuchs ihre Heiterkeit, so daß er seinen Argwohn bestätigt fand. Er fuhr sie an und fragte sie nach ihren Karten, aber sie hatten sie leider schon genommen, und so blieb ihm nichts anderes übrig, als die Karten zu markieren. Dabei fragte ihn eines der Mädchen, ob er auch den Winter über keine andere Beschäftigung hätte, und er antwortete: »Nein.« Gleich darauf begannen sie wieder zu lachen.

Aber von da ab hatte er die Empfindung, seine Mütze hätte das Schild verloren, und es fiel ihm schwer, den Rest der Karten zu markieren. Er kletterte zum Kapitän zurück, nahm aber diesmal nicht die Kinder der Ausflügler vom Verdeck mit hinauf, wie er es sonst tat. Und er sah den See grün und ruhig unten liegen, und er sah den scharfen Einschnitt des Bugs – schärfer konnte auch ein Ozeanriese nicht die See durchschneiden –, aber das beruhigte ihn heute nicht. Vielmehr erbitterte ihn die Tafel mit der Aufschrift »Achtung auf den Kopf!«, die über dem Eingang zu den Kabinen angebracht war, und der schwarze Rauch, der aus dem Kamin bis zum Heck wehte und die flatternde Fahne schwärzte, als hätte er die Schuld daran.

Nein, er tat auch im Winter nichts anderes. Weshalb denn der Dampfer auch im Winter verkehre, fragten sie ihn, als er wieder in ihre Nähe kam. »Wegen der Post!« sagte er. In einem lichten Augenblick sah er sie dann ruhig miteinander sprechen, und das tröstete ihn für eine Weile; aber als der Dampfer anlegte und er die Seilschlinge über den Pflock auf dem kleinen Steg warf, begannen sie, obwohl er den Pflock haargenau getroffen hatte, wieder zu lachen und konnten sich, solange er sie sah, nicht mehr beruhigen.

Eine Stunde später stiegen sie wieder ein, aber der Himmel hatte sich inzwischen verdüstert, und als sie in der Mitte des Sees waren, brach das Gewitter los. Das Boot begann zu schaukeln, und der Matrose ergriff die Gelegenheit beim Schopf, um den Mädchen zu zeigen, was er wert war. Er kletterte in seiner Ölhaut öfter als nötig über das Geländer und außen herum und wieder zurück. Dabei glitt er, da es inzwischen immer stärker regnete, auf dem nassen Holz aus und fiel in den See. Und weil er mit den Matrosen der Ozeandampfer gemeinsam hatte, daß er nicht schwimmen konnte, und der See mit der See, daß es sich darin ertrinken ließ, ertrank er auch.

Er ruht in Frieden, wie es auf seinem Grabstein steht, denn man zog ihn heraus. Aber die drei Mädchen fahren immer noch auf dem Dampfer und stehen am Heck und lachen hinter der vorgehaltenen Hand. Wer sie sieht, sollte sich von ihnen nicht beirren lassen. Es sind immer dieselben.

(1952)

FRIEDRICH DÜRRENMATT

Der Tunnel

Ein Vierundzwanzigjähriger, fett, damit das Schreckliche hinter den Kulissen, welches er sah (das war seine Fähigkeit, vielleicht seine einzige), nicht allzunah an ihn herankomme, der es liebte, die Löcher in seinem Fleisch, da doch gerade durch sie das Ungeheuerliche hereinströmen konnte, zu verstopfen, derart, daß er Zigarren rauchte (Ormond Brasil 10) und über seiner Brille eine zweite trug, eine Sonnenbrille, und in den Ohren Wattebüschel: dieser junge Mann, noch von seinen Eltern abhängig und mit nebulosen Studien auf einer Universität beschäftigt, die in einer zweistündigen Bahnfahrt zu erreichen war, stieg eines Sonntagnachmittags in den gewohnten Zug, Abfahrt siebzehnuhrfünfzig, Ankunft neunzehnuhrsiebenundzwanzig, um anderentags ein Seminar zu besuchen, das zu schwänzen er schon entschlossen war. Die Sonne schien an einem wolkenlosen Himmel, da er seinen Heimatort verließ. Es war Sommer. Der Zug hatte sich bei diesem angenehmen Wetter zwischen den Alpen und dem Jura fortzubewegen, an reichen Dörfern und kleineren Städten vorbei, später an einem Fluß entlang, und tauchte denn auch nach noch nicht ganz zwanzig Minuten Fahrt gerade nach Burgdorf in einen kleinen Tunnel. Der Zug war überfüllt. Der Vierundzwanzigjährige war vorne eingestiegen und hatte sich mühsam nach hinten durchgearbeitet, schwitzend und einen leicht vertrottelten Eindruck erweckend. Die Reisenden saßen dicht gedrängt, viele auf Koffern, auch die

Coupés der zweiten Klasse waren besetzt, nur die erste Klasse schwach belegt. Wie sich der junge Mann endlich durch das Wirrwarr der Familien, Rekruten, Studenten und Liebespaare gekämpft hatte, bald, vom Zug hin und her geschleudert, gegen diesen fallend und bald gegen jenen, gegen Bäuche und Brüste torkelnd, fand er im hintersten Wagen Platz, so viel sogar, daß er in diesem Abteil der dritten Klasse – in der es sonst Wagen mit Coupés selten gibt – eine ganze Bank für sich allein hatte: Im geschlossenen Raume saß ihm gegenüber einer, noch dicker als er, der mit sich selbst Schach spielte, und in der Ecke der gleichen Bank, gegen den Korridor zu, ein rothaariges Mädchen, das einen Roman las. So saß er schon am Fenster und hatte eben eine Ormond Brasil 10 in Brand gesteckt, als der Tunnel kam, der ihm länger als sonst zu dauern schien. Er war diese Strecke schon manchmal gefahren, fast jeden Samstag und Sonntag seit einem Jahr, und hatte den Tunnel eigentlich gar nie beachtet, sondern immer nur geahnt. Zwar hatte er ihm einige Male die volle Aufmerksamkeit schenken wollen, doch hatte er, wenn er kam, jedes Mal an etwas anderes gedacht, so daß er das kurze Eintauchen in die Finsternis nicht bemerkte, denn der Tunnel war eben gerade vorbei, wenn er, entschlossen ihn zu beachten, aufschaute, so schnell durchfuhr ihn der Zug und so kurz war der kleine Tunnel. So hatte er denn auch jetzt die Sonnenbrille nicht abgenommen, als sie einfuhren, da er nicht an den Tunnel dachte. Die Sonne hatte eben noch mit voller Kraft geschienen, und die Landschaft, durch die sie fuhren, die Hügel und Wälder, die fernere Kette des Juras und die Häuser des Städtchens waren wie von

Gold gewesen, so sehr hatte alles im Abendlicht geleuchtet, so sehr, daß ihm die nun schlagartig einsetzende Dunkelheit des Tunnels bewußt wurde, der Grund wohl auch, warum ihm die Durchfahrt länger erschien als er sie sich dachte. Es war völlig finster im Abteil, da der Kürze des Tunnels wegen die Lichter nicht in Funktion gesetzt waren, denn jede Sekunde mußte sich ja in der Scheibe der erste fahle Schimmer des Tages zeigen, sich blitzschnell ausweiten und mit voller, goldener Helle gewaltig hereinbrechen; als es jedoch immer noch dunkel blieb, nahm er die Sonnenbrille ab. Das Mädchen zündete sich in diesem Augenblick eine Zigarette an, offenbar ärgerlich, daß es im Roman nicht weiterlesen konnte, wie er im rötlichen Aufflammen des Streichholzes zu bemerken glaubte; seine Armbanduhr mit dem leuchtenden Zifferblatt zeigte zehn nach sechs. Er lehnte sich in die Ecke zwischen der Coupéwand und der Scheibe und beschäftigte sich mit seinen verworrenen Studien, die ihm niemand recht glaubte, mit dem Seminar, in das er morgen mußte und in das er nicht gehen würde (alles, was er tat, war nur ein Vorwand, hinter der Fassade seines Tuns Ordnung zu erlangen, nicht die Ordnung selber, nur die Ahnung einer Ordnung, angesichts des Schrecklichen, gegen das er sich mit Fett polsterte, Zigarren in den Mund steckte, Wattebüschel in die Ohren), und wie er wieder auf das Zifferblatt schaute, war es viertel nach sechs, und immer noch der Tunnel. Das verwirrte ihn. Zwar leuchteten nun die Glühbirnen auf, es wurde hell im Coupé, das rote Mädchen konnte in seinem Roman weiterlesen, und der dicke Herr spielte wieder mit sich selber Schach, doch draußen, jenseits der Scheibe, in der sich nun das ganze Abteil spiegelte, war immer noch der Tunnel. Er trat in den Korridor, in welchem ein hochgewachsener Mann in einem hellen Regenmantel auf und ab ging, ein schwarzes Halstuch umgeschlagen. Wozu auch bei diesem Wetter, dachte er und schaute in die anderen Coupés dieses Wagens, wo man Zeitung las und miteinander schwatzte. Er trat wieder zu seiner Ecke und setzte sich, der Tunnel mußte nun jeden Augenblick aufhören, jede Sekunde; auf der Armbanduhr war es nun beinahe zwanzig nach; er ärgerte sich, den Tunnel vorher so wenig beachtet zu haben, dauerte er doch nun schon eine Viertelstunde und mußte, wenn die Geschwindigkeit eingerechnet wurde, mit welcher der Zug fuhr, ein bedeutender Tunnel sein, einer der längsten Tunnel in der Schweiz. Es war daher wahrscheinlich, daß er einen falschen Zug genommen hatte, wenn ihm im Augenblick auch nicht erinnerlich war, daß sich zwanzig Minuten Bahnfahrt von seinem Heimatort aus ein so langer und bedeutender Tunnel befand. Er fragte deshalb den dicken Schachspieler, ob der Zug nach Zürich fahre, was der bestätigte. Er wüßte gar nicht, daß an dieser Stelle der Strecke ein so langer Tunnel sei, sagte der junge Mann, doch der Schachspieler antwortete, etwas ärgerlich, da er in irgendeiner schwierigen Überlegung zum zweiten Mal unterbrochen wurde, in der Schweiz gebe es eben viele Tunnel, außerordentlich viele, er reise zwar zum ersten Mal in diesem Lande, doch falle dies sofort auf, auch habe er in einem statistischen Jahrbuch gelesen, daß kein Land so viele Tunnel wie die Schweiz besitze. Er müsse sich nun entschuldigen, wirklich, es tue ihm schrecklich leid, da er sich mit einem wichtigen Problem der Nimzowitsch-Verteidigung beschäftige und nicht mehr abgelenkt werden dürfe. Der Schachspieler hatte höflich, aber bestimmt geantwortet; daß von ihm keine Antwort zu erwarten war, sah der junge Mann ein. Er war froh, als nun der Schaffner kam. Er war überzeugt, daß seine Fahrkarte zurückgewiesen werden würde; auch als der Schaffner, ein blasser, magerer Mann, nervös, wie es den Eindruck machte, dem Mädchen gegenüber, dem er zuerst die Fahrkarte abnahm, bemerkte, es müsse in Olten umsteigen, gab der Vierundzwanzigjährige noch nicht alle Hoffnung auf, so sehr war er überzeugt, in den falschen Zug gestiegen zu sein. Er werde wohl nachzahlen müssen, er sollte nach Zürich, sagte er dann, ohne die Ormond Brasil 10 aus dem Munde zu nehmen, und reichte dem Schaffner das Billett hin. Der Herr sei im rechten Zug, antwortete der, wie er die Fahrkarte geprüft hatte. »Aber wir fahren doch durch einen Tunnel!« rief der junge Mann ärgerlich und recht energisch aus, entschlossen, nun die verwirrende Situation aufzuklären. Man sei eben an Herzogenbuchsee vorbeigefahren und nähere sich Langenthal, sagte der Schaffner. »Es stimmt, mein Herr, es ist jetzt zwanzig nach sechs.« Aber man fahre seit zwanzig Minuten durch einen Tunnel, beharrte der junge Mann auf seiner Feststellung. Der Schaffner sah ihn verständnislos an. »Es ist der Zug nach Zürich«, sagte er und schaute nun auch nach dem Fenster. »Zwanzig nach sechs«, sagte er wieder, jetzt etwas beunruhigt, wie es schien, »bald kommt Olten, Ankunft achtzehnuhrsiebenunddreißig. Es wird schlechtes Wetter gekommen sein, ganz plötzlich, daher die Nacht, vielleicht ein Sturm, ja, das wird es sein.« »Unsinn«, mischte sich nun der Mann, der sich mit einem Problem der Nimzowitsch-Verteidigung beschäftigte, ins Gespräch, ärgerlich, weil er immer noch sein Billett hinhielt, ohne vom Schaffner beachtet zu werden, »Unsinn, wir fahren durch einen Tunnel. Man kann deutlich den Fels sehen, Granit, wie es scheint. In der Schweiz gibt es am meisten Tunnel der ganzen Welt. Ich habe es in einem statistischen Jahrbuch gelesen.« Der Schaffner, indem er endlich die Fahrkarte des Schachspielers entgegennahm, versicherte aufs neue, fast flehentlich, der Zug fahre nach Zürich, worauf der Vierundzwanzigjährige den Zugführer verlangte. Der sei vorne im Zug, sagte der Schaffner, im übrigen fahre der Zug nach Zürich, jetzt sei es sechsuhrfünfundzwanzig, und in zwölf Minuten werde er nach dem Sommerfahrplan in Olten anhalten, er fahre jede Woche diesen Zug dreimal. Der junge Mann machte sich auf den Weg. Das Gehen fiel ihm noch schwerer im überfüllten Zug als vor kurzem, wie er die gleiche Strecke umgekehrt gegangen war; der Zug mußte überaus schnell fahren; auch war das Getöse, das er dabei verursachte, entsetzlich; so steckte er sich seine Wattebüschel denn wieder in die Ohren, nachdem er sie beim Betreten des Zuges entfernt hatte. Die Menschen, an denen er vorbeikam, verhielten sich ruhig, in nichts unterschied sich der Zug von anderen Zügen, die er an den Sonntagnachmittagen gefahren war, und niemand fiel ihm auf, der beunruhigt gewesen wäre. In einem Wagen mit Zweitklaß-Abteil stand ein Engländer am Fenster des Korridors und tippte freudestrahlend mit der Pfeife, die er rauchte, an die Scheibe.

»Simplon«, sagte er. Auch im Speisewagen war alles wie sonst, obwohl kein Platz frei war, und der Tunnel doch einem der Reisenden oder der Bedienung, die Wienerschnitzel und Reis servierte, hätte auffallen können. Den Zugführer, den er an der roten Tasche erkannte, fand der junge Mann am Ausgang des Speisewagens. »Sie wünschen?« fragte der Zugführer, der ein großgewachsener, ruhiger Mann war, mit einem sorgfältig gepflegten schwarzen Schnurrbart und einer randlosen Brille. »Wir sind in einem Tunnel, seit fünfundzwanzig Minuten«, sagte der junge Mann. Der Zugführer schaute nicht nach dem Fenster, wie der Vierundzwanzigjährige erwartet hatte, sondern wandte sich zum Kellner. »Geben Sie mir eine Schachtel Ormond 10«, sagte er, »ich rauche die gleiche Sorte wie der Herr da«; doch konnte ihn der Kellner nicht bedienen, da man diese Zigarre nicht besaß, so daß denn der junge Mann, froh, einen Anknüpfungspunkt zu haben, dem Zugführer eine Brasil anbot. »Danke«, sagte er, »ich werde in Olten kaum Zeit haben, mir eine zu verschaffen, und so tun Sie mir denn einen großen Gefallen. Rauchen ist wichtig. Darf ich Sie nun bitten, mir zu folgen?« Er führte den Vierundzwanzigjährigen in den Packwagen, der vor dem Speisewagen lag. »Dann kommt noch die Maschine«, sagte der Zugführer, wie sie den Raum betraten, »wir befinden uns an der Spitze des Zuges.« Im Packraum brannte ein schwaches gelbes Licht, der größte Teil des Wagens lag im Ungewissen, die Seitentüren waren verschlossen, und nur durch ein kleines vergittertes Fenster drang die Finsternis des Tunnels. Koffer standen herum, viele mit Hotelzetteln beklebt, einige Fahrräder und ein

Kinderwagen. Der Zugführer hängte seine rote Tasche an einen Haken. »Was wünschen Sie?« fragte er aufs neue, schaute jedoch den jungen Mann nicht an, sondern begann in einem Heft, das er der Tasche entnommen hatte, Tabellen auszufüllen. »Wir befinden uns seit Burgdorf in einem Tunnel«, antwortete der Vierundzwanzigjährige entschlossen, »einen so gewaltigen Tunnel gibt es auf dieser Strecke nicht, ich fahre sie jede Woche hin und zurück, ich kenne die Strecke.« Der Zugführer schrieb weiter. »Mein Herr«, sagte er endlich und trat nah an den jungen Mann heran, so nah, daß sich die beiden Leiber fast berührten, »mein Herr, ich habe Ihnen wenig zu sagen. Wie wir in diesen Tunnel geraten sind, weiß ich nicht, ich habe dafür keine Erklärung. Doch bitte ich Sie zu bedenken: Wir bewegen uns auf Schienen, der Tunnel muß also irgendwo hinführen. Nichts beweist, daß am Tunnel etwas nicht in Ordnung ist, außer natürlich, daß er nicht aufhört.« Der Zugführer, die Ormond Brasil immer noch ohne zu rauchen zwischen den Lippen, hatte überaus leise gesprochen, jedoch mit so großer Würde und so deutlich und bestimmt, daß seine Worte vernehmbar waren, obgleich im Packwagen das Tosen des Zuges um vieles stärker war als im Speisewagen. »Dann bitte ich Sie, den Zug anzuhalten«, sagte der junge Mann ungeduldig, »ich verstehe kein Wort von dem, was Sie sagen. Wenn etwas nicht stimmt mit diesem Tunnel, dessen Vorhandensein Sie selbst nicht erklären können, haben Sie den Zug anzuhalten.« »Den Zug anhalten?« antwortete der andere langsam, gewiß, daran habe er auch schon gedacht, worauf er das Heft schloß und in die rote Tasche zurücksteckte, die an ihrem Haken hin und her schwankte, dann steckte er die Ormond sorgfältig in Brand. Ob er die Notbremse ziehen solle, fragte der junge Mann und wollte nach dem Haken der Bremse über seinem Kopf greifen, torkelte jedoch im selben Augenblick nach vorne, wo er an die Wand prallte. Ein Kinderwagen rollte auf ihn zu, und Koffer rutschten heran; seltsam schwankend kam auch der Zugführer mit vorgestreckten Händen durch den Packraum. »Wir fahren abwärts«, sagte der Zugführer und lehnte sich neben dem Vierundzwanzigjährigen an die Vorderwand des Wagens, doch kam der erwartete Aufprall des rasenden Zuges am Fels nicht, dieses Zerschmettern und Ineinanderschachteln der Wagen, der Tunnel schien vielmehr wieder eben zu verlaufen. Am andern Ende des Wagens öffnete sich die Türe. Im grellen Licht des Speisewagens sah man Menschen, die einander zutranken, dann schloß sich die Türe wieder. »Kommen Sie in die Lokomotive«, sagte der Zugführer und schaute dem Vierundzwanzigjährigen nachdenklich und, wie es plötzlich schien, seltsam drohend ins Gesicht, dann schloß er die Türe auf, neben der sie an der Wand lehnten. Mit solcher Gewalt jedoch schlug ihnen ein sturmartiger, heißer Luftstrom entgegen, daß sie von der Wucht des Orkans aufs neue gegen die Wand taumelten; gleichzeitig erfüllte ein fürchterliches Getöse den Packwagen. »Wir müssen zur Maschine hinüberklettern«, schrie der Zugführer dem jungen Mann ins Ohr, auch so kaum vernehmbar, und verschwand dann im Rechteck der offenen Türe, durch die man die hellerleuchteten, hin und her schwankenden Scheiben der Zugmaschine sah. Der Vierundzwanzigjährige folgte entschlossen, wenn er auch den Sinn der Kletterei nicht begriff. Die Plattform, die er betrat, besaß auf beiden Seiten ein Eisengeländer, woran er sich klammerte, doch war nicht der ungeheure Luftzug das Entsetzliche, der sich milderte, wie er sich der Maschine zubewegte, sondern die unmittelbare Nähe der Tunnelwände, die er zwar nicht sah, da er sich ganz auf die Maschine konzentrieren mußte, die er jedoch ahnte, durchzittert vom Stampfen der Räder und vom Pfeifen der Luft, so daß ihm war, als rase er mit Sterngeschwindigkeit in eine Welt aus Stein. Der Lokomotive entlang lief ein schmales Band und darüber als Geländer eine Stange, die sich in immer gleicher Höhe über dem Band um die Maschine herum krümmte: Dies mußte der Weg sein; den Sprung, den es zu wagen galt, schätzte er auf einen Meter. So gelang es ihm denn auch, die Stange zu fassen. Er schob sich, gegen die Lokomotive gepreßt, dem Band entlang; fürchterlich wurde der Weg erst, als er auf die Längsseite der Maschine gelangte, nun voll der Wucht des brüllenden Orkans ausgesetzt und drohenden Felswänden, die, hell erleuchtet von der Maschine, heranfegten. Nur der Umstand, daß ihn der Zugführer durch eine kleine Türe ins Innere der Maschine zog, rettete ihn. Erschöpft lehnte sich der junge Mann gegen den Maschinenraum, worauf es mit einem Male still wurde, denn die Stahlwände der riesenhaften Lokomotive dämpften, wie der Zugführer die Türe geschlossen hatte, das Tosen so sehr ab, daß es kaum mehr zu vernehmen war. »Die Ormond Brasil haben wir auch verloren«, sagte der Zugführer. »Es war nicht klug, vor der Kletterei eine anzuzünden, aber sie zerbrechen leicht, wenn man keine Schachtel mit sich führt, bei ihrer länglichen Form.« Der junge Mann war froh, nach der bedenklichen Nähe der Felswände auf etwas gelenkt zu werden, das ihn an die Alltäglichkeit erinnerte, in der er sich noch vor wenig mehr denn einer halben Stunde befunden hatte, an diese immer gleichen Tage und Jahre (immer gleich, weil er nur auf diesen Augenblick hin lebte, der nun erreicht war, auf diesen Augenblick des Einbruchs, auf dieses plötzliche Nachlassen der Erdoberfläche, auf den abenteuerlichen Sturz ins Erdinnere). Er holte eine der braunen Schachteln aus der rechten Rocktasche und bot dem Zugführer erneut eine Zigarre an, selber steckte er sich auch eine in den Mund, und vorsichtig nahmen sie Feuer, das der Zugführer bot. »Ich schätze diese Ormond sehr«, sagte der Zugführer, »nur muß einer gut ziehen, sonst gehen sie aus«, Worte, die den Vierundzwanzigjährigen mißtrauisch machten, weil er spürte, daß der Zugführer auch nicht gern an den Tunnel dachte, der draußen immer noch dauerte (immer noch war die Möglichkeit, er könnte plötzlich aufhören, wie ein Traum mit einem Mal aufzuhören vermag). »Achtzehn Uhr vierzig«, sagte er, indem er auf seine Uhr mit dem leuchtenden Zifferblatt schaute, »jetzt sollten wir doch schon in Olten sein«, und dachte dabei an die Hügel und Wälder, die doch noch vor kurzem waren, goldüberhäuft in der sinkenden Sonne. So standen sie und rauchten, an die Wand des Maschinenraums gelehnt. »Keller ist mein Name«, sagte der Zugführer und zog an seiner Brasil. Der junge Mann gab nicht nach. »Die Kletterei auf der Maschine war nicht ungefährlich«, bemerkte er, »wenigstens für mich, der ich an dergleichen nicht gewöhnt bin, und so möchte ich denn wissen, wozu Sie mich hergebracht haben.« Er wisse es nicht, antwortete Keller, er habe sich nur Zeit zum Überlegen schaffen wollen. »Zeit zum Überlegen«, wiederholte der Vierundzwanzigjährige. Ja, sagte der Zugführer, so sei es, rauchte dann wieder weiter. Die Maschine schien sich von neuem nach vorne zu neigen. »Wir können ja in den Führerraum gehen«, schlug Keller vor, blieb jedoch immer noch unschlüssig an der Maschinenwand stehen, worauf der junge Mann den Korridor entlangschritt. Wie er die Türe zum Führerraum geöffnet hatte, blieb er stehen. »Leer«, sagte er zum Zugführer, der nun auch herankam, »der Führerstand ist leer.« Sie betraten den Raum, schwankend durch die ungeheure Geschwindigkeit, mit der die Maschine, den Zug mit sich reißend, immer weiter in den Tunnel hineinraste. »Bitte«, sagte der Zugführer und drückte einige Hebel nieder, zog auch die Notbremse. Die Maschine gehorchte nicht. Sie hätten alles getan, sie anzuhalten, gleich als sie die Änderung in der Strecke bemerkt hätten, versicherte Keller, doch sei die Maschine immer weitergerast. »Sie wird immer weiterrasen«, antwortete der Vierundzwanzigjährige und wies auf den Geschwindigkeitsmesser. »Hundertfünfzig. Ist die Maschine je hundertfünfzig gefahren?« – »Mein Gott«, sagte der Zugführer, »so schnell ist sie nie gefahren, höchstens hundertfünf.« – »Eben«, sagte der junge Mann. »Ihre Schnelligkeit nimmt zu. Jetzt zeigt der Messer hundertachtundfünfzig. Wir fallen.« Er trat an die Scheibe, doch konnte er sich nicht aufrechthalten, sondern wurde mit dem Gesicht an die Glaswand gepreßt, so abenteuerlich war nun die Geschwindigkeit. »Der Lokomotivführer?«, schrie er und starrte nach den Felsmassen, die in das grelle Licht des Scheinwerfers hinaufstürzten, ihm entgegen, die auf ihn zurasten und über ihm, unter ihm und zu beiden Seiten des Führerraums verschwanden. »Abgesprungen«, schrie Keller zurück, der nun mit dem Rücken gegen das Schaltbrett gelehnt auf dem Boden saß. »Wann?« fragte der Vierundzwanzigjährige hartnäckig. Der Zugführer zögerte ein wenig und mußte sich seine Ormond aufs neue anzünden, die Beine, da sich der Zug immer stärker neigte, in der gleichen Höhe wie sein Kopf. »Schon nach fünf Minuten«, sagte er dann. »Es war sinnlos, noch eine Rettung zu versuchen. Der im Packraum ist auch abgesprungen.« – »Und Sie«, fragte der Vierundzwanzigjährige. »Ich bin der Zugführer«, antwortete der andere, »auch habe ich immer ohne Hoffnung gelebt.« – »Ohne Hoffnung«, wiederholte der junge Mann, der nun geborgen auf der Glasscheibe des Führerstandes lag, das Gesicht über den Abgrund gepreßt. Da saßen wir noch in unseren Abteilen und wußten nicht, daß schon alles verloren war, dachte er. Noch hatte sich nichts verändert, wie es uns schien, doch schon hatte uns der Schacht nach der Tiefe zu aufgenommen, und so rasen wir denn wie die Rotte Korah in unseren Abgrund. Er müsse nun zurück, schrie der Zugführer. »In den Wagen wird eine Panik ausgebrochen sein. Alles wird sich nach hinten drängen.« – »Gewiß«, antwortete der Vierundzwanzigjährige und dachte an den dicken Schachspieler und an das Mädchen mit seinem Roman und dem roten Haar. Er reichte dem Zugführer seine übrigen Schachteln Ormond Brasil 10. »Nehmen Sie«, sagte er, »Sie werden Ihre Brasil beim Hinüberklettern doch wieder verlieren.« Ob er denn nicht zurückkomme, fragte der Zugführer, der sich aufgerichtet hatte und mühsam den Trichter des Korridors hinaufzukriechen begann. Der junge Mann sah nach den sinnlosen Instrumenten, nach diesen lächerlichen Hebeln und Schaltern, die ihn im gleißenden Licht der Kabine silbern umgaben. »Zweihundertzehn«, sagte er. »Ich glaube nicht, daß Sie es bei dieser Geschwindigkeit schaffen, hinaufzukommen in die Wagen über uns.« – »Es ist meine Pflicht«, schrie der Zugführer. »Gewiß«, antwortete der Vierundzwanzigjährige, ohne seinen Kopf nach dem sinnlosen Unternehmen des Zugführers zu wenden. »Ich muß es wenigstens versuchen«, schrie der Zugführer noch einmal, nun schon weit oben im Korridor, sich mit Ellbogen und Schenkeln gegen die Metallwände stemmend, doch wie sich die Maschine weiter hinabsenkte, um nun in fürchterlichem Sturz dem Innern der Erde entgegenzurasen, diesem Ziel aller Dinge zu, so daß der Zugführer in seinem Schacht direkt über dem Vierundzwanzigjährigen hing, der am Grunde der Maschine auf dem silbernen Fenster des Führerraumes lag, das Gesicht nach unten, ließ seine Kraft nach. Der Zugführer stürzte auf das Schaltbrett und kam blutüberströmt neben den jungen Mann zu liegen, dessen Schultern er umklammerte. »Was sollen wir tun?« schrie der Zugführer durch das Tosen der ihnen entgegenschnellenden Tunnelwände hindurch dem Vierundzwanzigjährigen ins Ohr, der mit seinem fetten Leib, der jetzt nutzlos war und nicht mehr schützte, unbeweglich auf der ihn vom Abgrund trennenden Scheibe ruhte und durch sie hindurch den Abgrund gierig in seine nun zum ersten Mal weit geöffneten Augen sog. »Was sollen wir tun?« – »Nichts«, antwortete der andere unbarmherzig, ohne sein Gesicht vom tödlichen Schauspiel abzuwenden, doch nicht ohne eine gespensterhafte Heiterkeit, von Glassplittern übersät, die von der zerbrochenen Schalttafel herstammten, während zwei Wattebüschel, durch irgendeinen Luftzug ergriffen, der nun plötzlich hereindrang (in der Scheibe zeigte sich ein erster Spalt), pfeilschnell nach oben in den Schacht über ihnen fegten. »Nichts. Gott ließ uns fallen und so stürzen wir denn auf ihn zu.«

(1952)

WOLFDIETRICH SCHNURRE

Das Manöver

In Kürze schon konnte der Ordonnanzoffizier der Manöverleitung melden, daß sich kein menschliches Wesen mehr innerhalb der Sperrzone befand. Der General ordnete zwar noch einige Stichproben an, doch seine Sorge erwies sich als unbegründet: jedes der untersuchten Gehöfte war leer; die Übung konnte beginnen.

Zuerst setzten sich die Geländewagen der Manöverleitung in Marsch, gefolgt von der Jeepkette der Militärdelegationen. Den Abschluß bildete ein Sanitätsfahrzeug. Es herrschte strahlendes Wetter; ein Bussardpaar kreiste vor der Sonne, Lerchen hingen über der Heide, und alle paar hundert Meter saß in den Büschen am Weg ein Raubwürger oder stob leuchtend ein Goldammernschwarm ab.

Die Herren waren blendender Laune. Sie hatten nicht mehr lange zu fahren, eine dreiviertel Stunde vielleicht; dann bog das Fahrzeug des Generals, langsam von den anderen gefolgt, vom Feldweg ab und hielt am Rand eines kurzen, mit Ginster bestandenen Höhenzugs. Hier war schon alles vorbereitet. Eine Goulaschkanone dampfte, Marketenderware lag aus, Feldkabelleitungen wurden gezogen, Klappstühle standen herum, und durch die bereitgehaltenen Ferngläser konnte man weithin über die Ebene sehen.

Der General gab zunächst einen kurzen Aufriß der geplanten Gefechtsübungen; sie sollten vornehmlich von Panzern und Infanterieeinheiten bestritten werden. Der General sprach abgehackt, wegwerfend und in leicht ironischem Tonfall; er wünschte, man möchte ihm anmerken, daß er dieses Manöver für eine Farce hielt, denn es fehlte die Luftwaffe.

Das Manövergelände wurde im Norden von einer ausgedehnten Kusselkiefernschonung und im Süden von einem verlandeten Luch abgegrenzt. Nach Osten zu ging es in eine dunstflimmernde Heidelandschaft über. Es war schwer zu übersehen, zahlreiche Wacholdergruppen und allerlei mit Heide oder Ginster bewachsene Hügel und Bodensenken würden es den Panzern nicht leicht machen; zudem waren die dazwischen verstreuten Gehöfte, wie sich der Adjutant ausgedrückt hatte, für PAK- und IG-Nester geradezu prädestiniert.

Es war Mittag geworden. Die Ordonnanzen hatten eben die Blechteller, von denen die Herren ihr Essen zu sich genommen hatten, wieder eingesammelt, und allerorts auf dem Hügel stiegen blaue Zigarettenwölkchen in die reglose Luft, da mischte sich in das Lerchengedudel und das monotone Zirpen der Grillen von fern das dumpfe Gleitkettenrasseln und asthmatische Motorgedröhn der sich nähernden Panzerverbände. Zugleich wurden überall im Gelände wandernde Büsche sichtbar, die jedoch ständig wieder mit dem Landschaftsbild verschmolzen. Lediglich die unruhig hier und dort aufsteigenden Goldammerntrupps ließen vermuten, daß die Infanterie dort Stellung bezog.

Es dauerte eine halbe Stunde vielleicht, da brachen, mit den Ferngläsern eben erkennbar, aus den Kusselkiefern die ersten Panzer hervor, dichtauf von kleineren, jedoch ungetarnten Infanterieeinheiten gefolgt;

und nicht lange, und man sah auch um das Luch herum sich ein tief gestaffeltes Feld von Panzern heranschieben. Die Luft dröhnte; der Lärm hatte den Lerchengesang ausgelöscht, es blieb jedoch zu vermuten, daß er weiter ertönte, denn die Lerchen hingen noch genauso in der Luft wie zuvor. Die getarnte Infanterie hatte sich inzwischen eingegraben. Auch die in der Nähe der Gehöfte in Stellung gegangenen IG's und PAK's waren ganz unter ihren Tarnnetzen verschwunden.

Jetzt sahen sich allmählich auch jene Offiziere genötigt, ihre Ferngläser vor die Augen zu heben, die bisher etwas gelangweilt abseits gestanden hatten, denn nun eröffneten die Panzer das Feuer. Anfangs streuten sie zwar noch wahllos das Gelände ab, doch als dann auch das sich von Süden her nähernde Feld beidrehte, um sich durch eine weit ausholende Zangenbewegung mit dem nördlichen zu vereinigen, fraßen sich die Einschläge immer mehr auf das eigentliche Übungsgelände zu.

Die eingegrabenen Infanterieverbände ließen sich überrollen. Sie warteten, bis das Gros der Panzer vorbei war; dann erst ging Gruppe um Gruppe, unterstützt von PAK's und IG's, zum Angriff teils auf die begleitende Infanterie, teils, mit allerlei Spezialwaffen, auf die einzelnen Panzer über, die sich nachhaltig, wenn auch etwas schwerfällig, zur Wehr setzten. Nun war die Schlacht in vollem Gang.

Unglücklicherweise war aber ein Wind aufgekommen, der die Staub- und Pulverdampfwolken auf den Hügel der Manöverleitung zutrieb, so daß den Offizieren einige Zeit jede Sicht entzogen war. In die Ginsterbüsche um sie herum waren indes allerlei verängstigte Vögel eingefallen, Stieglitze, Goldammern und einige Raubwürger. Ihre Angst hatte sie zutraulich gemacht, sie schienen die Offiziere ebenfalls für eine Schar durch die Schlacht in Mitleidenschaft gezogener Heidebewohner zu halten.

Der General mußte sich Mühe geben, sich sein Ungehaltensein nicht anmerken zu lassen. Es gelang ihm nur schwer; er ärgerte sich, daß der Wind sich ihm widersetzte. Plötzlich flaute der Gefechtslärm unvermutet ab, und als im selben Augenblick eine Bö den Qualmschleier zerriß, bot sich den Offizieren ein merkwürdiges Bild.

Das gesamte Übungsgelände, durch die Zangenbewegung der Panzer nun etwa auf einen knappen Quadratkilometer zusammengeschrumpft, wimmelte von Schafen, die, von offensichtlicher Todesangst gejagt, in mehreren unglaublich breiten, gegeneinander anprallenden und ineinander verschmelzenden Strömen zwischen den Panzern umherrasten.

Die Panzer hatten gehalten und, um die Tiere nicht noch kopfscheuer zu machen, auch ihre Motoren abgestellt. Die PAK's und IG's schwiegen ebenfalls, und durch die Ferngläser konnte man erkennen, wie hier und dort in den Fenstern der zunächst gelegenen Gehöfte neugierige Soldatengesicher erschienen, die gebannt auf das seltsame Schauspiel herabsahen. Auch die Turmluks der Panzer gingen jetzt auf, immer zwei bis drei ölverschmierten Gesichtern Raum lassend, und plötzlich war die Luft, eben noch bis zum Bersten geschwellt vom Gefechtslärm, mit nichts angefüllt, als dem tausend- und abertausendfachen Getrappel der

Schafhufe, einem Geräusch, das sich auf dem ausgedörrten Boden wie ein gewaltiger, drohend aufbrandender Trommelwirbel anhörte, der lediglich hin und wieder mal ein halb ersticktes Blöken freigab.

Der General, fleckig vor Zorn im Gesicht, sah sich nach seinem Ordonnanzoffizier um, der mit der Evakuierung des Geländes beauftragt gewesen war.

Der war blaß geworden. Er stammelte einige unbeholfene Entschuldigungen und vermochte sich nur mühsam soweit zu rechtfertigen, daß er behauptete, die Schafe könnten einzig von außerhalb des Gefechtsgeländes eingebrochen sein.

Mit Rücksicht auf die anwesenden Gäste verbiß sich der General eine Erwiderung und rief den Gefechtsstand an. Die Schafe, befahl er mit bebender Stimme, hätten umgehend zu verschwinden, die verantwortlichen Herren sollten sofort die entsprechenden Befehle erteilen.

Die Offiziere am Gefechtsstand sahen sich an. Auch ihnen war die Peinlichkeit der Situation klar. Doch wie sich gegen diese Flut von Sinnen gekommener Schafherden zur Wehr setzen? Sie fanden, daß der General es sich etwas leicht machte. Immerhin, sie gaben an die nördliche Flanke einen Feuerbefehl und befahlen gleichzeitig den Panzern auf dem südlichen Flügel, den Tieren einen Durchlaß zu öffnen, in der Hoffnung, daß das immer noch wirr durcheinanderwogende Feld so fluchtartig sich ordnen und ausbrechen werde.

Doch die Tiere gehorchten anderen Gesetzen. Als die Schußsalve ertönte, fuhr zwar ein großer Schreck in die einzelnen Herden, aber vor der erhofften Ausbruchstelle stauten sich die Tierströme plötzlich, bäumten sich auf und fluteten, womöglich noch kopfloser als vorher, wieder in den Kessel zurück, wobei die in ihren Erdlöchern kauernden Infanteristen alle Mühe hatten, sich der über sie wegdonnernden Schafhufe zu erwehren.

Nun konnte der General sein Ungehaltensein nicht länger verbergen. Er rief abermals den Gefechtsstand an und schrie in die Muschel, er werde die verantwortlichen Offiziere nach Beendigung des Manövers zur Rechenschaft ziehen, und sie sollten jetzt gefälligst mal achtgeben, wie man mit so einer Schafherde umspränge, er, der General, würde es ihnen jetzt vorexerzieren. Darauf entschuldigte er sich bei den Delegationen, befahl dem Ordonnanzoffizier, ihn zu vertreten, begab sich den Hang hinunter zu seinem Jeep und ließ sich, so weit es ging, in das Getümmel der Schafleiber hineinfahren.

Es ging aber längst nicht so weit, wie er gedacht hatte; die Tiere scheuten zwar vor den Panzern, doch der Jeep des Generals war ihrer Angst zu unbedeutend, und im Nu war er derart eingekeilt, daß er weder vorwärts konnte noch rückwärts.

Der General hatte eigentlich vorgehabt, ein paar Züge Infanterie zusammenzuraffen und mit ihrer Hilfe die Schafe zu jener Ausbruchstelle zu treiben; jetzt mußte er einsehen, daß das unmöglich war. Aber er sah noch etwas ein; er sah ein, daß er sich lächerlich gemacht hatte. Er spürte im Nacken, daß die Militärattachés auf dem Hügel ihn durch die Ferngläser beobachteten, und in Gedanken hörte er sie lachend allerlei Witzeleien austauschen.

Ein maßloser Zorn stieg plötzlich in ihm auf; ihn, der sich in zwei Weltkriegen und Dutzenden von

Schlachten bewährt hatte, ihn sollte dieses Gewimmel dumpfer, nur ihrem Herdeninstinkt gehorchender Tiere der Lächerlichkeit preisgeben?

Er spürte, wie ihm das Blut ins Gehirn stieg, er schrie den Chauffeur an, er solle Gas geben und weiterfahren; der Chauffeur gehorchte auch, aufheulend fraßen die Räder sich in den staubigen Boden; aber der Wagen rührte sich nicht, der Gegendruck der ihn umwogenden Schafherden war stärker. Da riß der General, verrückt fast vor Zorn, die Pistole aus dem Gurt und schoß, wahllos in die Herden hineinhaltend, sein Magazin leer. Im selben Augenblick wurde der Wagen auf der einen Seite eine Kleinigkeit angehoben, er schwankte, als würde er von windbewegten Wellen getragen, neigte sich etwas, und ehe noch der General und der Chauffeur sich hätten auf die entgegengesetzte Seite werfen können, stürzte er langsam und fast vorsichtig um.

Es dauerte eine Weile, bis der General sich gegen die über ihn hinrasenden Schafhufe nachhaltig genug zur Wehr setzen konnte und die schmerzenden Beine unter der Jeepkante hervorgezogen hatte. Benommen erhob er sich und blickte sich um.

Die Welt schien nur aus Schafen zu bestehen; so weit das Auge reichte, reihte sich Wollrücken an Wollrücken, die Panzer ragten wie zum Untergang bestimmte Stahlinseln aus dieser Tierflut hervor.

Jetzt erst bemerkte der General, daß sich um ihn und den Jeep ein winziger freier Platz gebildet hatte, die Schafe schienen vor irgend etwas zurückgewichen zu sein. Der General wollte sich eben dem Chauffeur zuwenden, der sich den Kopf angeschlagen hatte und ohnmächtig geworden war, da gewahrte er, daß sich noch jemand innerhalb des Bannkreises befand: ein riesiger, schweratmender Widder.

Reglos stand er da, den zottigen Schädel mit dem unförmigen Schneckengehörn abwartend gesenkt; das Weiß seiner Augen spielte ins Rötliche, Brust und Vorderbeine des Tieres zitterten wie von einem im Innern laufenden Motor erschüttert, Hals und Gehörnansatz wiesen mehrere frische Schußwunden auf, aus denen in schmalen Rinnsalen fast tiefschwarzes Blut quoll, das sich langsam im klettenverklebten Brustfell verlief.

Der General wußte sofort: dieses Tier hatte er vorhin verwundet, und diesem Tier würde er sich jetzt stellen müssen. Er tastete nach seiner Pistolentasche, sie war leer. Behutsam, ohne den Widder dabei aus den Augen zu lassen, machte er einen tastenden Schritt zum Jeep hin, den er gern zwischen sich und den Widder gebracht hätte. Doch kaum sah der sich den Gegner aus seiner Starre lösen, da raste er mit zwei, drei federnden Sätzen heran, der General warf sich zur Seite, und der Kopf des Widders krachte gegen die Karosserie. Er schüttelte sich und starrte einen Augenblick betäubt vor sich nieder.

Dem General schlug das Herz bis in den Hals, er spürte, wie ihm Stirn und Handflächen feucht wurden. Sein Zorn war verflogen. Er dachte auch nicht mehr an die Bemerkungen der Herren auf dem Manöverhügel, er dachte nur: Er darf mich nicht töten, er darf mich nicht töten. Er war jetzt kein General mehr, er war nur noch Angst, nackte, bebende Angst; nichts anderes hatte mehr in ihm Platz, nur diese Angst.

Da warf sich der Widder herum; der General spürte einen wahnsinnigen Schmerz in den Eingeweiden, eine Motorsäge kreischte in seinem Kopf auf, er mußte sich übergeben, er stürzte, und noch während er umsank, stieß ihm der Widder abermals das klobige Schneckengehörn in die Bauchgrube; der General spürte, wie etwas, das ihn an diese Erde gebunden hatte, zerriß, dann ging das Kreischen der Motorsäge in einen unsagbar monotonen Geigenstrich über, und ihm schwanden die Sinne.

Niemand hatte geahnt, daß der General sich in Lebensgefahr befunden hatte. Einige der Panzerbesatzungen und die Offiziere auf dem Manöverhügel hatten zwar, als der Jeep umgekippt und dann plötzlich der Widder auf den General losgegangen war, den Eindruck von etwas Ehrenrührigem und Peinlichem gehabt, aber auf die Idee, der Widder könnte dem General gefährlich werden, war niemand gekommen. Die Offiziere fühlten sich daher, als der General sich nicht wieder erhob, etwas merkwürdig berührt; ein Teil versuchte sich abzulenken; ein Teil überlegte aber auch, wie man durch dieses Meer von Tierleibern hindurch zu ihm hingelangen könnte.

Es waren die Schafe selbst, die die Herren der Peinlichkeit ihres Untätigseinmüssens enthoben. Ganz plötzlich, wie auf einen unhörbaren Befehl hin, entstand nämlich inmitten der immer noch hektisch gegeneinander anbrandenden Herden so etwas wie eine Art ordnender Wirbel, der ständig breitere Tierströme mit einbezog, bis sich auf einmal eine gewaltige Sogwelle von ihm ablöste, die ihn im Nu aufgerollt hatte und, das gesamte Feld hinter sich herreißend, sich ostwärts in die dunstflimmernde Heide ergoß, wo die Tiere, innerhalb kürzester Frist, hinter einer riesigen rötlichen Staubwolke verschwunden waren.

Als der Ordonnanzoffizier, zugleich mit den Offizieren vom Gefechtsstand, bei dem umgestürzten Jeep angelangt war, hatten die Sanitäter, unterstützt von einigen Panzersoldaten, den Leichnam des Generals schon auf eine Leichtmetallbahre gehoben und waren dabei, ihn zum Krankenwagen zu tragen; der Chauffeur des Generals half ihnen dabei.

Eine Wiederaufnahme der Gefechtsübungen erschien nicht ratsam. Da die Panzer sich hierfür wieder auf ihre Ausgangsposition hätten zurückziehen müssen, was gleichbedeutend mit einem gut dreifachen Spritverbrauch gewesen wäre, glaubte der rangälteste Offizier es verantworten zu können, die Übung kurzerhand abzublasen.

Enttäuscht schlenderten die Herren wieder zu ihren Geländewagen, die Fahrer ließen die Motoren an und langsam, vorbei an den schwerfällig wendenden Panzern und den Trupps sich sammelnder Infanterie, setzte die Jeepkette sich in Marsch; den Abschluß bildete der Sanitätswagen.

Es dauerte nicht lange, da zog auch die Infanterie ab; ihr folgten die PAK's und IG's; und zuletzt war nur noch die Feldküche übrig, auf die die Ordonnanzen die Klappstühle verluden, während zwei Nachrichtenleute die Feldkabel abbauten. Bald war auch diese Arbeit getan. Der Fahrer der Feldküche pfiff die Leute zusammen, sie stiegen auf, und einen sorgsam mit Wasser besprengten Aschenhaufen zurücklassend, rollte die Feldküche mit halb angezogenen Bremsen den Abhang hinab.

Nun kehrte den Vogelscharen, die zu Beginn des Gefechts auf den Ginsterhügel eingefallen waren, der

Lebensmut wieder. Sie schüttelten sich, sie putzten sich umständlich, und Schwarm nach Schwarm stoben sie ab, hinab in die Ebene, über der immer noch, fast unbeweglich, die Lerchen hingen, deren Gesang nun wieder mit dem monotonen Zirpen der Grillen, dem Summen der Bienen und dem trunkenen Schrei des Bussardpaares verschmolz.

(Dezember 1952)

HANS BENDER

Die Wölfe kommen zurück

Krasno Scheri hieß das Dorf seit der Revolution. Es lag fünfzig Werst von der nächsten Stadt in großen Wäldern, die eine Straße von Westen nach Osten durchschnitt.

Der Starost von Krasno Scheri holte sieben Gefangene aus dem Lager der Stadt. Er fuhr in seinem zweirädrigen Karren, ein schweißfleckiges Pferd an der Deichsel. Zwischen den Knien hielt er ein Gewehr mit langem Lauf und rostigem Korn. Im Kasten hinter dem Sitz lag der Proviantsack der Gefangenen voll Brot, Salz, Maisschrot, Zwiebeln und Dörrfisch.

Die Gefangenen gingen rechts und links auf dem Streifen zwischen den Rädern und dem Rand der Felder. Als die Straße in den ersten Wald mündete, stieg der Starost ab. Er band die Zügel an die Rückenlehne und ging hinter den Gefangenen her.

Sie hielten sich an die Gangart des Pferdes. Alle Gefangenen gehen langsam. Sie senkten die Köpfe, nur einer trug ihn aufrecht, drehte ihn hierhin und dorthin, neugierig, verdächtig.

»Ich habe ein Gewehr«, dachte der Starost. »Sie haben kein Gewehr. Mein Gewehr ist zwar nicht –«

Der Gefangene blieb stehen. Er ließ drei, die hinter ihm kamen, vorübergehen, bis der Starost auf seiner Höhe war.

»Guten Tag«, sagte der Gefangene.

Seit dem ersten Krieg hatte der Starost keine Deutschen mehr gesehen. Diese Deutschen waren andere

Deutsche als damals. Er sah, der Gefangene war jung. Er hatte Augen in der Farbe hellblauen Wassers.

»Gibt es Wölfe im Wald?« fragte der Gefangene.

»Wölfe?« Der Starost überdachte die Frage. Ja, es war eine natürliche Frage.

»Wölfe? Es hat Wölfe gegeben. Jetzt gibt es bei uns keine Wölfe mehr. Ihr habt sie vertrieben mit eurem Krieg. Die Wölfe sind nach Sibirien ausgerissen. Früher knackte der Wald von Wölfen, und niemand hätte gewagt, im Winter allein diesen Weg zu gehen. Die letzten Wölfe sah ich im ersten Winter des Krieges, als die Geschütze von Wyschni Wolotschek herüberdonnerten.«

»Fünf Monate ist der Krieg vorbei«, sagte der Gefangene. »Die Wölfe könnten längst zurück sein.«

»Sie sollen bleiben, wo sie sind«, sagte der Starost. »In Sibirien. Sibirien, da gehören sie hin.«

Bis zum Abend gingen die Gefangenen und der Starost durch die Wälder. Manchmal brachen die Wälder ab, eine Wiese lag dazwischen, ein Streifen unbebautes Land mit dürren Sträuchern, dann begann wieder Wald, ein wirrer, unordentlicher Wald mit niedrigen, verkrüppelten Bäumen und wucherndem Unterholz.

In Krasno Scheri traten die Leute aus den Häusern und standen dunkel vor den Türen. Der Starost verteilte die Gefangenen. In jedes Haus gab er einen, und den jungen, der nach den Wölfen gefragt hatte und Russisch sprechen konnte, nahm er mit in sein Haus.

Eine Öllampe stand auf dem Tisch. In ihrem Licht saßen ein Junge und ein Mädchen, die mit runden Pupillen zur Tür sahen, wo der Gefangene auf der Schwelle wartete.

Eine Frau kam aus der Tür des Nebenraums.

»Er heißt Maxim«, sagte der Starost, während er seinen Pelzmantel auszog. Der Gefangene ging zu den Kindern am Tisch. Aufgeschlagene Bücher lagen vor ihnen mit handgeschriebenen Buchstaben und Tiefdruckbildern.

»Und wie heißt ihr zwei?« fragte der Gefangene.

Der Junge stand rasch auf und wischte mit der Hand sein Buch über den Tisch, daß es zu Boden fiel. Er ging in die Ecke der Stube und drehte dem Gefangenen den Rücken zu. Das Mädchen sah auf und lächelte.

»Wie heißt du?«

»Julia«, sagte das Mädchen.

»Julia, ein schöner Name«, sagte der Gefangene.

»Er heißt Nikolaj«, sagte das Mädchen.

Die Frau legte das Brot auf den Tisch und stellte zwei Schüsseln voll Suppe daneben. Der Starost setzte sich, der Gefangene setzte sich. Sie bliesen in die Löffel und aßen. Die Frau blieb vor dem Herd stehen und sagte ab und zu etwas von der Arbeit, vom Essen, von den Nachbarn, vom Wetter.

Der Junge kam zum Tisch zurück. Er hob das Buch auf, setzte sich an die Tischecke und begann halblaut vor sich hin zu lesen: »Heil dem Väterchen aller Kinder, Wladimir Iljitsch Lenin! – Heil dem Väterchen der kleinen Pioniere, Josef Wissarionowitsch Stalin!«

Über dem Kopf des Jungen leuchtete Papiergold, das die Engel der Dreifaltigkeit umrahmte.

Am Morgen gingen die Gefangenen, die Kolchosbauern und die Mädchen auf die Felder. Der Starost riß mit Pferd und Pflug die glasharten Schollen auf. Das Wasser in den Schrunden war gefroren. Die Eishaut zersplitterte. Die Kartoffeln waren kalt. Die Mädchen und die Gefangenen klopften die Hände in den Achselhöhlen, und der Atem rauchte vor den Mündern.

Die Sonne stieg über den Wäldern hoch, schob sich in den grünblauen, seidenreinen Himmel, der sich weit über die Horizonte spannte. Krähen schrieben darauf ihre zerfledderte, kyrillische Schrift.

Das Dorf lag in der Mitte offener Felder, rundum von Wäldern umstellt. Der Weg nach Osten zog eine dünne Spur hindurch. Kinder gingen auf dem Weg, fern und klein, doch ihre Stimmen klangen nah wie Tassen, die auf ein Tablett gestellt werden.

»Sie gehen zur Schule«, sagte eine Frau zu dem jungen Gefangenen. »Hinter dem Wald liegt Rossono. Rossono ist größer als Krasno Scheri.«

»Sind auch Julia und Nikolaj dabei?« fragte der Gefangene.

»Ja, sie sind auch dabei«, sagte die Frau.

Der Gefangene winkte. Die Kinder winkten. Sie schwangen ihre Bücherbündel. Die Kinder trugen Pelzmützen und Wattejacken, unter denen nicht zu erkennen war, wer Julia und wer Nikolaj war. Alle winkten.

Als die Kinder auf dem Weg drüben zurückkamen, fiel die Sonne in die Wälder des Westens. Ein großes Feld war geerntet, die Säcke und Körbe waren abgefahren, und alle, die gearbeitet hatten, gingen zurück, müde, mit schmerzenden Rücken und kalten Gesichtern, in Erwartung der Stube, des Feuers und der heißen Suppe.

Wieder saßen die Kinder am Tisch hinter den aufgeschlagenen Büchern.

Julia sagte: »Maxim, wir haben eine Wolfsspur gesehen!«

»Was habt ihr?« fragte der Starost.

»Wir haben eine Wolfsspur gesehen«, sagte Julia.

»Wer hat sie gesehen?«

»Zuerst hat sie Spiridion gesehen, dann Katarina, dann ich, dann Nikolaj.«

»Ich hab sie vor dir gesehen«, sagte Nikolaj.

»Eine Kaninchenspur habt ihr gesehen«, sagte der Starost.

»Nein, sie war größer«, sagte Julia. »Lauter tiefe Löcher, groß wie Äpfel, und vorn waren Krallen in die Erde gedrückt.«

»Wie war die Spur, Nikolaj?«

»Wie Julia sagt. Wie Äpfel. Und Krallen auch.«

»Unsinn«, sagte der Starost. »Die Wölfe sind in Sibirien. – Wir wollen jetzt essen.«

Bevor das letzte Feld geerntet war, fiel Schnee. Der Pflug blieb in der gefrorenen Erde stecken, und die Gefangenen saßen bei ihren Quartiersleuten und brüteten vor sich hin. Die Kinder waren in der Schule. Der Starost und seine Frau saßen am Tisch. Der Gefangene stand am Fenster und sah auf das Feld.

Der Starost sagte: »Wenn es so kalt bleibt, destillieren wir morgen Sarmagonka. – Was hältst du davon, Maxim?«

»Warum nicht?«

»Gut, wir machen morgen Sarmagonka«, sagte der Starost.

»Ich mag keinen«, sagte die Frau.

»Du sollst auch keinen trinken«, sagte der Starost. »Maxim und ich trinken ihn um so lieber.«

Vor dem Fenster, auf dem Hügel, stand auf einmal ein Tier, ein schmales, hochbeiniges Tier mit dickem Kopf und schrägen Augen, einem Hund ähnlich und doch kein Hund.

»Da!«

Im Ausruf des Gefangenen war so viel Schreck und Angst, daß der Starost und seine Frau schnell zum Fenster kamen und gerade noch sahen, wie das Tier sich wandte und verschwand im wirbelnden Schnee.

»Ja, es ist ein Wolf. So sieht er aus. Die Kinder hatten recht«, sagte der Starost.

»Und die Kinder sind unterwegs!« rief die Frau.

»Der Wolf ist hier, und die Kinder sind dort«, sagte der Starost.

Aber es überzeugte nicht.

»Ihr habt doch ein Gewehr! Warum gehen wir nicht hinaus?« sagte der Gefangene.

»Mein Gewehr –«

»Es ist nicht geladen«, sagte die Frau.

Der Starost stieß einen gemeinen Fluch aus.

»Ein Wolf kommt nie allein«, sagte die Frau.

»Ich habe keine Patronen, Maxim«, sagte der Starost. »In der Stadt haben sie mir keine gegeben, im Magazin nicht und im Lager nicht. Ich wollte nicht, daß ihr Gefangene es wißt.«

»Dann nehmen wir eine Axt, ein Beil, eine Sense oder Stöcke.«

»Du kennst nicht die Wölfe, Maxim. Aber wenn du mitkommen willst –«

Sie gingen den Weg nach Osten, und als sie auf die Höhe kamen, merkten sie, daß sie keine Mäntel angezogen hatten.

Der Starost atmete schwer. Die Flocken hingen in seinen Brauen, in seinem Bart. Ein alter Mann.

»Die Kinder müßten längst hier sein«, sagte er.

Sie gingen weiter. Es war still, nur der Schnee rauschte. Fern hörten sie die Stimmen der Kinder.

Der Starost rief: »Julia! – Nikolaj!«

Der Gefangene rief: »Julia! – Nikolaj!«

Dann riefen auch die Kinder.

Der Starost und der Gefangene gingen schneller, die Kinder gingen schneller. Wie Hühner, in die der Hund bellt, flatterten sie in die Mitte der Männer, Julia, Nikolaj, Katarina, Ludmilla, Sina, Stepan, Alexander, Ivan, Nikita und Spiridion, zehn Kinder, in Pelzmützen und Wattejacken, die Bücherbündel in den steifen Fingern.

Sie redeten durcheinander von Wölfen im Wald, von brechendem Holz, Geheul und einem Netz der Spuren im frischgefallenen Schnee.

Während sie auf dem Weg standen, der Starost, der Gefangene, die Kinder, und redeten, kamen die Wölfe. Ihre Augen sahen sie zuerst, gefährliche, trübe Lichter im Vorhang des Schnees. Ihre Köpfe schoben sich heraus, die steifen Ohren, der Kranz gesträubter Haare um den Hals, die struppigen, zementgrauen Leiber mit den buschigen Schwänzen. Wie ein Keil stießen sie aus dem Unterholz über die Felder nördlich der Straße.

Die Kinder verschluckten das letzte Wort und klammerten sich in die Rücken der Männer. Der Starost hielt die Axt hoch, der Gefangene hielt die Sense hoch.

Die Kopfhaut spannte sich, und die Gedanken verschwammen.

Die Wölfe liefen entlang der Straße, vorbei, eine stumme, wogende Meute. Reihe hinter Reihe, Rücken neben Rücken, lautlos, auf hohen Beinen. Sicher waren hinter dem Rudel andere, unsichtbare Rudel im Wirbel des Schnees, hundert Rudel. Manche Tiere kamen so nahe vorbei, daß die Rippen zu sehen waren, Knochen, Muskeln, Sehnen unter dem räudigen Fell und ihre roten Zungen, die lang aus den Mäulern hingen. Hunger trieb sie, Hunger machte sie blind für die Beute neben der Fährte.

So zogen Heere in die Städte der Feinde ein, durch die Mauer des Schweigens, der Verachtung, des Hasses. Die Menschen verkrochen sich vor ihnen, löschten das Licht, hielten den Atem an, schlossen die Augen und glaubten, ihr Herz klopfe gegen die Wand und die draußen könnten es hören, durch die Tür brechen und wahllose Schüsse ins Zimmer feuern.

Die Dunkelheit wuchs, und noch immer nahm das Heer der Wölfe kein Ende. Wie lange zogen sie vorbei? Wie viele waren es? Stunden. Alle Wölfe Sibiriens.

Dann kamen die letzten Wölfe. Sie trabten hinter den Rudeln her, kranke, dürre Tiere und junge Tiere, denen es schwerfiel, die Pfoten zu heben.

Nacht umschloß den Starost, den Gefangenen, die Kinder. Lange wagten sie nicht, sich zu lösen, zu bewegen, zu sprechen.

Der Starost sprach als erster. Er sagte: »Die Wölfe kommen zurück. Sie wittern den Frieden.«

(Juni 1954)

PAUL SCHALLÜCK

Pro Ahn sechzig Pfennige

Vor kurzem war es mir vergönnt, das Parlament eines unserer Bundesländer bei seiner emsigen Arbeit zu beobachten. Zur Pause begab ich mich in das lichthelle, mit angenehmen und gewiß kostspieligen Fauteuils ausgestattete Kasino des hohen Hauses. Mir gegenüber ließ sich ein Mann in den Sessel gleiten, dessen Gesicht und Körperfülle mir bekannt erschienen. Und als ich ihn sprechen hörte, zweifelte ich nicht, daß er jener Herr Klaaps war, dem ich in jungen Jahren ein wenig zu nahe getreten war. Und ich erinnerte mich wieder folgender Geschichte.

Da ich mit sechzehn Jahren ein etwas bleicher und nervöser Junge war, schickten mich meine Eltern in den Ferien regelmäßig aufs Land zu Onkel Pastor, einem Bruder meiner Mutter. Die Nähe dieses weißhaarigen, rechtschaffenen Mannes, der – ich weiß nicht seit wie vielen Jahren schon – das Pfarramt der Gemeinde Gummersdorf versah, hielt meine Mutter in jeder Beziehung für geeignet, meinen unreifen und zu Dummheiten aufgelegten Geist gediegen zu beeinflussen. Ihre Hoffnung baute sie vor allem auf die Strenge der Haushälterin meines Onkels, deren ganzes Wesen mir heute zusammengefaßt in einem kleinen, mit Nadeln gespickten Haarknötchen erscheinen will.

Anna, ich nannte sie Tante, obwohl wir außer von Adam und Eva her keinen verwandtschaftlichen Tropfen Blutes hatten, Tante Anna also bestimmte meinen Onkel, meinem Ferienaufenthalt im Pfarrhaus dadurch eine kleine Nützlichkeit und eine geringe Ordnung zu verleihen, daß er mich beauftragte, die Anfragen verzogener Familien nach ihren Vorfahren zu beantworten.

Damals nämlich war jene Zeit ausgebrochen, in der man – keineswegs im chinesischen Sinne der Verehrung, sondern lediglich zum Sauberkeitsbeweis der eigenen Blutmenge – seinen Ahnen nachforschte und ihnen in neuer Hochachtung vor dem roten Saft gleichsam nachträglich auf die Finger sah. Manch einer mag damals in einer plötzlichen, mir aber unverständlichen Wandlung ein anderer Mensch geworden sein, wenn sich herausstellte, daß er seine Ahnenkette bis in die Zeiten Wallensteins oder noch weiter ins Vergangene hinein ohne Unterbrechung und in artbewußter Reinlichkeit zu verfolgen imstande war.

So war ich denn bei der Aufstellung einiger Stammbäume als ein sonderbarer Gärtner beteiligt. Und für jeden Ahn, den ich in den muffigen Kirchenbüchern erjagte, erhielt ich von Onkel Pastor sechzig Pfennige. Für Altvordere vor dem Dreißigjährigen Krieg sogar eine Mark.

Hat er sich eigentlich nicht gefragt, welchen Versuchungen er mich damit aussetzte, welchen wunderlichen Anfechtungen? Tatsächlich bin ich ihnen denn auch einige Male erlegen, indem ich – kaltblütig Geschlechterfolgen erfand, die nie die verwirrende Wonne dieses Erdenlebens genossen haben, mir aber – in ihrer Unschuld – zur Aufbesserung meines Taschengeldes verhalfen.

Allmählich gewann ich Vergnügen an meiner Tätigkeit, und ich hätte sie auch dann fortgeführt, wenn mir dafür kein finanzieller Gewinn zugeflossen wäre. Es machte mir nämlich Spaß, die eingegangenen Briefe zu studieren, bevor ich in die Jahrhunderte zurückblätterte. Die Briefköpfe und die Anreden untersuchte ich genau, die zwischen »Euer Hochwohlgeboren« und dem schlichteren »Herr Pastor« variierten oder überhaupt fehlten. Den Ton der Anfrage horchte ich ab, ebenso wechselvoll zwischen Bitte und Forderung. Und ganz besonders prüfte ich die letzten Worte, den Gruß. Von den Briefschlüssen machte ich einiges abhängig.

Wenn ich einem frommen, christlichen »Vergelt's Gott« oder »Der Himmel lohne es Ihnen« begegnete, und wenn auch der Ton des Schreibens dem Abschiedsgruß entsprach, dann gab ich mich gern zu den eben erwähnten und für jene Zeit erfreulichen Abänderungen des Stammbaumes her. Wenn aber schon die Anrede fehlte, wenn es den Formulierungen an Demut gebrach, und wenn dann noch – unter der Bekundung einer germanischen Rasseüberheblichkeit – das Kennwort all dieses Unsinns und vor dem Namen ein markantes und dummes und für die Zukunft des Volkes verhängnisvolles »Heil« zu lesen war, dann – man verzeihe mir – dann schloß ich die Tür meiner Dachkammer ab, damit ich in meinem Ärger und der daraus entspringenden Tätigkeit nicht gestört würde.

In solchen Fällen schnitt ich die Wurzeln oder einige Äste des Stammbaumes einfach ab, unterbrach den Strom der roten Flüssigkeit, der durch die Jahrhunderte strömte, und ließ ganze Generationen im Dämmer des Ungeborenen verbleiben, so daß sich der Briefschreiber einer nur mäßig in der Zeit verwurzelten Familie erfreuen konnte. Ich leugne nicht, daß mich bei solchen Unternehmungen verdorbene Genugtuung beschlich, war ich doch imstande, ganze Reihen von Altvorderen ohne Blutvergießen, buchstäblich mit einem Federstrich zu vernichten.

Und als mich der Brief eines Herrn Klaaps ganz besonders geärgert hatte, weil ein dummer Stolz vom Briefkopf her – der einem Gauleiterbüro entstammte – bis zur Unterschrift nachhaltig und für mich – der ich infolge meiner Erziehung das Gegenteil einer blauäugigen Gesinnung besaß – beleidigend zu spüren war, da befiel mich eine satanische Idee, ich kann es nicht anders sagen. Diesmal beschnitt ich die Wurzeln des Stammbaumes nicht. Ich trieb sie vielmehr ungebührlich weit in die Vergangenheit hinein. Aber ich korrigierte die Vornamen, vom Ur-Ur-Ur-Großvater an rückwärts, damit dem so Gestraften durch Deportation kein wirkliches Unheil widerfahre. Ich verwandelte also in meiner Antwort an Herrn Klaaps »Siegfried« in »Salomon«, »Dagobert« in »Daniel«, »Arnold« in »Aaron« oder »Josef« in »Josua«. Als mein Onkel den Brief unterschrieb, stand ich leicht zitternd neben ihm.

Um allen kommenden Schwierigkeiten zu begegnen – denn daß welche eintreten würden, ahnte ich wohl –, trug ich die Namen auch in den Kirchenbüchern nach. Das war keine leichte Arbeit, das darf man mir glauben. Die Bücher waren vergilbt, und die Schreiber hatten sich einer Schrift befleißigt, die im Vergleich mit den Schreibweisen unseres Jahrhunderts – besonders mit meiner eigenen Klaue – von einem viel höher entwickelten Sinn für Ausgewogenheit und Schönheit zeugte. Ich übte mich tagelang, wohl eine oder zwei

Wochen hindurch. Außerdem hatte ich eine Tinte zu mischen, wie sie damals benutzt wurde – in jeder Generation eine andere Mixtur, was meine zugleich historischen wie chemischen Bemühungen noch erschwerte, und die alten Spuren mußte ich aufs Sorgfältigste tilgen, ausradieren, ausschaben – aus der Welt zaubern. Die Übungsbogen verbrannte ich, selbstverständlich, auch die Blätter der Generalprobe, die ich auf einem herausgerissenen, leeren Bogen eines alten Kirchenbuches ablegte. Dann konnte ich klopfenden Herzens daran gehen, das Geschlecht des Herrn Klaaps nach meinem Sinne zu nuancieren. Ich löschte die Tinte mit einem alten, von mir jedoch – und darauf lege ich wert – neu entdeckten Sand-Streu-Verfahren, gilbte die Schriftzüge an einer Kerze, blies noch etwas Spinnenstaub darüber, den ich eigens vom Dachboden importiert hatte, und war zufrieden. Das schwere Werk war getan, und meinem geschulten Auge gab sich keine Nachlässigkeit preis. Ich war glücklich, oder – um in lateinischer Manier meinen Seelenzustand auszudrükken: ich war felix.

Es dauerte dann auch nicht lange, bis ein zweiter Brief aus dem Gauleiterbüro eintraf, den mein Onkel stirnrunzelnd und der allgemeinen politischen Lage wegen furchtsam an mich weitergab. Der Briefschreiber – keineswegs der Gauleiter selbst – hatte sich statt von seinem Verstand, von seiner Wut diktieren lassen. Mit »unglaubwürdig« und »unmöglich« begann es, setzte sich fort mit »Familienehre«, »Rassen- und Blutbewußtsein«; er sprach von »Irrtum, wenn nicht gar Intrige oder Neid auf die Möglichkeiten meiner politischen Karriere« und endete schließlich mit der

Drohung, daß er, der Herr Klaaps, in den nächsten Tagen »höchst persönlich« (als ob es unpersönlich vorstellbar gewesen wäre), vorfahren werde, da er in der Gegend ohnehin zu tun habe.

»Was sagst du dazu?« fragte mich mein Onkel.

Ich sagte, daß er getrost kommen möge, und wenn die Stimme seines Blutes nicht bereit sei, ihm Kunde zu geben von den seltsamen Vornamen seiner Altvorderen, dann müsse er sich halt über die Bücher beugen und sich durch schwarz auf weiß überzeugen lassen. – Trotz meiner wohlgesetzten – übrigens einstudierten – Rede sah mein Onkel dem Besuch mit einiger Bangnis entgegen. Ich allerdings auch, warum soll ich es verschweigen?

Es war gegen Abend. Ein Fahrer öffnete die Wagentür, und der ganz und gar braune Anzug über einer fetten Leibung, die blank gewichsten braunen Stiefel und das fleischfeste, rosige Gesicht sagten mir, daß es nur Herr Klaaps sein könne. Er wartete, bis der Fahrer auch einer Dame in reizvollem Sommerkleidchen beim Aussteigen geholfen hatte, dann marschierte er voraus und aufs Pfarrhaus zu. Die Dame trippelte hinterdrein, und – ich weiß nicht, woher – mich beschlich leise Zuneigung zu dieser Frau. Je mehr sie sich uns näherte, erkannte ich sie als ein blondes, anziehendes Mädchen, das dann im Studierzimmer meines Onkels, wo sie mir mit übereinander geschlagenen Beinen gegenübersaß, ohne Mühe auch den Rest meiner Sympathie eroberte.

Herr Klaaps wiederholte, was er bereits in seinem Brief geschrieben hatte. Und als mein Onkel ihn unterbrach, um ihn darauf hinzuweisen, daß ich allein verantwortlich war für alles, was die Ahnen betraf, lächelte er erleichtert, vermutlich weil er meinte, mit mir schneller fertig zu werden. Ich ging jedoch auf seine Worte erst gar nicht ein. Ich holte die Kirchenbücher, blätterte und blätterte, obgleich ich die Seiten genau wußte, und schlug endlich die betreffenden Ärgernisse vor den Augen unseres braunen Gastes auf. Der beugte, nein, er stürzte sich darüber und begann zu lesen, las, las sehr lange, las so lange, daß meine Stirn feucht zu werden begann, lehnte sich dann zurück und sagte endlich: »Ich bin ruiniert!«

Diese Salomon und David und Josua seien noch im Grabe fähig, ihn aus dem Sattel zu heben; denn er habe einige Aussicht, Stellvertreter des stellvertretenden Gauleiters zu werden, aber mit einem Salomon oder Aaron – nagend an der Wurzel seines Stammbaumes sozusagen – sei es so gut wie ausgeschlossen, daß man ihm fernerhin vertraue.

Er drückte sich freilich in kürzeren Sätzen und gröberen Worten aus, in jener Art, die heute wohl – und ich sage mit zufriedener Betonung, Gott sei Dank – in keinem unserer Ämter mehr zu hören ist. Herr Klaaps ärgerte sich nicht etwa, er war erschüttert in seinen Tiefen. Und ohne Übergang fragte er Onkel Pastor und auch mich, ob wir zwei denn keine Möglichkeit sähen, ihm diese Schande zu ersparen, die Vornamen zu unterschlagen beispielsweise, ja, unterschlagen, sagte er.

»Sie erwarten von uns«, sagte ich, »daß wir die Kirchenbücher fälschen? Sie scheinen zu vergessen, Herr Gauleiter, in welch einem Hause Sie sich befinden.«

Er wurde noch kleiner auf seinem Stuhl, und sein

Gesicht verlor die rosige Frische. Er begann zu bitten, er rang schweren Atems um mein Mitleid, er demütigte sich und flehte – und das reizend blonde Mädchen, seine Sekretärin übrigens, rückte auf dem Stuhl zurück und machte mir Zeichen, hart zu bleiben, nicht nachzugeben.

Dem klugen und – wie mir im Augenblick noch schien – weitsichtigen Zuspruch dieses Mädchens ist es zu verdanken, daß ich schließlich nicht doch noch weich wurde vor der bejammernswerten und ehrlich verzweifelten Gestalt, die sich einmal an meinen Onkel wandte, der nur die Schultern hob, dann wieder an mich.

»Es tut mir leid, Herr Klaaps«, sagte ich. Und als er einsah, daß er nichts auszurichten vermöchte, stand er auf wie ein alter Mann, sagte mit leichter Verneigung und aufrichtigem Gesicht:

»Grüß Gott, Herr Pfarrer«, und ging hinaus.

In diesem Augenblick, das darf ich ohne Erröten versichern, in diesem Augenblick hätte ich mich und meine Übeltat bekannt, wenn die hübsche Sekretärin nicht auf mich zugetreten wäre, um mir die Hand zu drücken, während Herr Klaaps schon zu seinem Wagen wankte. Und dann flüsterte sie: »Gut so, gut. Vielen Dank. Stellvertreter des stellvertretenden Gauleiters soll nämlich mein Bräutigam werden. Vielen Dank, lieber Junge«, streichelte flüchtig mein bestürztes Gesicht und trippelte davon. In der darauf folgenden Nacht habe ich sehr schlecht und nur wenig geschlafen. Und als ich nun Herrn Klaaps nach manchen Jahren im Kasino des hohen Landeshauses wiedererkannte, wollte ich aufstehen und ihn begrüßen und ihm endlich sagen, wem er seine weiße Weste, seinen jetzigen, untadeligen Ruf und auch seine Stellung zu verdanken habe. Dann unterließ ich es doch. Ich hätte uns nur Unannehmlichkeiten bereitet.

(September 1954)

GERD GAISER

Der Mensch, den ich erlegt hatte

Es hätte mir nichts auszumachen brauchen. Warum auch, es war ja eine dienstliche Handlung gewesen, und wenn nicht ich, so hätte es jemand anders zu Ende gebracht. Aber jetzt saß ich in dem Waldstück, das Eselstritt heißt, mit den Beinen hinunter gegen die zugewachsene Sandgrube, und mußte es aushalten bei dem Menschen, den ich erlegt hatte. Er hätte auch mich treffen können, anstatt ich ihn. Wer trifft, hat Vorteile, wer aber getroffen wird, behält leicht das letzte Wort.

Ich sah ihn an, wie er da lag in seiner Hose, die das Blut dunkel färbte, und hörte ihm zu, wie er redete, viel und fahrig und fast geschwätzig wie einer, der schwatzen will, wenn etwas ausgestanden ist und man sich jetzt gehenlassen kann, gleich, ob es nun gut oder ob es schief abgelaufen ist, und auch gleich, was jetzt noch hinterherkommen kann, und ich fragte ihn: »Willst du eine Zigarette haben, Ernst?«

Er sagte: »Ja, wenn ich vielleicht bitten darf und wenn Sie noch eine haben, Herr Wachtmeister.«

Er hieß nämlich Ernst, und es war immer noch Vormittag; seit morgens früh war die Bereitschaft schon hinter den Autostrolchen her gewesen. Niemand hätte sie nach dem Verbrechen an dem Wachtmeister Jakubek noch in der Gegend vermutet; vielleicht hatte ihnen der Mut gefehlt, schnell und weit und geradewegs durchzufahren, oder sie waren knapp mit dem Sprit geworden und fürchteten, man werde ihnen bei den

Tankstellen auflauern, oder es stimmte sonst bei ihnen nicht mehr; vielleicht war ein Streit ausgebrochen, oder sie fingen an, den Kopf zu verlieren. Jedenfalls war es nicht vorsichtig gewesen, daß sie die Nacht in dem Wald zugebracht hatten, auch wenn der Wagen ganz gut versteckt stand. Ein Mann aus dem Dorf hier hatte draußen noch Holz sitzen und war früh hinausgefahren, um nach ihm zu sehen; da fiel der Wagen ihm auf und die Leute dabei; er machte kehrt auf seinem Motorrad und fuhr sogleich zum nächsten Fernsprecher. Ich bekam die Meldung durchs Rathaus, als ich von einem Kontrollgang zurückkam, und zugleich gaben sie mir an, wo ich zu der Bereitschaft vom Kreis stoßen solle, die schon unterwegs sei. Ich hatte das Fahrrad, ich fuhr, was ich konnte, ich rief rechts und links die Leute an, die in den Wiesen Heu machten, und dann sagte einer, eben sei Polizei vorbeigekommen und sie sei abgesessen und dann rechts hinauf ausgeschwärmt gegen den Wächtersberg.

Wenn sie dort hinauf sind, dachte ich mir, gibt das ein schweres Jagen. Denn dort ist die Gegend schwer zu überblicken, überall Hecken und Steinriegel und dazwischen die kleinen Waldstücke aus Forchen. Und dann sah ich einen Augenblick oben, über den höchsten Schaftrieb weg, zwei Leute im Laufen, klein und dunkel liefen sie gegen das Licht und tauchten dann hinter eine Bodenwelle, sie hatten die Richtung gegen den Wald Eselstritt. Da dachte ich mir, der kleine Umweg könnte nicht falsch sein, drehte um und wieder ins Dorf, lief ins Haus und riß mein Gewehr von der Wand, riß die Schublade auf und stopfte noch ein paar Streifen Munition in die Tasche, warf das Gewehr über den Rücken und rief noch meiner Frau zu, die vom Garten herunterkam, und war mit einem Satz schon wieder aufgehockt. Nach der anderen Seite fängt es gleich vom Dorf weg zu steigen an, und das Sträßchen biegt sich und wird einsam gegen den Eselstritt hinauf. Ich trat ins Rad und mühte mich, schnell zu sein.

Da sah ich, wie ich auf die Einsattelung kam, wo die Steinbank steht, und wie eben das Rad von selber zu laufen anfing, links aus dem Hopfengarten zwei Leute heraustreten, und dann noch einen dritten, und alle drei blieben stehen und blickten sich um; sie sahen nicht aus wie Leute, die auf dem Land Bescheid wissen. Plötzlich fingen sie dann sehr schnell zu laufen an über die Breite gegen den Wald hinüber, sie liefen zwischen Roggen und Mohn, der Roggen reichte ihnen bis unter die Brust, und der Mohn blühte weiß, es war ein nasses Jahr, der Mohn blühte schon, als der Roggen noch grün stand. Man sah ihre Beine nicht, aber es schien, als wären die Burschen müde und kämen schlecht voran. Die zwei vorderen hatten den Wald erreicht, nur der dritte, der etwas abhing, war noch fünf oder sechs Schritte davon, da zeigten sich Uniformen zwischen dem Hopfen, von wo die drei auch gekommen waren, und es wurde gerufen, und das mußten also die Kollegen aus der Kreisstadt sein. In dem Augenblick drehte der letzte drüben sich um und warf den Arm hoch. Man sah es blitzen, und dann kam der Knall. Der Schuß war sinnlos auf die Entfernung, aber sie wollten vielleicht bloß zeigen, daß sie bewaffnet waren. Nach dem Schuß verschwand der Schütze im Wald.

Im Laufen verständigten wir uns. Aber sobald wir den Wald betraten, waren wir im Nachteil. Wer zuerst drin ist, hat es besser; er kann Deckung nehmen und, wenn er will, ruhig ins Ziel gehen, wir aber mußten uns vorsehen. Erst blieb über die Richtung kein Zweifel; dann aber, in einer Gegend, wo geholzt worden war, wurde alles undeutlich, und wir entfernten uns immer mehr voneinander und fanden nichts. Der Wald zieht sich lang hin, ist aber an manchen Stellen sehr schmal, und ein paarmal traten wir sogar hindurch; doch fanden wir nirgendwo einen Anhalt, daß sie den Wald verlassen hätten. Also hatten sie sich der Tiefe zugewandt, und es wurde für uns noch schwieriger. Da sah ich am oberen Blooß, wo der Grund löcherig ist von den aufgelassenen Sandgruben, einen Haufen Reisigwellen.

Es war vorjähriges Holz, zusammengezogen und noch nicht abgefahren. Niemand war in der Nähe, aber mir schien, ich dürfte da nicht vorbeigehen; und wie ich mich gegen den Stapel wandte, bitzelte mir unter der Kopfhaut, und wie ich noch näher herankomme, das Gewehr im Arm, da bricht wieder ein Schuß, und ich höre das Geschoß fetzen in den Ruten neben mir. Und da, wie ich schnell an einem Baum Deckung nehme und mir sage, daß ich ruhig Luft holen will, und nichts im Auge habe als den Stapel Reisig vor mir, fällt mir bei alledem der Wachtmeister Jakubek wieder ein.

Jakubek kam von irgendwo aus dem Osten, ein langsamer, breiter, genauer Mensch, und ob er früher schon bei der Polizei gewesen war, ob er noch Papiere besaß, das weiß ich nicht so genau, aber gekannt hatte ich ihn gut; jetzt war er tot, und genau wie er war, so hatte er vor seinem Tod noch zu Protokoll geben können, wie es mit seinem Tod zugegangen war, und ein paar Leute im Feld, die von fern aufmerksam geworden waren, hatten den Hergang bestätigt. Als er den Wagen anhielt auf der kleinen Fahrstraße und dann eine schwierige Miene machte über den Papieren und dann noch einmal einen Blick in den Wagen warf und die Papiere noch einmal wendete, da war der eine Kerl hochgekommen, stand bei ihm und schoß auf einmal von der Hüfte weg, so wie es im Kino gemacht wird, und dann fuhr der Wagen an, und Jakubek blieb an der Böschung liegen mit seinem Schuß im Leib, einem Einschuß mit verbrannten Rändern und Gewebsfetzen in der Wunde: davon mußte Jakubek sterben, und dagegen war die Schmalzbüchse doch nur ein Spaß gewesen.

Niemand hatte Jakubek gekannt, als er im Flecken aufgetaucht war in seinen verschlissenen Klamotten und mit seinem breiten betrübten Gesicht; er hatte Mühe, sich zu verständigen. Als er anfing, bei Bauern Aushilfe zu leisten, damit er bestehen konnte, war da bei seinem Brotgeber ein klein Gassenbübchen, das zog auf dem Hof herum eine alte verbeulte Schmalzbüchse an einer Schnur und ließ die Büchse scheppern. Wenn es aber den Jakubek kommen sah, machte es die Schnur lang und ließ die Büchse kreisen und schoß damit den Jakubek in die Kniekehlen, zog die Schnur an und lachte und nahm nicht einmal Reißaus. Das Bürschchen wußte es nicht besser, aber dem Jakubek, der gewohnt war, ein Ansehen zu haben, ging es tief, daß niemand von den Alten etwas sah oder sehen wollte und dem Schlingel wehrte; er selbst mochte vielleicht nicht zupacken, weil er ja dort sein Brot fand. Er ließ sich nicht viel anmerken, aber man hörte ihn einmal sagen: All meine Tage habe ich das nicht gesehen, und ich habe viel Hunger gelitten und bin in Rußland gefangen gewesen; aber in Rußland habe ich das nicht gesehen, auch als Gefangener nicht, daß ein Kind sich erfrechen durfte und seinen Mutwillen haben gegen einen älteren Menschen; das kommt, weil sie keine Zucht hier haben, die Menschen, und kein Ziel und kein Bescheiden. – So oder ähnlich drückte sich der Jakubek aus, bevor er wieder zu Dienst kam, und etliche mußten wohl über ihn lachen; wir haben es ja schwer, solche Menschen zu begreifen, bei denen alles genauer und tiefer hinuntergeht. Wir nehmen es mehr obenhin.

Und indessen also rief ich laut nach vorn: »Laßt die Knallerei, Leute, kommt heraus, der Wald ist umstellt, ihr könnt nichts mehr machen.« So ähnlich sagte ich ein paarmal, aber eine Antwort kam nicht, außer daß es knackte und knisterte in dem Reisighaufen, davon merkte man, daß da Leben drin war. Ob aber nur einer drinsteckte oder alle drei, und wie viele davon Waffen hatten, das konnte ich nicht wissen. Als es so still blieb, schoß ich, aber ich schoß in die Luft, um die Kollegen herbeizuziehen, und dann hörte ich tiefer hinunter im Wald auch ein Geknalle, und ich fragte mich, ob sie mir antworten wollten oder ob sie dort auch aneinander waren. Da schoß es wieder aus dem Reisig, zwei Schüsse schnell hintereinander, und sofort schoß ich dagegen, denn ich hatte mir jetzt den Punkt gemerkt, und setzte dann aus und rief noch einmal. Aber es mußten Anfänger sein, Dummköpfe, die nicht wußten, worauf sie es ankommen ließen, oder ein ganz schwerer Hund darunter. Das Knallen ging hin und her, ich schoß in gleichmäßigen Abständen, stieß einen neuen Ladestreifen hinein und schoß noch einmal gegen die eine Stelle, bis ich einen Laut hörte, und von da an besann ich mich nicht mehr; es war die Lust, die Lust, fertigzumachen, bis die letzte Hülse herausfiel; und dann drückte ich noch einmal einen Streifen hinein und ging wieder in Anschlag und rief: »Habt ihr noch nicht genug? Heraus jetzt!« – Denn es war jetzt ein Schein in der Luft, ein Dunst, der aufgeregt machte. Eine Stimme rief: »Wir ergeben uns. Was sollen wir tun?«

»Werft die Pistole raus«, rief ich, »und dann kommt einzeln.«

Die Büschel regten sich und schwankten auseinander, und da drin hockten zwei Burschen, die Anzüge voll von Ästchen und Rindensplittern, und einer hielt die Hände hoch und stand auf, aber der andere kam nicht recht in die Höhe, und wie er die Hände anhob, kippte er und fiel nach vorwärts auf die Handflächen; an dem Reisig und auch an den Kleidern war Blut. Ich stieß die Pistole, die am Boden lag, mit dem Fuß fort und sagte noch einmal: »So, habt ihr genug, ihr Kerle –«, aber dann war auf einmal das Helle in der Luft fort, das den Kopf heizte, und das Blut auf dem Reisig sah böse aus, und ein Mißmut befiel mich.

»Wer ist verwundet?« fragte ich. »Habt ihr beide was abgekriegt?« Aber der eine schüttelte den Kopf und zeigte bloß auf den andern, und der hockte und wälzte sich, seine Hose hatte einen großen dunklen Fleck, und er stöhnte.

Die Herren Kollegen kamen den Wald herauf und brachten den dritten mit, den sie auch gestellt hatten, und nun sahen wir sie also alle beisammen, nichts Besonderes, sogar ein bißchen mickerig, Gesichter wie andere auch, sozusagen ohne besondere Kennzeichen, und sie guckten auf die Seite, und einer hustete, und einer trat von einem Fuß auf den andern, als genierte er sich; getroffen war nur der aus dem Reisighaufen. Wir sahen nach und legten einen Verband an, so gut es ging; er hatte einen Schuß durch die Wade und einen zweiten seitwärts in der Hüfte, der war nirgends ausgetreten. – »Sagt jetzt gleich«, fragte ich im Verbinden, »ist es der, der den Wachtmeister Jakubek umgebracht hat? Oder wer von euch hat es getan?« – Erst wollten sie nicht antworten, dann schüttelte einer den Kopf und sagte: »Der da ist es nicht.«

Ich saß also da im Wald, nachdem die Kollegen abgezogen waren mit den zwei andern, um das Krankenauto zu schicken, denn anfassen und tragen ließ er sich nicht, saß also im Wald und hatte die Beine gegen die alte Sandgrube hinunterhängen. Die Sonne wärmte, und die Fliegen schwirrten herum, und der Mensch, den ich erlegte hatte, lag ganz nahe bei mir und wurde unruhig und wimmerte.

»Willst du noch 'ne Zigarette haben, Ernst«, fragte ich ihn, und er wollte eine und sagte: »Danke«, als ich sie ihm anbrannte. Er hieß Ernst, und da waren wir also im Wald zusammengetroffen, wir hatten uns nie vorher gesehen, und ich hatte es ihm verpaßt.

»Hast du Eltern, Ernst? 'n Vater zu Hause?«

»Ja.«

Die drei kamen aus dem Industrierevier. Dort hatten sie sich den Plan zurechtgemacht und den Wagen geschnappt. Sie wollten zum Bodensee hinunter, so hatten sie sich das ausgedacht. Ernst also hatte einen Vater, Vater und Mutter, Vater verdiente, zu Hause alles in Ordnung. Ernst verdiente auch. Und so weiter, das ließ ich mir erzählen. Er sprach hastig, mit flachen Schnaufern, leicht als wäre er froh, mit jemandem reden zu können.

»Was meinst du, Ernst, was dein Vater sagen wird, wenn er von dir hört?«

Er wimmerte: »Sagen Sie es nicht, Herr Wachtmeister.«

»Na schön«, fragte ich weiter, denn reden mußten wir ja etwas: »was wolltet ihr denn da eigentlich? Was soll denn das heißen, an den Bodensee, was sollte denn daraus werden?«

»Das muß einer verstehen, Herr Wachtmeister«, sagte der Junge, »daß man zu so was kommt. Da will man eben was und denkt nicht viel nach, wie es ablaufen könnte, da will man eben einmal raus aus dem Dreck – aber wenn man das so einrichten könnte, Herr Wachtmeister, daß die Eltern nichts zu erfahren brauchten –«

»Erzähl mal, Ernst, wie dein Dreck ausgesehen hat. Was hast du denn gekriegt da in deinem Geschäft?«

Und Ernst sagte, wieviel, und stöhnte dazwischen, aber offenbar tat es ihm gut zu reden, er hätte nicht still sein mögen.

»Wenn das ein Dreck ist«, sagte ich, »dann habt ihr wohl ein bißchen viel im Kino gesessen. Was hast du zu Hause abliefern müssen für Essen und Schlafen?«

»Abliefern? Nichts. Daran hat mein Alter gar nicht gedacht. Das hätte es gar nicht gegeben. Herr Wachtmeister, wenn man es vielleicht einrichten könnte –«

»Dann ist dir«, sagte ich, »mehr auf der Hand geblieben, als der Jakubek zu verleben hatte, den ihr umgelegt habt.«

Er gab keine Antwort, sondern krümmte sich wieder und hatte Schmerzen, er wurde unruhiger und sah anders aus als vorher, ein Häufchen Mensch, nicht viel dran, Haut, Haare und Kleider, und bald zusammengefallen. Einer will was, die Flamme schlägt in ihm aus, irgendwo hinaus will das, Geld oder Lust, immer einen Schuß mehr als nötig, einen Schuß zuviel; und so geht es zu Ende; einer muß zufügen, einer erleiden.

Plötzlich hatte er dann die Nase so spitz im Gesicht und sah kleiner und älter aus. Wahrscheinlich kennen Sie es, im Krieg sind ja auch Leute gestorben, aber ich weiß nicht, es war so wenig Lärm da in dem Wald und keiner mehr dabei außer mir. Erst da fuhr es mir nämlich durch den Kopf, wie der Handel ablaufen würde. Ich ließ mir aber nichts anmerken und sagte: »Willst du noch mal 'ne Zigarette, Ernst?« Er nickte und konnte aber dann offenbar nicht mehr viel sagen, nahm die Zigarette auch nicht mehr ab und brachte bloß noch heraus: »Mir ist sauschlecht, Herr Wachtmeister.« – Dann machte er den Mund nicht mehr auf und rutschte bloß noch ein wenig mehr in sich hinein, und jetzt sah er aus, als könnte er etwas von mir erwarten, und ich schämte mich, weil wir nichts sonst in unserem Vorrat haben und nichts anzubieten als eine Zigarette. Ich bin zweiunddreißig, verheiratet, habe eine Oberschule besucht, aber nicht zu Ende, früher wollte ich einmal Sportlehrer werden, ja, das fuhr mir durch den Kopf, und sonst haben wir nichts im Vorrat, als daß wir sagen können: Willst du 'ne Zigarette? Ich hätte gewollt, wir hätten nicht so allein bleiben müssen und der Krankenwagen wäre eher gekommen. Ich probierte es noch und sagte wenigstens: »Das mit deinem alten Herrn, Ernst, hörst du, wir könnten da vielleicht schon etwas fingern, daß er nichts erfährt« – und rief ihn noch einmal und rührte ihn an: »Ernst!« Ernst gab aber keine Antwort mehr und fiel vollends zusammen in seinen Kleidern und kümmerte sich um mich gar nicht und wollte nicht, daß ich etwas mit ihm zu tun hätte. So war es auch, ich hatte ja nichts mit ihm zu tun. Es war bloß im Dienst geschehen, er konnte mir keinen Vorwurf machen, niemand konnte mir einen Vorwurf machen, ich mir selbst auch nicht, es hatte nicht anders ablaufen können. Ein anderer hätte es auch tun müssen; aber ein anderer, merkwürdig, wäre eben ein anderer gewesen; so leicht geht der Tausch nicht; das sitzt, wenn Sie es haben sein müssen, das nimmt Ihnen keiner ab.

(November 1954)

HEINZ PIONTEK

Erde unter dem Schnee

Wittek trat aus dem Haus. Es war Sonntag. Seine Sonntagshose beulte an den Knien, seine Schnürschuhe waren militärisch mit Schuhcreme und Spucke gewichst. Den Rock, den er zum Kirchgang getragen, hatte er abgelegt und mit einer geflickten Joppe vertauscht. Barhäuptig ging er über den Hof. Ein frostiger, strahlender Tag, vor dem Mittagsläuten, der Schnee krachte unter den Sohlen. Wittek hatte Zeit, zu viel Zeit, schien ihm. Er ging den Stapfen nach, die um den Maschinenschuppen bogen. An der hinteren Schuppenwand, im Windschatten, lehnte der Verschlag, in dem er seine Kaninchen untergebracht hatte. Die Tiere sahen ihn kommen, sie drängten sich an die Öffnungen, äugten und witterten durch den Maschendraht. Sie hatten graue und braune Winterpelze, ihre Barthaare zitterten. Er öffnete das Türchen, hinter dem sich ein Rudel Jungtiere balgte. Seine Hand fuhr zwischen sie und tätschelte ihre Felle. Sie schnupperten aufgeregt an der Hand, weiche zärtliche Schnauzen. Unbeholfen spielte er mit den Kaninchen. Dabei vergaß er nachzuschauen, ob das Futter im Napf gefroren war. Er war nicht bei der Sache.

Jetzt hielt er am Gatter zwischen den Eichen. Sein Blick stieß ins Dorf hinunter und weiter zu den Bergen, die schneeverkrustet in den Himmel ragten. Er beschattete die Augen. Schön ist es hier, sagen sie, nun, vielleicht ist es schön, dachte er. Aus den Kaminen der Gehöfte stieg der Rauch. Über ihm in den verholzten Zweigen raschelte es; vorjähriges Laub, staubtrocken, es blätterte nicht ab. Vielleicht ist es schön hier, aber wenn ich daran denke, war es schöner in Wischonitz. An einem solchen Tag fuhren wir einmal im Schlitten nach Proskau. Nach Proskau war es eine knappe Stunde. Ich mußte die Pferde bewegen, sie standen schon zu lange hinter der Krippe, und in Proskau gingen wir zu den Zollkowskis, und dann fuhren wir zurück.

Wittek war ein kleiner schmächtiger Mann, unter den Bäumen sah er noch kleiner aus. Die Kälte hatte seine Ohren gerötet. Ein fünfzigjähriger Bauer, der kein Bauer mehr war. In den Gruben seines Gesichts standen scharfe Schatten; die Lippen waren gesprungen. Hinter ihm klappten jetzt die Stalltüren, die Mägde schnatterten und schleppten rauchende Eimer zu den Trögen. Vorher war es still gewesen auf dem Hof. Wittek drehte sich langsam um. Er fror.

»Wann gehst du los?« fragte der Sohn. Er lümmelte breitbeinig auf dem Stuhl, kippte ihn zurück; vom Herd stieg der Dampf und beschlug die kleinen Scheiben der Kammer. Der Sohn war um einen Kopf größer als der Vater, ein stämmiger Bursche mit dünnen Haaren und starken Wülsten über den Augen.

»Nach dem Essen«, sagte Wittek. Er rührte sich nicht von der Tür weg.

Der Sohn spie das Zigarettenende geschickt aufs Blech vor dem Ofenloch. Dort zerquetschte er den Stummel mit der Schuhsohle. »Ich habe mit Windhuber gesprochen. Wenn ich ihm die Anzahlung morgen bringe, kann ich die Maschine gleich mitnehmen.«

»Sei nur vorsichtig«, mahnte die Mutter, die mit einem verrußten Haken in den Herdringen klirrte; Dampf wogte um ihre dürren Hüften.

»Dir ist nicht zu helfen, Mattka«, brummte der Sohn. Er wandte sich zu dem Mann an der Tür. »Wenn du es schon vor zwei Jahren getan hättest, wären wir bei der Sache besser weggekommen.«

»Laß ihn in Ruhe«, sagte die Mutter. »Du weißt, warum er es nicht getan hat. Auch du hast gehofft …«

»Nichts habe ich«, unterbrach sie der Junge. »Wischonitz! Fang bloß nicht davon an. Ist doch kalter Kaffee, euer Wischonitz!«

»Eine Schande, wie du über deine Heimat sprichst.«

»Alles kalter Kaffee.«

»Rede nicht wie ein Heide. Wir sollten dir kein Geld geben für das Motorrad.«

»Nur weiter, das hör ich gern.«

Wittek stand noch immer unter der Tür. Zerstreut hatte er das Gezänk verfolgt. Er atmete schwer. Die Enge der Kammer lastete auf ihm; er sehnte sich nach einem Ort, von dem er nur wußte, daß es ihn nicht gab.

»Geh aus dem Weg«, sagte die Frau. Sie verließ den Raum, eine leere Wasserkanne in der Hand.

Wittek schwitzte auf der Stirn. Er stieß das Fenster auf. Die Schwaden wehten hinaus in die klare Luft.

»Du hast eine große Schnauze«, sagte der Alte.

Der Sohn fuhr mit Daumen und Zeigefinger in das angerissene Zigarettenpäckchen und sah dabei in die Luft.

Nach einiger Zeit begann es zu läuten im Dorf. Die Glocke klang hart und hell, sie war deutlich zu hören.

Der Mann verriegelte die klapprigen Flügel, ehe sie verstummte.

Zu Mittag aß er ohne Appetit, die süßen Birnen ließ er stehen. Er holte seinen Mantel aus der Stube, zog die mürbe Fellmütze über die Ohren. Dann stieg er die Treppe hinunter und klopfte bei dem Besitzer des Gehöftes an.

»Ich geh jetzt zum Wiedmayer und nehme das Pferd mit«, sagte Wittek.

Der Bauer strich sich die feisten Backen, auf denen ein Gerinnsel von Adern glühte. Schwer stemmte er sich aus der Sofaecke. Vor ihm die schmale Tonflasche und ein feuchtes Schnapsglas. Er war der Eigentümer eines reichen Hofes und mehrerer Waldstücke. Die Feldarbeit schmeckte ihm nicht, aber er jagte und trank mit Vergnügen. Seit der Flucht wohnten die Witteks in seinem Haus, in zwei Kammern unterm Dach. Hin und wieder verrichtete Wittek Taglöhnerarbeit für den Hofbesitzer.

»Es ist *dein* Pferd, denke ich«, sagte der Bauer. Sein Baß rumpelte.

»Aber Sie müssen es wissen, daß ich es jetzt wegbringe.«

Die Stube war aus Plüsch, Spiegeln und Eichenholz. Sie war groß wie ein Saal. Nebenan in der Küche spülte die Bäuerin das Geschirr.

»Wenn du dir die Sache richtig überlegt hast, Wittek, wird es nicht schlecht sein für dich«, sagte der Bauer.

»Der Wiedmayer will es kaufen.«

»Nichts übers Knie brechen soll man.«

»Ich habe heute nacht nicht viel geschlafen.«

»Da hast du dir gedacht, es ist gut, wenn ich's verkaufe, denn die Politik stinkt zum Himmel, wie?«

»Wir kommen nicht mehr heim, glaub ich, wir nicht. Vielleicht die, die jünger sind«, sagte Wittek.

»Gut auf den Beinen bist du nicht, das sieht man. Aber Leute wie du können siebzig werden. Der Bachmayer zum Beispiel. War auch ein so magerer Hering. Zum Umpusten.«

»Ich weiß nicht.«

»Zwanzig Jahre sind eine lange Zeit«, sagte der Bauer. Er schenkte sich einen Schnaps ein.

»In zehn Jahren ist das Pferd hin.«

»Hab ich gesagt, daß es so lange dauern wird, bis ihr heimkommt? Eine ganz verfluchte Sünde wär's.«

»Ich komme nicht mehr nach Wischonitz mit dem Pferd.«

»Überleg dir's gut, Wittek. Steht es bei mir etwa schlecht im Futter? Hab ich knickrig gezahlt dafür, daß ich es eingespannt habe?«

»Es ist besser, ich verkauf's.«

»Dann nimm es nur mit. Mir liegt nichts dran. Ich kauf dir den Klepper nicht ab.«

Als Wittek die Stalltür aufstieß, schwappte ihm warme Finsternis entgegen. Bis er sie mit den Augen durchdringen konnte, tappte er blind zu dem hintersten Stand. Dort hob er von einem starken Haken Kumt und Riemen. Die Stute, die ihm gehörte, bog den Hals und beobachtete ihn ausdruckslos. Er schirrte sie und zog sie auf den Hof, wo sich unterdessen die Frau und der Sohn eingefunden hatten. Neben ihnen stand eine verwachsene Magd im Schnee. Sie hatte schön geschnittene Augen.

»So ein Jammer ist auf der Welt«, sagte sie; der Atemhauch flog über ihr Gesicht.

Witteks Frau wischte sich die Augen. Sie streichelte die Stirn des Tieres und fingerte zwei Würfel Zucker aus der Schürze. Es war das erste Mal in ihrem Leben, daß sie einem Pferd Zuckerstücke zwischen die flappenden Lippen schob. Auch der Magd hing eine Träne an der Wimper.

»Macht kein Theater um den lausigen Schinder«, sagte der Junge. Er griff in die Pferdemähne, dann klopfte er den Hals des Tieres mit der flachen Hand.

Wittek zog den Gaul hinter sich her; sie trotteten durchs Tor und schlugen den Weg zum Dorf ein. Die Stute hatte ein nußbraunes Fell, ihr Stirnhaar strähnte dünn über die Blesse. Sie war achtzehn Jahre alt, sie setzte die Hufe mit Vorsicht in die Schneegleise. Ein zarter Nebel trübte die Pferdeaugen.

Ja, du wirst jetzt an Wischonitz denken, sagte Wittek, aber er hörte seine Stimme nicht.

Ein Händler brachte dich auf unseren Hof, als du neun Jahre alt warst. Scholtissek hieß er, ein Bein hatten sie ihm abgenommen, weil er zuckerkrank war, und doch soff er weiter und war fidel, und vielleicht lebt er noch. Und als du elf warst, holte ich dich zusammen mit dem Wallach aus dem Stall, mitten in der Nacht, es war kälter als heute, hundskalt, die Frau heulte, und der Junge fragte hundertmal, wohin fahren wir? Nein, an Wischonitz wirst du nicht denken, du warst doch nur zwei Sommer dort, aber ich, ich denke dran, ich werde wohl immer dran denken.

Das Pferd schritt etwas steif in den Gelenken; sein Rücken hing durch. Die Sonne glänzte auf dem gewichsten Lederzeug und auf der Kruppe, die sich hob und senkte. Der Weg wand sich abschüssig, vorbei an entlaubten Birken, hinunter zwischen verschieden gewinkelten Flächen, die der Schnee mit verschiedenen eisigen Blaus überzog. Geschrei war im Dorf, doch hier oben wehte es unwirklich vorbei.

Wittek ließ den Zügel fahren. In seinem Gehör vervielfachte sich das Stampfen der Hufe, vielleicht acht, vielleicht zehn Pferde folgten ihm, eine Kette, Pferde in braunen und schwarzen Fellen, alle Pferde, die er jemals vor seine Wagen gespannt, über die Äcker getrieben hatte; ihre Schweife faserten im Wind, ihre Köpfe nickten, sie waren frei von Geschirren, und es war etwas sehr Leichtes in ihrem Gang und etwas Unzerstörbares in den dunklen Augen …

Wischonitz, das war die grüne Zeit unter einem weiten Himmel, das war mehr und weniger als die Zeit, aber einmal war *Wischonitz* das Jahr 1901, als Joseph Wittek geboren wurde, und das Jahr 1869, als Christian Wittek zur Welt kam, und das Jahr des Herrn 1820, das Jahr des Daniel Wittek, und auch die Zeit des Adam Wittek war *Wischonitz* und das Dunkel der Zeit, das unersättliche Dunkel, das nicht aufzuhalten war und in dem jedes Gedenken erlosch. Es stimmte, daß ein Treck am Anfang gewesen war, Planwagen durch die Luft im April, die Feuerstellen des Abends an den Waldrändern, Schlaf an den Feuern, aber der Treck, der ein Ende machte mit dem, das Zeit und Ort war in einem und für das es nur einen einzigen Namen gab, dieser Treck, den Joseph Wittek meinte, hatte Unheil geladen und räderte noch immer über vereiste Chausseen, im Januar, im Februar, der Wallach krepierte vor Erschöpfung, da warfen sie die Hälfte ihrer Habe vom Wagen, und daß die Stute durchhielt, war das einzige Glück, das sie hatten – als der Krieg lawinenschnell hinter ihnen her stürzte.

Vor sieben Jahren kamen sie in dieses Dorf und zu diesem Bauern, der jagte und trank, und sieben Jahre lang hatte Wittek auf die Heimkehr gehofft. Jetzt wollte der Junge Geld für ein Motorrad, er fuhr täglich dreißig Kilometer mit dem Bus zur Arbeit, denn hier im Dorf war nichts zu verdienen. Darum sollte Wiedmayer das Pferd haben, für das lumpige Geld, das er bot, und auch deshalb, weil es keine Hoffnung gab.

Sie kamen an einem verschneiten Weiher vorbei, ein Hohlweg nahm sie auf; sie stapften durch tiefe Wehen, Wurzelschnüre hingen herab, der Himmel verengte sich über ihnen zu einem blauen Kanal. Wittek blieb stehen, um zu Atem zu kommen. Die Stute hielt zwei Schritte hinter ihm. Er wandte sich zu ihr und streckte ihr seine Hand entgegen. Leicht strichen die Nüstern des Pferdes über seinen wollnen Handschuh. Dann hob das Pferd den Kopf und drehte ihn schräg und sah zu den Krähen, die der Wind schwarz über den Weg jagte. Der Mann ließ den Arm sinken.

Es ist ausgemacht, sagte er unhörbar zu der Stute, daß ich dem Jungen nur einen Teil des Geldes gebe. Für den Rest bekomme ich von der alten Fahlheimer einen Streifen Feld, einen halben Morgen, und dort werden wir im Frühjahr Gemüse anbauen. Wir müssen etwas tun. Wir werden Gemüse pflanzen, ich werde es zweimal wöchentlich in die Stadt bringen. Aber was hast du davon? sagte er.

Die Stute blickte hinter sich; ihre Ohren spielten.

Er griff nach ihrem Zügel, und bald öffnete sich der Hohlweg, und das Dorf war nun sehr nahe. Sie erreichten die Allee. Vor den ersten Gehöften sah Wittek lange zur Seite. Da, wo die Felder anstiegen, hinter der Baumschule, lag der Acker, der seiner werden sollte, eine Breite strahlenden Schnees schräg am Hang. Diesen Schnee würde er kaufen, weil es keine Hoffnung gab, wieder in einem Treck zu kutschieren, unter fröhlichen Fahrenden: wie vor Jahrhunderten, da man fortgezogen war, um Wischonitz zu gründen, und nichts davon gewußt hatte, daß einer von ihnen, Jahrhunderte später, ihr Verlangen spüren und es begraben würde in seiner Brust. Aber er stand vor einem Anfang, zu dem ihn eine neue Zuversicht trieb. Erde wollte er finden unter dem Schnee. Nein, daran war nicht zu rütteln, daß man immer wieder anfangen kann, solange man noch Kraft hat, mit einem Spaten zu arbeiten oder mit einer Hacke zuzuschlagen. Nicht Mut, Vernunft war nötig.

Warum hatten so viele seinesgleichen kein Vertrauen mehr in ihre Vernunft?

Die Straße war vom Schneepflug geräumt worden. Von den Häusern kam der Hufschlag der Stute zurück, jedesmal zu einem Doppelschlag gedehnt. Wittek war ein schmächtiger Mann und ging gebückt, doch sein Schritt griff aus. Hinter der Post knickte die Dorfstraße in einem Haken ab. Dort schwanden Mann und Pferd aus dem Blick.

(1955)

MARTIN WALSER

Templones Ende

Herr Templone war nicht der Mann, der auf das erste beste Geflüster hin seine Villa verkauft und das schattige, in den Wald hineingebaute Villenviertel verlassen hätte, um irgendwo in der Stadt drin in einem hundertfenstrigen Mietshaus Unterschlupf zu suchen. Ja, wenn eine ganz neue und giftige Insektenart in Bernau eingefallen wäre, wenn sich in dem moosigen Waldboden, auf dem das Viertel gebaut war, eine erdzerwühlende böse Tierart niedergelassen hätte, die alle Wurzeln vernichten, die Häuser unterhöhlen und dadurch zum Einsturz bringen konnte, wenn es Gründe dieser Art gewesen wären, hätte Herr Templone, der sein Vermögen durch Grundstücksspekulationen erworben hatte, wahrscheinlich auch an Verkauf gedacht. Aber vielleicht hätte er sogar dann noch den Kampf aufgenommen, um dem Ungeziefer Herr zu werden, hätte versucht, seinen Besitz gegen diesen Angriff aus dem Boden und von den Bäumen her zu verteidigen.

Die Gefahren, die das Villenviertel zur Zeit zu bedrohen schienen, waren anderer Art, vielleicht waren sie schlimmer als die giftigste Insektensorte, vielleicht waren sie viel, viel harmloser; daß man das nicht recht wußte, war vielleicht sogar das Schlimmste.

Als Herr Templone vor dem Krieg seinen Besitz in Bernau erworben hatte, konnte er das Gefühl haben, einen sehr glücklichen Kauf getan zu haben. Mit den Nachbarn hatten er und seine Tochter Klara in bestem Einvernehmen gelebt. Man hatte Feste gefeiert, hatte sich regelmäßig besucht, ohne die Gesellschaftlichkeit zu übertreiben. Nach dem Kriege aber wechselten viele Häuser ihre Besitzer, und die Mauern zwischen den einzelnen Grundstücken schienen von Jahr zu Jahr höher zu wachsen, und was hinter den Mauern der Nachbarn geschah, wußte Templone nicht mehr. Er vermutete, daß die neuen Besitzer, die sich nach dem Krieg in das Viertel eingekauft hatten, die da und dort alte Nachbarschaften durch ihre Neubauten und ihre Käufe getrennt und zerstört hatten, untereinander einen regen gesellschaftlichen Verkehr unterhielten; sie feierten mehr Feste, als er und seine Bekannten früher gefeiert hatten.

Und glichen sie einander nicht, als wären sie alle untereinander verwandt? Oder gehörten sie gar einer Sekte an, einer Sekte, die den Plan gefaßt hatte, ganz Bernau für ihre Mitglieder zu erobern?

Je mehr Herr Templone vereinsamte, desto schärfer beobachtete er. Oft lag er abendelang hinter seinen Mauern und lauschte hinüber in die fremden Gärten und versuchte zu verstehen, was dort gesprochen wurde, warum dort so grell und so laut gelacht wurde. Daß nämlich sehr laut gelacht, aber nur sehr leise gesprochen wurde, das bestärkte Herrn Templone in seinen Ahnungen, daß sich etwas vorbereitete, was gegen ihn gerichtet war, gegen alle Besitzer, die noch aus der Zeit vor dem Kriege übriggeblieben waren. Templone beschloß, seine Tochter, sich und seinen Besitz zu verteidigen. Zuerst versuchte er, die Altansässigen zu einigen: jeder sollte mit seiner Unterschrift schwarz auf weiß versprechen, seinen Besitz nicht ohne Einwilligung der anderen zu verkaufen, kein Fremder sollte sich ohne die Genehmigung aller Ansässigen ins Viertel einkaufen dürfen. Aber die Zeiten nach dem Krieg waren so verwirrt und so voller unvorhersehbarer Ereignisse, daß der und jener Hals über Kopf verkaufen mußte, ohne sich noch an ein Versprechen halten zu können. Und Templone hatte keine Macht, jemanden zu zwingen, ein Versprechen zu halten. Einer nach dem anderen zog weg, alle Beschwörungen Templones blieben fruchtlos. Man warf ihm Egoismus vor, sagte ihm ins Gesicht, daß jeder im Staate die Freiheit habe, sich zu bewegen, wohin er wolle, empfahl ihm, er möge doch seinen Besitz auch verkaufen, es zwinge ihn ja niemand hierzubleiben. Templone aber war der Meinung, man müsse das Viertel halten, weil es doch offensichtlich geworden sei, daß die neuen Käufer unter einer Decke stünden, daß wahrscheinlich eine Organisation am Werke sei, das Villenviertel Bernau planmäßig zu erobern, eine ausländische oder staatsfeindliche Organisation gar! Und da dürfe man nicht weichen, nicht nachgeben, der Grundbesitz verpflichte zum Aushalten! Umsonst, umsonst! Einer nach dem anderen verkaufte. Und als man gar davon sprach, daß das Verkaufen nicht mehr so glatt ging, daß gewisse Käufer sich frech und schamlos darauf berufen hätten, daß dieses Viertel gewissermaßen ein verlorenes Viertel sei, daß sie genau wüßten, wie sehr den Villenbesitzern daran gelegen sei, von hier wegzukommen, und als es gar vorgekommen sein sollte, daß ein Käufer vor einer Verhandlung laut lachend aufgestanden sei, das Haus verlassen habe mit dem Ruf, er werde die Villa in absehbarer Zeit auch umsonst haben können, ohne einen Pfennig Geld, da waren viele Villenbesitzer nur noch darauf bedacht, für sich allein zu handeln und ohne Benachrichtigung der Nachbarn so rasch als möglich zu verkaufen. Es wurden nicht einmal mehr Abschiedsbesuche gemacht. Eines Morgens merkte man, daß in der Nachbarvilla neue Gesichter auftauchten, dann wußte man, wieder hatte einer verkauft. Einige inserierten in großen ausländischen Zeitungen, weil sie fürchteten, es habe sich auf dem inländischen Immobilienmarkt schon herumgesprochen, wie in Bernau die Villen verschleudert wurden. Aber drei, vier Besitzer hatte Templone immer noch zu halten vermocht! Er hatte ihnen zu guter Letzt bewiesen, die Panikstimmung, die sich in Bernau verbreitete, sei wahrscheinlich nur die Machenschaft einer großen Immobilienfirma, die auf diese Weise ein ganzes Viertel zu lächerlichen Preisen aufkaufen wolle. Templone glaubte nicht alles, was er seinen Freunden vortrug. Auch ihm war es nicht ganz angenehm, in einem Haus zu wohnen, das, wenn man es verkaufen wollte, keinen Wert mehr hatte. Er und seine Freunde waren zu sehr daran gewöhnt, daß die Annehmlichkeiten ihres Villendaseins, daß ihr Selbstbewußtsein und ihre Sicherheit letztlich darauf beruhten, daß sie auf wertvollen Besitzungen lebten, auf teurem Grund und Boden, teuer, nicht bloß zum Verkaufen, sondern teuer, um darauf zu leben.

Ja, es war schon ein arger Widerstreit in jedem Besitzerhirn, und es bedurfte großer Anstrengungen, die Freude an der Villa und am Garten aufrechtzuerhalten, wenn man wußte, daß alles täglich wertloser wurde. Templone beschloß die Reden an seine Freunde immer mit dem Satz: »Ja, wenn die Luft schlechter würde, wenn die Blumen ihre Farben, die Tannen ihr Grün verlören und die Mauern abzubröckeln begännen, dann wäre es höchste Zeit, zu verkaufen. Aber was kümmern sich die Blumen, die Tannen und die Mauern um die Grundstückspreise? Einen Dreck! Also werden wir das gleiche tun und unseren Besitz genießen, ohne an die Zahlen der Spekulanten zu denken.«

Da seine Freunde wußten, daß Templone sein Vermögen mit Grundstücksspekulationen erworben hatte, glaubten sie ihm und blieben vorerst noch in Bernau, mieden aber die neuen Nachbarn mit Vorsatz und Plan, als wären die lauter Aussätzige.

Templone sorgte dafür, daß man sich untereinander häufiger traf, Feste feierte, musizierte und die alten Freundschaften vorsätzlich vertiefte. Seine Tochter Klara, ein stilles zartes Fräulein von achtunddreißig Jahren, unterstützte ihn in allen seinen Unternehmungen. Beide hatten Jahre hindurch ein recht zurückgezogenes Leben geführt; feste, anscheinend ganz unumstößliche Gewohnheiten hatten sich entwickelt. Vater und Tochter sahen sich nur zweimal am Tage, beim Frühstück und beim Mittagessen, danach nahm jeder seine Route auf, die ihn durch das ganze Haus führte, aber so, daß sich die Wege der beiden an diesem Tag nicht mehr kreuzten. Templone pflegte vom Mittagstisch aufzustehen, einen Gruß in die Serviette zu murmeln und gleichzeitig den Stuhl, auf dem er gesessen hatte, ganz dicht an den Tisch zu rücken; dann ging er in die Bibliothek, um alte Zeitungsbände durchzublättern. Seine Bibliothek bestand ausschließlich aus gebundenen Zeitungen der letzten fünfzig Jahre. Er hatte begonnen, diese Zeitungen vom ersten Jahrgang an noch einmal durchzuarbeiten; vor allem die Seiten, auf denen die Wirtschaftsberichte standen. Seine Tochter Klara wußte, daß ihr Vater zwei Stunden bei den Zeitungen bleiben würde. Sie hatte also zwei Stunden Zeit, im Garten herumzugehen, ohne Gefahr zu laufen, auf ihren Vater zu treffen. Mit weit ausgreifenden Schritten ging sie über die hintere Terrasse in den Garten, in einer geraden Linie quer über die Wiese bis zum ersten Blumenrondell; da blieb sie ruckartig stehen, als sehe sie diese Blumenanlage zum ersten Mal, beugte sich über die Blüten oder, wenn es Herbst und Winter war, legte die Hand auf die blattlosen Ranken und Zweige und reckte den Kopf hoch, daß der hagere Hals sich weit aus dem nüchternen Kragen dehnte; so blieb sie lange stehen, lächelte wie in Erinnerungen und dachte in jeder Sekunde daran, daß sie sich sinnvoll benehmen müsse, weil ihr vielleicht jemand zusehe; sie hatte immer das Gefühl, daß sie über eine Mauer hinweg oder durch einen Vorhangspalt beobachtet werde. Ohne dieses Gefühl hätte sie nicht leben können; die unablässig beobachtenden Augen waren für sie zur Verpflichtung geworden, sich sinnvoll zu benehmen. Sie war ängstlich darauf bedacht, von ihren Beobachtern in jedem Augenblick verstanden zu werden, weil sie die Beobachter nicht verlieren wollte; wenn sie nicht mehr das Gefühl gehabt hätte, daß ihr immer jemand zuschaute, hätte sich die Einsamkeit von den hohen Zimmerdekken der Villa, von den dunklen Flurwänden und von den ausgedorrten alten Bäumen herabgestürzt auf sie und sie erdrückt, erwürgt, sofort getötet. Nur von ihrem Vater wollte sie nicht gesehen werden. Der hätte vielleicht Fragen gestellt. Vielleicht hätte er ihr Benehmen sogar sonderbar gefunden.

Wenn Herr Templone seine Zeitungen gelesen hatte – was er übrigens mit dem gleichen gierigen Interesse besorgte, wie wenn die Zeitungen gerade erst am Vormittag ins Haus gekommen wären –, wenn er das hinter sich hatte, legte er sich einen Mohairshawl um und wanderte in den Ostflügel seiner Villa, beging Zimmer um Zimmer, prüfte die Fenster, die Beleuchtung, die Schrankschlösser und den Inhalt vieler Schubladen. Klara aber schlüpfte durch eine enge Souterraintür in den westlichen Flügel des graugelben Gebäudes und arbeitete sich durch die Gänge und Zimmer, die in diesem Teil des Hauses lagen; sie hatte in jedem Zimmer etwas zu besorgen, und sie wußte allen ihren Besorgungen einen Anschein von Notwendigkeit zu geben. Sie nahm an einem Tag alle Bilder in allen Zimmern von den Wänden und hängte sie in anderen Zimmern auf. Weil nun die Bilder sehr verschiedene Ausmaße hatten und weil die Tapeten an den Stellen, an denen Bilder gehangen hatten, noch von viel frischerer Farbe waren, sah sie am nächsten Tag sofort, wenn ein kleines Bild in einem größeren Rechteck frischfarbiger Tapete hing, sah also, daß sie unbedingt und sofort wieder korrigieren mußte. Dann sprang sie munter und aufgeregt solange zwischen den Zimmern hin und her, bis wieder alle Bilder am rechten Platz hingen. Dann war es meistens schon Dämmerzeit. Das war die Stunde, wo ihr das ganze Haus gehörte, weil ihr Vater im Zwielicht den Garten besuchte. Klara benützte diese Zeit zu überraschenden Besuchen kreuz und quer durchs ganze Haus. Sie tat so, als wolle sie ihren Beobachtern entkommen, aber immer wenn sie annehmen durfte, daß sie jetzt alle Verfolger abgeschüttelt hatte, wartete sie mitten in einem langen Flur, zündete alle Lichter an und lenkte die Beobachter durch lautes Singen wieder auf ihre Spur. Hörte sie dann ihren Vater über die Hinterterrasse das Haus betreten, flüchtete sie rasch in ihre eigene Wohnung, die aus drei Zimmern bestand, mit Küche und Bad. Rasch verschloß sie alle Zugänge, zog sich aus und badete sich, weil sie sich auf ihren Wanderungen durch die vielen Zimmer, in denen die Vergangenheit nistete, über und über mit Spinnweb und Staub bezogen hatte. Das Bad dehnte sie bis tief in die Nacht hinein, weil sie das Gefühl hatte, daß ganze Galerien von Zuschauern abzufüttern waren. Nur an Festtagen ging Klara abends noch einmal zu ihrem Vater hinunter, setzte sich neben ihn, bereit, die eine oder andere frostige Zärtlichkeit von ihm entgegenzunehmen.

So zirkulierten die beiden seit Jahren sanft und gleichmäßig wie die Ströme einer Warmluftheizung durch ihr großes Haus. Aber als rundum die neuen Nachbarn auftauchten, änderte sich alles. Templone brauchte seine Tochter. Und Klara ließ ihren Vater nicht im Stich. Sie band ihr bis dahin wildverwehtes Haar in einen strengen Knoten, zog wärmere Unterwäsche an und spielte auf dem Flügel hektische Märsche. Zuerst wurden nach allen Seiten reichende Beobachtungsstände eingerichtet. Sorgfältig bauten sie Fernrohre auf, drapierten sie mit Vorhängen, umgaben sie zur Tarnung mit harmlosen Vogelkäfigen, Blumentöpfen, Hirschgeweihen, Garderobeständern und verblichenen Gobelins. Abwechselnd hielten sie nun Wache, rannten von Fernrohr zu Fernrohr, um die Gewohnheiten und Geheimnisse ihrer neuen Nachbarn kennenzulernen, um gewappnet zu sein gegen alle Überraschungen, die sich jenseits ihrer Gartenmauern vorbereiten konnten. Und abends schlich Herr Templone in gebückter Haltung, seine Tochter an der Hand hinter sich herziehend, zur Gartenmauer, verbreiterte die glitzernde Spur der Glasscherben auf der Mauerkrone, säte Eisenhaken und scharfe Blechschnitzel nach einem von ihm selbst gezeichneten Plan und preßte sein Ohr und das seiner Tochter gegen das rauhe Mauerwerk, um aus dem Wortgeschwirre und laut aufbrausenden Gelächter jenseits der Mauer seine Schlüsse zu ziehen. Nun hatte Herr Templone – was er früher immer abgelehnt hätte – sogar einen Untermieter aufgenommen, hatte ihm eine ganze Etage im Westflügel der Villa überlassen, zu einer lächerlich geringen Miete übrigens, bloß weil er ein Beispiel geben wollte, wie man sich in diesen Tagen zu verhalten habe; Professor Priamus, der neue Untermieter, war nämlich eine Art Opfer jener Ereignisse, die Herrn Templone so arg beunruhigten. Er hatte seit Jahrzehnten eine Villa bewohnt, die ihm nicht gehörte. Der Besitzer, der sich die meiste Zeit im Ausland aufhielt, hatte aber wahrscheinlich von seinem Verwalter erfahren, wie es um die Grundstücks- und Villenpreise in Bernau stand, und hatte nichts Besseres zu tun gewußt, als kurzerhand seinen ganzen Besitz zu verkaufen. Professor Priamus hatte dem Besitzer lange handgeschriebene Briefe geschickt, hatte sie an die Hotels adressiert, in denen sich allem Vernehmen nach der Besitzer gerade aufhielt, hatte auch den Vermerk »Wenn abgereist, bitte nachschicken« nicht vergessen, aber sei es, daß jener Herr mit einer von der Post nicht mehr zu erreichenden Geschwindigkeit von Hotel zu Hotel reiste, sei es, daß er gar nicht antworten wollte, auf jeden Fall hatte der Professor auf keinen seiner Klagebriefe eine Antwort bekommen. Er mußte die Villa räumen. Da hatte Templone eingegriffen und hatte den Professor und seine elftausend Bücher und seine verblichenen Papierbündel bei sich aufgenommen und die einem gestorbenen Raubvogel ähnelnde Haushälterin auch. Professor Priamus, der die letzten Jahre hindurch kaum von seinen Papieren aufzublicken die Zeit gehabt hatte, nahm seine wissenschaftlichen Arbeiten im Hause Templone sofort wieder auf. Aber Herrn Templone gelang es, den alten Professor einmal zwei Nachtstunden hindurch von seinen Papieren abzuziehen und ihn auf die Gefahren, die ringsum drohten, aufmerksam zu machen. Der Professor lächelte zwar jahrhunderttief vor sich hin, versprach aber doch, Herrn Templone einmal auf einem Erkundungsgang zur Gartenmauer zu begleiten. Als Klara und ihr Vater ihn immer wieder dazu drängten, schlich er tatsächlich eines Abends mit an die Gartenmauer, aber weil er den unebenen Gartenboden nicht gewöhnt war, stürzte er einige Male so empfindlich, daß er die Gartenmauer nicht erreichte; mit Hilfe der Haushälterin mußten sie ihn, der jammernd und kaum noch atmend in ihren Armen lag, in seine Arbeitsstube hinauftragen, mußten ihn verbinden, seine arg zerschundenen zarten Glieder bandagieren und ihn auf seinen hartnäckigen Wunsch gleich wieder an den Schreibtisch setzen, wo er auch sofort wieder zu lächeln begann und gleich darauf bat, man möge ihn jetzt bitte nicht noch einmal stören, weil er am letzten Kapitel des dritten Bandes seiner

Geschichte der Vandalenzüge zu arbeiten habe. Da begann auch schon die Haushälterin, Templone und Klara hinauszudrängen, an der Tür zischte sie ihnen noch nach. Templone war enttäuscht, schloß sich noch enger mit seiner Tochter Klara zusammen und begann mit seinen zwei letzten Freunden regelmäßige Sitzungen zu veranstalten, zu denen er auch Professor Priamus mit Gewalt aus seinen Papieren herauszog. Templones Freunde waren alte Herren wie er selbst, schlappbäuchig, die Gesichter durch Fältelung zu stetem Grinsen verzerrt; aber Templone trug nicht, wie sie, versabberte Westen und fleckige Hosen, er war auch zarthäutiger und schöner als sie, denn er war nicht lange verheiratet gewesen, während sie zu jeder Sitzung noch ihre Frauen mitbrachten, alte Wesen, in bläßliche Rüschen und Volants verpackt, flache kleine Körper, von endlosen Perlenschnüren unregelmäßig gefesselt. Obermedizinalrat der eine, der andere: Hofrat und ehemaliger Kammersänger. Templone ließ immer viel Alkohol servieren, um die Sitzungen fröhlich zu machen. Klara mußte sich an den Flügel setzen, der Hofrat und Kammersänger mußte sich dazustellen, alle anderen hatten ihre Stühle dem Musikzentrum zuzudrehen, hatten ihre Gläser vors Gesicht zu halten, ein »Prosit« auszubringen und dann andächtig zuzuhören, was die mißhandelten Stimmbänder des Hofrats und Kammersängers unter der grellen und gierig sich vordrängenden Begleitung Klaras noch hergaben. Herr Templone inszenierte diese Sitzungen so geräuschvoll als möglich, riß dazu noch Fenster und Türen auf, weil er Wert darauf legte, daß die neuen Nachbarn jenseits der Gartenmauern hörten, daß es auch bei ihm hoch hergehe, daß man auch in den Häusern der Alteingesessenen noch übermütig und voller Lebenslust sei, ein Zeichen dafür, daß man sich noch lange nicht unterkriegen lasse. Darum erzählte der zartgebaute Finanzier Templone, der sein Leben lang ein stiller und vor sich hinlächelnder Mensch gewesen war, jetzt vor allen seinen Gästen die gewagtesten Geschichten und Witze, die er sich aus den alten Zeiten extra zu diesem Zweck heraussuchte; und wenn das Gelächter, der brechende Diskant der zwei alten Damen, das Gekrächze der Haushälterin des Professors – nie hätte er früher eine solche Person in seinem Salon ertragen, jetzt war sie ihm zur bloßen Geräuschverstärkung als schrilles Instrument geradezu willkommen –, dann die hüstelnden Baßstimmen seiner zwei Freunde und das schüttere Stimmchen des Professors und die harte Fistelstimme seiner Tochter, wenn dieses Stimmenaufgebot nicht ausreichte, um die Fröhlichkeit seines Hauses auch noch in der Nachbarschaft hörbar zu machen, so brachte er es über sich, nach seinen Geschichten selbst in ein sich grell überschlagendes Gelächter auszubrechen, das er, auf- und abschwellend, so lange aus seinem Munde preßte, als er auch nur noch ein Quentchen Luft in den Lungen hatte. Verständlich, daß ihn das sehr anstrengte. Er schämte sich auch, weil es ihm zutiefst fremd war, sich so aufzuführen – aber er wagte es nicht, seinen Gästen den Sinn dieser Sitzungen, den Zweck seines eigenen, oft peinlich übertriebenen Gebarens mitzuteilen. Er wollte doch beweisen, daß es immer noch eine Lust war, in Bernau zu leben.

Mit Schrecken bemerkte er, daß seine Tochter Klara dabei auf eine sonderbare Art aufzublühen begann. Sie trank bei diesen Gesellschaften mehr als alle anderen, sie begann mitzusingen, wenn sie den Kammersänger begleiten sollte, und was noch viel, viel schlimmer war, sie begann den alten Professor Priamus zu umwerben, und was das Schlimmste war, der kam ihren Werbungen entgegen, flirtete mit ihr auf eine Weise, daß Herrn Templone das Blut in den Adern rückwärts lief. Aber er mußte ja dankbar sein, daß Klara lauter war als je zuvor, daß das schüttere Stimmchen des Professors durch diesen späten erotischen Frühling auf eine Weise zu quieksen begann, daß es weit über die Gartenmauer hinweg Zeugnis gab von der Lebensfreude der Alteingesessenen, und darauf kam es Templone, dem Feldherrn dieses Kampfes, an. Aber je lauter Klara und der Professor wurden, desto stiller wurden die anderen, sahen einander an und schwiegen, sahen zu Templone hin, und der errötete. Es kam soweit, daß Klara und der Professor gar nicht mehr zu den Sitzungen erschienen, sie sperrten die Haushälterin aus, empfahlen ihr, sie möge in Zukunft den Haushalt Templones besorgen, Klara werde für immer bei Professor Priamus bleiben. Als Templone selbst an der Tür klopfte, dann rüttelte und pochte und schlug, antworteten sie ihm von drinnen mit den unanständigsten Lauten. Mit so unverhüllter Schamlosigkeit verrieten sie durch die Tür hindurch, was sie taten, daß Templone abermals errötete und in seine Bibliothek hinunterging und seine Gäste heimschickte und ihnen zum Abschied noch sagte, sie sollten tun, was sie wollten, verkaufen oder nicht verkaufen, er wisse auch nicht mehr, was zu tun sei.

Aber als die Gäste fort waren, raffte er sich noch einmal auf. Er fuhr in die Stadt und kaufte sich einen

Schallplattenapparat und einen Koffer voller Geräuschplatten. Die ließ er jetzt pausenlos laufen, bei offenen Fenstern und Türen. Ab und zu prüfte er von seinen Beobachtungsständen aus, wie die Nachbarn auf die Geräuschplatten reagierten. Er spielte »Stimmendurcheinander«, »Theaterbeifall«, »Kindergarten«, »Schulhof« und sogar »Fußballplatz« ab. Aber die Nachbarn reagierten nicht darauf. Sie spielten weiterhin ihr leichtfertiges Tischtennis, lagen in grellfarbigen Liegestühlen, tuschelten und lachten und kümmerten sich nicht um ihn. Templone gab nicht nach, er hatte es sich jetzt angewöhnt, von morgens bis abends Geräuschplatten zu spielen, schon um die Geräusche, die der Professor und Klara in der Etage über ihm bei weitgeöffneten Fenstern vollführten, nicht hören zu müssen.

Manchmal, wenn er die Nadel mit seinen zittrigen Händen nicht mehr auf die Platte zu setzen vermochte, wenn sie wieder und wieder am Plattenrand vorbeistieß und den Velours des Plattentellers zerriß, wenn er die Haushälterin dazurufen mußte, wenn auch deren totenbeinige Hände immer wieder versagten, dann ließ er sich im Sessel zurücksinken und träumte, er habe in der Sonntagsausgabe der *New York Times* ein ganzseitiges Inserat aufgegeben, aber so verschlüsselt, daß jene Organisation, die nach seiner Ansicht an der Eroberung Bernaus arbeitete, nicht bemerken konnte, daß hier ein Bernauer Besitztum angeboten wurde. Dann träumte er davon, daß ein Herr käme, vielleicht würde er Mister Berry heißen, ein Vierzigjähriger von so auffallender Geschmeidigkeit, daß Templone sofort erkannte: das war ein Geschäftsmann, wie er es zu seinen besten Zeiten nicht gewesen war.

Einen Augenblick würde er, Templone, dann kraftlos zurücksinken, würde Mister Berry seine Villa hinwerfen, weil er sich für einen Handel mit einem so vor Stärke glänzenden Makler nicht mehr gewachsen fühlte; und Berry würde instinktiv nachrücken, würde seine prächtig formulierten Sätze mit der Tigerwitterung des großen Geschäftsmannes im rechten Augenblick in die wehrlosen Ohren des alten Templone schieben, wahrscheinlich würde seine Aussprache fremdländisch und betörend sein, bis er dann plötzlich zu lachen begänne ... Templones Traum erregte sich an dieser Stelle, benahm ihm den Atem, was sagte Mister Berry da: bitte sterben Sie nicht ausgerechnet in diesem Augenblick, Herr Templone, ich habe eine Reise gemacht, um Sie zu sehen, Sie, den letzten der Alteingesessenen, den hartnäckigsten. Man hat mir viel von Ihren rührenden Versuchen erzählt, ja, ich bin der Chef der Gesellschaft, die Bernau aufkauft, ja, ich habe oft recht lachen müssen über Sie, Herr Templone, aber ich habe das Theater, das Sie aufführten, um der letzte zu sein, auch bewundert. Ein Mann wie Templone verkauft nur als erster oder als letzter. Als erster bekam man einen guten Preis, dann ging's abwärts, die einzige Chance war, der letzte zu sein, das weiß ein Fachmann vom Range Templones, er weiß, daß die Gesellschaft keine Ewigkeit warten kann, daß sie erst richtig anfangen kann, ihre Pläne in Bernau zu verwirklichen, wenn auch Templone verkauft hat, also wird sie den letzten gut bezahlen. Klug gedacht, Templone! Aber die Gesellschaft wußte ja, daß Templone ein Fachmann ist, daß man ihm nicht mit den Druckmittelchen kommen konnte, denen die anderen erlagen, nachts Lastwagen vor dem Haus halten lassen, Scheinwerfer, die die Fassaden abtasten, Metallgeräusche und Gelächter hinter hohen Mauern, das zieht nicht bei Templone, Templone muß man allein lassen, denn ein Mann wie Templone kann nur von sich selbst zur Strecke gebracht werden, soweit wäre es also, nicht wahr, Herr Templone …

Templone wachte aus solchen Träumen immer ganz erschöpft auf, kaum noch fähig, sich bis ans Fenster zu schleppen, um zu sehen, ob nicht doch ein Herr draußen stehe, der ihn sprechen wolle, ein Mister Berry vielleicht. Aber niemand wollte ihn sprechen. Kein Wort fiel mehr in Templones Haus. Auch die Geräusche in Professor Priamus' Räumen hatten aufgehört. Vielleicht hatte er sich von Klara getrennt, um weiterzuschreiben am vierten Band seiner *Geschichte der Vandalenzüge*. Vielleicht waren er und Klara dem Staub zum Opfer gefallen, den Spinnen, der Unordnung ihres Betts oder gar ihrer eigenen Gier. Auch die Haushälterin arbeitete nicht mehr für Templone. Sie blieb im Bett liegen und trommelte unablässig mit ihren Beinfingern gegen das Holz des Bettgestells. Er hörte es bald nicht mehr. Er versank in einer Ecke seiner Bibliothek: einer der großen schweren Zeitungsbände war über ihn gefallen, als er im untersten Fach des Regals etwas gesucht hatte, das riesige Buch hatte sich geöffnet, hatte ihm den Kopf und den Nacken niedergedrückt, auf den lange nicht mehr gereinigten Teppich, Templone hatte in der Anstrengung, sich zu erheben, den Mund geöffnet, war mit offenem Mund wieder auf den Teppich niedergebrochen, hatte noch gespürt, wie ihm Haare, Staub und Faserzeug in die Mundhöhle drangen, trocken, scharf und stechend, dann hatte er sich nicht mehr gewehrt, war liegengeblieben unter dem großen schweren Buch, hatte mit den Augen die Stelle des Teppichs, die er noch sehen konnte, wieder und wieder abgetastet, bis er nichts mehr sah und nichts mehr spürte.

Der Gasmann, der ja sein monatliches Geld haben muß, kam später dazu und holte gleich die Nachbarn von links und rechts. Die besahen sich alles und sorgten für die Beerdigung des alten Herrn, der zwischen ihnen gelebt hatte, unverständlich wie ein Stein. Aber sie trugen es ihm nicht nach, daß er nie gegrüßt hatte, wenn man ihm begegnet war.

(1955)

ARNO SCHMIDT

Nachbarin, Tod und Solidus.

Blaßgrünes Gesicht, mit schwarzer Mundschleife lokker zugebunden – so sah es wenigstens bei Mondlicht aus, morgens um fünf. Ich hatte wieder nicht schlafen können, und war ans Fenster getreten : rechtwinklig dazu, in ihrem Erker, stand die Nachbarin, Kriegerwitwe; wir hatten noch nicht miteinander gesprochen.

(Ingebartels, Ingebartels, Ingelbartels, sagte die Uhr hinter mir mehrfach den Namen, und lachte dann flämisch auf : ho ho ho ! : also 4 Uhr 45. Ein schwarzes Auto auf schwarzer Straße; seine Vorderpfoten schaufelten unermüdlich. Auch ein unsichtbares Motorrad sprudelte auf, und zog dann die kleiner werdenden Schallperlen hinter sich her).

Ich öffnete mein Fenster; auch ihre Hand begann gemessen vor sich zu nesteln, und wir schoben uns jeder in seine Öffnung : war sie auch herzkrank ? (Ich war zwar erst neu eingezogen; aber ich bin dann bei solchen Gelegenheiten sehr direkt – warum auch nicht ? Das Leben ist ja so kurz !).

»Wir können beide nicht schlafen.« stellte ich also pyjamaleis fest (und grammatisch=raffiniert : Wir ! Beide ! : wenn *das* nicht suggestiv wirkt ? !). Sie war aber auch stark; sie neigte kurz den Kopf, und beschäftigte sich dann weiter mit dem Mond, der, abgewetzt, über dem alten Friedhof steckte. Leider waren dort im Osten auch einige Morgenwolken, strichdünn (obwohl mir zu undulatorisch; gerade sind reinlicher). »Die Wolke gefällt mir !« entschied sie mit kühnem Unterkiefer.

Darf man bei einer so jungen Bekanntschaft schon widersprechen ? Ich beschloß ‹Nein›; und wurde glücklicherweise jeder Antwort überhoben durch den Pfiff der Eisenbahn vom Ostbahnhof her : so heult ein Tiergeist auf seiner Wanderung vom Allein zum Allein ! Er stöhnte fleißig und kalt, wie diese Fremdstimmen im Schornstein (man hört das manchmal in unserem Haus : ist dergleichen eigentlich vom Architekten berechnet, oder purer Zufall ? Ein kluger Hauswirt könnte inserieren : ‹Besonders romantisches Ofengeheul : 5 Mark Miete mehr !› – aber so klug *ist* gottlob noch kein Hauswirt !). Noch einmal schwebte der Ebenholzdiskus des Pfiffes heran, bald Kante, bald Scheibe (während es unter ihm mit schwarzer gesenkter Stirn durch die Wälder in Richtung Aschaffenburg stürmen mochte. Blind).

»Ich finde den Gedanken an den Tod viel tröstlicher, als den an ein ewiges Leben« sagte ich; und sie nickte, zutiefst überzeugt : wenn man zweimal Krieg mitgemacht hat, plus Flüchtling, plus Inflation – – der lange Mund glitt ihr verächtlich im Gesicht herum : Nee ! Ewiges Leben ist nichts für Jahrgang Firrzn.

Der Mond ? : Der Himmelsstaub um ihn war inzwischen schon leicht rosig geworden; er also farbenlehrengetreu ein fades Weißgrün – ich wandte mich ab, im umgekehrten Uhrzeigersinne linksum, und holte als Beleg die Münze :

»Nein ! Ein Goldstück !« : ein Solidus Kaiser Justinians (527–65; der Onkel konnte den eigenen Namen nicht schreiben : er unterzeichnete mit Hilfe einer Schablone, und man mußte ihm *noch* die Hand dabei führen : ‹Obrigkeit› !). Woher ich ihn hatte ? : Vom Großvater, zur Konfirmation. Sie lehnte sich mit interessiert geöffneten Augen weiter vor, und unsere Gesichter schwebten hoch über der entleerten Straße (: ‹Einander›).

»Mein Großvater war Sammler. Begeistert, leidenschaftlich, ruchlos, wie solche Menschensorte ist. Arzt in Fiume, 1860. Eines windigen und kühlen Abends klopft es an seine Tür : ein breitgewachsener Fremder geht ächzend herein, die Hand auf dem Magen. ‹Was steht zu Diensten ?›. Und der Ratlose bekennt : er sei nach langer Orientreise glücklich bis Griechenland gekommen; sein Schatz an gesammelten antiken Goldmünzen durch den scharfen Zoll gefährdet : er verschluckte im Hafen von Hagion Oros zwanzig seiner rarsten Stücke. Seitdem sei er drei Tage, auch nachts, ohne Aufenthalt gereist; aber die Schmerzen überwältigten ihn : Hilfe ! ! – Mein Großvater, selbst Numismatiker hohen Grades, betastete fachmännisch=tükkisch murmelnd und gierigen Auges den Magen des Geängsteten – noch ein abscheulicher Griff ! – dann unerbittlich : ohne Operation sei der Tod binnen dreier Stunden unvermeidlich ! Der Franzose verdrehte die Augen. Mein Großvater gab das gigantische Abführmittel für eine mitleidige Morphiumspritze aus, und wetzte dekorativ Messer um Messer – zur ‹Operation› ! Fragte auch beiläufig, ob unter den antiken Münzen solche des byzantinischen Kaiserreiches befindlich ? Der Reisende, entsetzt zwischen todweißen Laken und drohenden Metallzungen ging auf jede Bedingung ein : nach gelungener ‹Operation› sollte mein Großvater zehn der raren Stücke wählen können.«

Langsames Nachbarinnengelächter, aus abgerundeten Schultern heraus, während sie sich die Situation nach und nach illustrierte. Noch ein Blick zum Mondgroschen : »Ja und ?«.

»Mein Großvater gab dem Fremden noch eine Tasse Opium ein; entleerte ihm während des anschließenden Betäubungsschlafes den Magen=Darmtrakt, und wühlte beglückt in dem Gemünz herum – noch war *die* Möglichkeit, dem Reisenden eine Ader zu öffnen, und ihn ‹während der Operation› verscheiden zu lassen : zwanzig seltene Stücke ? ! Mein Großvater kämpfte lange und schwer; endlich siegte ein unvermuteter Rest Menschlichkeit; er ließ den Fremden erwachen, und teilte den Raub mit ihm. – *Ein* Stück allerdings behielt er sich vorab : eine Münze der Thrakerstadt Bizye, ein Unikum : Artemis in archaisch=steifer Manier, eine Fackel in der Hand, vor ihr der Hirsch. – Der Fremde, des ewigen Verlustes wohl gewahr, lud ihn bei der Abreise unter Verwünschungen vor das Gericht Gottes – aber daran glauben Sammler nicht. Nutzlos.«

»Und von diesem Großvater haben Sie das Goldstück geerbt ?«. Nicht geerbt; zur Konfirmation. »Und die Artemis=Münze ?«. Hat niemand wieder gesehen; wahrscheinlich nahm er sie mit ins Grab. Ja. Sammler.

Ja. Wir verglichen den sinkenden Mond noch kurz mit einer Eierschale; einem Baseball aus Ziegenleder; einer Aspirintablette. Wir lehnten von da ab ziemlich regelmäßig in unsern Fenstern; erzählten uns schlaff voneinander; und warteten weiter auf den Tod.

(Februar 1956)

ALFRED ANDERSCH

Mit dem Chef nach Chenonceaux

Für den Fahrer hatte Herr Schmitz als ersten Gang eine ›Terrine du Chef‹ bestellt – »Sie essen doch gern 'ne Suppe vorher, Jeschke!« –, aber man servierte zu ihrer Überraschung eine kalte Platte aus Geräuchertem, Wurst und Gänseleberpastete; der Garçon, vom Doktor herbeigerufen, erklärte in miserablem Deutsch, die befrackten Achseln leicht angehoben, dies sei in der Tat das Gewünschte. »Terrine«, grollte Herr Schmitz, »ich hätte geschworen, das wär 'ne Suppe!« Sie sprachen alle drei nicht Französisch, Herr Schmitz, der Fahrer und Doktor Honig, Französisch war des Doktors große Bildungslücke, aber Herr Schmitz hatte, als er ihn engagierte, großzügig erklärt: »Ist auch unnötig, der französische Markt ist für uns nicht interessant, Textil können die selber, da machen wir keine pöblik reläsch'ns« (er hatte ›pöblik‹ gesagt und »relations‹ mit einem Kehlkopf-R ausgesprochen) – doch gerade weil er sich an dieses Zugeständnis erinnerte, empfand Doktor Honig es jetzt als Manko, daß er seinem Chef nicht behilflich sein konnte.

Jeschke, hager und schwärzlich, sicherlich überzeugter Kartoffelesser, musterte finster die Platte, gab aber nach einigen Versuchen zu, die Leberwurst sei ausgezeichnet, was angesichts seiner sonstigen Schweigsamkeit bemerkenswert war und Herrn Schmitz veranlaßte, seinen Appetit nicht weiter zu zähmen und sich Proben aus Jeschkes Horsd'œuvre zu fischen; er forderte auch den Doktor auf, Jeschke zu entlasten, aber

Honig zog es vor, seine Weinbergschnecken abzuwarten und, bis sie kamen, den beiden Männern zuzusehen: dem steif aufgerichteten dürren Jeschke, der keinen Knopf seiner grauen Livreejacke öffnete und mit der Gabel von oben her im Aufschnitt stockerte, und dem in gesundes festes Fett verpackten Herrn Schmitz, der halb über seinem Teller lag und es fertigbrachte, zu reden, fast unablässig und dabei ganz gescheit zu reden, und dennoch intensiv und genießerisch zu essen, nicht etwa wie ein dicker Mann – auf eine so einfache Formel war es nicht zu bringen –, sondern ein Mann, der sich viele Jahre hindurch sorgfältig und nur vom Besten ernährt hatte, was, wie der Doktor überlegte, etwas ganz anderes ist als ein Mann, der sich vollfrißt. Übrigens hatte Herr Schmitz, ehe sie in die ›Anne de Beaujeu‹ eintraten, den Doktor gefragt, ob er sich sozial deklassiert fühle, wenn der Fahrer mit ihnen esse, und Honig hatte geantwortet, es sei schon eine ziemliche Zumutung, aber er wolle sich damit abfinden. Herrn Schmitz konnte, ja mußte man ironische Antworten geben, er haßte glatte Zustimmung – »Ich mag keine Ja-Sager um mich« –, und das war es, was den Umgang mit ihm erträglich, wenn auch ein wenig anstrengend machte.

Nach dem Essen fuhren sie über die Porte d'Orléans aus Paris heraus, in Herrn Schmitz' Dreikommazwo-Liter-BMW, Doktor Honig saß vorn neben dem Fahrer und Herr Schmitz hinten allein; die Polsterung war aus schwach zitronenfarbenem Leder, und Paris, draußen, hinter den Scheiben aus sorgfältig mit einem Kunststoffschwamm gereinigtem Sicherheitsglas, Paris war vergammelt, wie Herr Schmitz melancholisch meinte.

Gestern, in Versailles, war Herr Schmitz beinahe explodiert, als er den Zustand des Schlosses gesehen hatte. »Nee«, hatte er gemeint, »so vergammeln darf man dat Ding nicht lassen.« Er nannte das Versailler Schloß »dat Ding«. Der Doktor hatte etwas von delikater Patina gesagt, aber Herr Schmitz hatte den Einwand nicht gelten lassen. »Das ist keine Patina«, hatte er entgegnet, »das ist Dreck. Wenn die Leute wirklich ihre Geschichte erhalten wollen, dann müssen sie das Ding so erhalten, wie es von Ludwig dem Vierzehnten gemeint war, nämlich neu, dann muß es funkeln, als sei es gestern gebaut.« Der Doktor hatte an Herrn Schmitz' funkelnde krefelder Fabriken gedacht und innerlich »aha!« gesagt, aber obgleich er Herrn Schmitz' Ansicht so entwaffnend fand, daß ihm gar nichts dazu einfiel, machte er – denn Widerspruch mußte sein – dennoch ein paar Bemerkungen über Schönheit und Verwitterung, über Ästhetik und Geschichte. Herr Schmitz war unbeugsam geblieben. »Kann schon sein, daß Sie's schön finden, wie es ist«, meinte er, »aber nur, weil Sie sich nicht vorstellen können, wie's ausgesehen hat, als es neu war.« Und dann hatte er ausgepackt: er wußte alles über die Technik des Gebäudeanstrichs im Hochbarock; der Doktor hatte gestaunt.

Na, das kann ja heiter werden, dachte der Doktor, während sie Paris hinter sich ließen. Frankreich, gesehen mit den Augen eines Deutschen-Wunder-Mannes, der da hinter ihm saß, allein im Fond eines funkelnden schwarzen Autos, auf schwach zitronenfarbenem Leder, aber nicht nur im Autofond allein, sondern überhaupt von einem unbestimmten Air des Alleinseins umgeben, das er offenbar nur schwer ertrug, denn er hatte den Doktor zu dem verlängerten Wochenende mitgenommen, weil er Gesellschaft brauchte. Deshalb in erster Linie. »Kommen Sie«, hatte Herr Schmitz gesagt, »lassen wir die Koofmichs mal zu Hause, und machen wir uns ein paar schöne Tage!«, aber Doktor Honig wußte, daß er nicht als Begleiter ausgewählt worden war, weil Herr Schmitz ihn sympathischer fand als die anderen Herren seines ›Führungsstabs‹. Der Chef lebte ganz gern mit den Leuten zusammen, die er ›die Koofmichs‹ nannte, wenn er auch zu einer Schlösser- und Kathedralenfahrt lieber denjenigen seiner Mitarbeiter aufforderte, den er dafür bezahlte, daß er was von Kunst verstand. (»Von Form«, pflegte der Doktor zu widersprechen, wenn er Herrn Schmitz ein Plakat von Huegi vorlegte und der Chef es mit den Worten genehmigte: »Na, von Kunst müssen Sie ja mehr verstehen als ich« – aber er konnte es Herrn Schmitz nicht abgewöhnen, von Kunst zu sprechen, sowenig er sich dagegen zu wehren vermochte, daß die Kollegen, die ›Koofmichs‹ und die leitenden Ingenieure, ihn den ›Kunst-Honig‹ nannten.) Nein, Herr Schmitz fand ihn weder sympathischer noch unsympathischer als die anderen Leute seiner Umgebung, Herr Schmitz war allein, aber er war es ungern, er hatte keine Freunde, aber er brauchte Gesellschaft, man hatte keine Freunde, man hatte Domestiken, einen fürs Auto, dachte der Doktor, und einen für die Kunst, und man erzog sie sich zum Widerspruch, weil kein Erfolg möglich war in einer Welt, die zu allem, was man tat und dachte, ja sagte. Wenn man so erfolgreich war wie Herr Schmitz, so war man dazu verdammt, im Fond seines Autos allein zu sitzen.

Es blieb natürlich eine offene Frage, warum Herr Schmitz dann nicht lieber mit einer Frau reiste. Daß er nicht mit seiner eigenen Frau reiste, war ohne weiteres zu verstehen: Herrn Schmitz' Frau war eine Gattin; sie verließ nur ungern ihr mit falschem Chippendale eingerichtetes Haus. Merkwürdiger war schon, daß Freundinnen Herrn Schmitz nicht nachzuweisen waren. Jedesmal, wenn Doktor Honig über diese Seite des Wesens seines Chefs nachdachte, sah er unwillkürlich auf dessen Hände: sie waren kurzfingrig, aber feingeformt und von blasser, zarter Haut überspannt; sie paßten nicht zu dem wohlgenährten, erfolgreichen Körper des Mannes – oder waren sie seine Tastinstrumente, die Fühler seines Erfolgs? Nur eine fast unmerkliche Härte jedenfalls unterschied sie von Damenhänden.

An der Kathedrale von Chartres hatte Herr Schmitz nichts auszusetzen. Schade war nur, dachte der Doktor, daß sie eine halbe Stunde zu spät hinkamen, abends, als der späte Oktoberhimmel schon grau geworden war, so daß die große Fensterrose nicht mehr recht leuchtete. Und außerdem war es seit heute morgen eiskalt, der Wind war fast unerträglich, und der Doktor spürte, daß er einen schweren Schnupfen vor sich hatte, während er die Figuren am Portail Royal bewunderte. Er trachtete danach, schnell wieder ins Auto zu kommen, aber Herr Schmitz war unermüdlich; begeistert umrundete er den vom Wind umpfiffenen Bau. Das Hotel in Tours hingegen war, obwohl première classe, so offenkundig vergammelt, daß Herr Schmitz vor dem Anblick der grauen, vor Alter brüchigen Voilegardinen und der fleckigen Tischdeckchen in den Zimmern sofort in den Speisesaal flüchtete, ein Speisesälchen eigentlich, ein Eßkabinett, im Stil der Touraine gehalten und mit einem blitzenden, glühenden Grill ausgestattet. Sie aßen Rebhühner à la chasseur. Den ersten, vom Kellner empfohlenen Wein wies Herr Schmitz zurück, er war ein im Fond harter, nachträglich überzuckerter Loire-Wein, aber Herr Schmitz war kein naiver deutscher Tourist, dem man einen solchen Wein anbieten konnte, er war der Sohn eines Mannes, der an der Mosel einige ausgezeichnete Lagen besessen hatte, und der Kellner begriff sogleich, daß er keinen Parvenu bediente, und brachte einen leichten, trockenen Barsac – »Kellertemperatur, nicht auf Eis!« hatte Herr Schmitz befohlen –, der auf sanfte Weise in ihnen zu blühen begann, nachdem sie ihn eine Weile tranken. Herr Schmitz redete wieder, wieder sprach er fast unablässig und dabei ganz gescheit, diesmal über Weine, über deutsche und französische Weine, er wußte alles über Weinbau, Weinpflege, Weinstockbeschnitt, Weinhandel und Namensgebung. Der Doktor nahm, in das leichte Fieber seines beginnenden Schnupfens eingehüllt, kaum auf, was Herr Schmitz an Fakten vor ihm ausbreitete, er staunte nur wieder, denn er, Honig, war ein Mann, der viel von Literatur und Kunst, von Public relations und Werbung verstand, aber wenig von Fakten. Herr Schmitz schloß sein Referat unvermittelt mit den Worten: »Reisen kann man eigentlich nur noch in Frankreich.«

»Na«, sagte Doktor Honig zweifelnd, »und wie ist es mit Spanien?« Man brauchte Herrn Schmitz nur ein Stichwort zu geben, um ihn zu einer längeren Rede zu veranlassen; er behandelte also eine Weile Spanien, ehe er sagte: »Frankreich ist viel feiner, vornehmer, stiller.« Überrascht konstatierte der Doktor die echte Besorgnis in Herrn Schmitz' Stimme, als der Chef hinzufügte: »Wenn sie's nur nicht weiter vergammeln lassen!«

Im Hotel aß Jeschke übrigens nicht mit ihnen zusammen. Der Doktor erfuhr einiges darüber, wie Chauffeure in Grand-Hotels lebten: sie bekamen kleine, aber komfortable Zimmer in den oberen Stockwerken und aßen feste Menüs in eigens für sie reservierten Räumen. Herr Schmitz beurteilte die Güte von Hotels nach der Güte des Essens, über das Jeschke ihm Rapport erstatten mußte. »Wenn Jeschke sagt, daß sein Essen nicht gut war, dann können Sie das Hotel ruhig abschreiben«, erzählte er dem Doktor, »ein Hotel, das daran spart, taugt auch sonst nichts.«

Als sie gegen elf Uhr nach oben gingen und sich vor Herrn Schmitz' Zimmer voneinander verabschiedeten, sah der Doktor durch die schon halb geöffnete Tür, wie Jeschke – noch immer in streng geschlossener Livree – dabei war, Herrn Schmitz' Nachtutensilien auszubreiten. Am Morgen bezahlte Jeschke die Hotelrechnung; er trug in seiner Brieftasche Herrn Schmitz' Reisekasse und verwaltete sie auf die gleiche sichere und schweigsame Weise, mit der er den schweren BMW fuhr. Eigentlich bin nur ich der Domestike, dachte der Doktor, während er mit heißem Kopf eine schlechte Nacht verbrachte, Jeschke ist etwas ganz anderes – ein Diener ist ein Mann, der mit seinem Herrn zusammenlebt, es ist ein Fall von Symbiose, wie die Verbindung von Regenpfeifer und Krokodil, man muß sehr reich sein, um einen Diener besitzen zu können, und Herr Schmitz war in der Tat ein reicher Mann, er war weder mittelreich, wie so viele, noch superreich, wie einige von den neuen Reichen, deren Bilder man in den Illustrierten sah – er war ein sehr reicher, ein richtig reicher Mann. Er war ein Krokodil.

Beim Frühstück hatte der Doktor einen dicken Kopf, er war ganz benommen von Fieber, Schnupfen und Halsschmerzen, aber draußen war ein kalter, sonniger Morgen, der ihm guttat, als sie in Tours spazierengingen. Die Kathedrale sah hoch und schlank aus, und die Palais im Kathedralenviertel lagen still und herbstlich hinter alten Hofmauern, durch deren Pforten Nonnen und Gärtner gingen. Die Loire floß breit und sandgelb an Tours vorbei. Sie verließen es und fuhren nach Chenonceaux. Herr Schmitz äußerte sich zu Chenonceaux weder pro noch contra, am stärksten interesssierte ihn in dem langgestreckten Saal, unter dessen Fenstern der Cher hindurchfloß, eine Tafel, auf der geschrieben stand, daß hier im Ersten Weltkrieg Verwundete gepflegt worden waren. Er fand den Saal als Lazarett denkbar ungeeignet. Offenbar konnte Herr Schmitz sich einen Saal voller Verwundeter vorstellen, er vermochte das Stöhnen von Kranken in einem leeren, ungeheizten Schloß zu hören. Doktor Honig mußte sich gestehen, daß ihn selbst diese Erinnerungstafel zu keinem Nachdenken veranlaßt haben würde, wenn sein Chef sich nicht darüber verbreitet hätte. Schade, dachte er, weil er es vorgezogen hätte, mit Herrn Schmitz über Diane de Poitiers zu sprechen, über die er ausgezeichnet informiert war; es hingen ein paar schöne Porträts der Schule von Fontainebleau im Schloß.

Anschließend Amboise, danach Chaumont, und zum Mittagessen waren sie in Blois. In Amboise interessierte sich Herr Schmitz für Lionardos Wohnhaus weit mehr als für das Schloß hoch oben auf dem Felsen; die Modelle von Lionardos Apparaten regten ihn zu einigen fachmännischen Ausführungen an. Im Schloßhof von Chaumont fragte ihn der Doktor, den das Fieber in einen Zustand der Gereiztheit trieb, ob er diese Art Architektur nicht auch an sämtlichen Villen im Rheinland studieren könne, aber Herr Schmitz verstand diesmal die Ironie nicht, sondern ließ durchblicken, daß er den Loire-Stil noch in seinen Kopien aus der Gründerzeit bewunderte, was Honig um so merkwürdiger schien, als der Chef überall etwas auszusetzen fand. Besonders das Schloß in Blois war natürlich wieder völlig ›vergammelt‹, weil es altersschwarz und düster auf die Schieferdächer der Stadt und auf den flachen, trägen, chinesischgelben Fluß hinabblickte. Am Nachmittag fuhr Jeschke sie nach Chambord und weiteren Schlössern. Es war immer kälter geworden, ein eiskalter Wind pfiff über die Touraine hin, und jedesmal, wenn er aus der leicht und angenehm geheizten Limousine stieg, um wieder ein Schloß zu besichtigen, befürchtete der Doktor, seine Erkältung könne sich zu einer Lungenentzündung steigern. Er beneidete Jeschke, der nichts zu besichtigen brauchte, sondern beim Wagen bleiben, eine Tasse Kaffee trinken oder sich bei den Andenkengeschäften herumtreiben konnte, während er, Honig, mit dem Chef Sehenswürdigkeiten nach Sehenswürdigkeiten zu ›machen‹ hatte. Herr Schmitz war unermüdlich, und unermüdlich teilte er die Monumente von Frankreichs Vergangenheit in ›vergammelte‹ und gutgehaltene ein. Er rechnete, und er wurde im Laufe des Nachmittags immer melancholischer, weil die Summe seiner Addition dessen, was hier zu tun war, denn doch alles überstieg, was er erwartet hatte. Die Franzosen hatten sich in ihrer Vergangenheit zweifellos mit Bauten übernommen.

In Chambord gerieten sie beinahe aneinander. Der Doktor war starr vor Entzücken über den Manierismus der Dachlandschaft des Schlosses, die Bilder gewisser Surrealisten erschienen vor seinem geistigen Auge und verschmolzen mit Abbildungen aus dem Stundenbuch des Duc de Berry; Franz der Erste hatte in ein Fenster von Chambord die Worte geritzt ›Souvent femme varie‹, und das alles imaginierte ihm einen Plakatentwurf für Herrn Schmitz' krefelder Kunstseiden, den er sofort nach seiner Rückkehr mit Huegi in der Schweiz besprechen würde. »Wissen Sie, was Chateaubriand über die Dächer von Chambord gesagt hat?« fragte er Herrn Schmitz.

Der Chef schrak aus der düsteren Betrachtung einiger mit rohen Brettern vernagelter Fensterhöhlen im Parterre des Schlosses auf. »Was hat er denn gesagt?« fragte er.

»Chambord gleicht einer Frau, deren Haare vom Wind in die Höhe geweht werden«, rezitierte der Doktor, sozusagen stehend, freihändig, denn er hatte es vorhin in einem Prospekt gelesen.

»Quatsch«, sagte Herr Schmitz schroff. »Sie sollten sich lieber mal den Zustand des Schlosses ansehen!«

Der Doktor fühlte mit Besorgnis, daß eine Art persönlicher Antipathie gegen ihn, Honig, sich in die Stimme seines Chefs eingeschlichen hatte. »An dem Ding haben zwölf Jahre lang ständig zweitausend Arbeiter geschuftet«, fügte Herr Schmitz hinzu, »Frankreich hat geblutet für dieses Schloß. Wissen Sie, daß dieser König – wie hieß er doch gleich? …«

»Franz der Erste.«

»… daß dieser Kerl einen eigenen Finanzausschuß gegründet hat, der das Land ausplünderte, damit das Ding gebaut werden konnte?« Der Doktor wußte es natürlich nicht, und Herr Schmitz grollte: »Das interessiert mich mehr, als was so ein paar Literaten und Kunsthistoriker verzapfen. Manierismus! Die sollen lieber dafür sorgen, daß das Ding nicht so herunterkommt.«

Cheverny, das in der Dämmerung leuchtend, von einem dunkelrot glühenden Park umgeben, auf gepflegten Rasenflächen stand, versöhnte ihn ein wenig mit dem im allgemeinen so ›vergammelten‹ Zustand der französischen Geschichte. ›Vergammelt‹, dachte der Doktor, als er erschöpft neben dem Fahrer saß, auf der Fahrt nach Bourges, ein Slang-Ausdruck mit einem ganz alten germanischen Wortstamm, ›gamla‹ heißt in den skandinavischen Sprachen ›alt‹. Warum läßt er das Alte nicht einfach vergammelt sein, dachte der Doktor erbittert, während er, wieder heftig fiebernd und mit benommenem Kopf, in die vorbeihuschende Dunkelheit starrte. Sie hatten seit gestern abend zwei Kathedralen und elf Schlösser ›gemacht‹; der Doktor kicherte leise und nervös vor sich hin: er, der sonst einen angenehm versnobten Reisestil sorgsam kultivierte, hatte nie gedacht, so etwas könne ihm jemals passieren.

Im Hotel in Bourges entschuldigte er sich gleich bei Herrn Schmitz und legte sich zu Bett. Er nahm zwei Aspirintabletten, aber es gelang ihm nicht, einzuschlafen, das Fieber hielt ihn in einem Zustand von betäubter Wachheit. Das Zimmer, in dem er lag, war groß und dunkel, obwohl er die Vorhänge zurückgezogen hatte, denn die Straße draußen, im nächtlichen Bourges, war finster; nur der rote Laternenrhombus eines Tabakbistros warf einen schwachen Reflex an den Plafond. Gegen zehn Uhr klopfte es, und Herr Schmitz kam herein, um nachzusehen, wie es seinem Begleiter ging. »Schwitzen Sie's mal aus«, sagte er, »dann sind Sie's morgen früh los!«

»Ich komme nie ins Schwitzen«, sagte der Doktor, »ich kriege immer nur Fieber, leichtes bis mittleres Fieber, und dann verschwindet es wieder.«

»Richtiges Fieber und dann richtig schwitzen wäre besser«, sagte Herr Schmitz. Er seufzte und zog einen Stuhl heran. Offenbar schien er noch etwas auf dem Herzen zu haben.

»Ich war noch eine Stunde draußen«, sagte er.

»Mein Gott«, sagte der Doktor, »hatten Sie immer noch nicht genug?«

Herr Schmitz überhörte die Frage. »Ich habe das Palais von einem Mann namens Jacques Cœur gesehen«, berichtete er. »Es war trotz der Dunkelheit ganz gut zu erkennen. Ich habe im Guide nachgesehen und festgestellt, daß Jacques Cœur der Schatzmeister von Karl dem Siebenten war – diesem Kerl, den die heilige Johanna auf den Thron gesetzt hat. Stimmt's?«

Der Doktor nickte. »Jacques Cœur war ein Großkapitalist. Er hat Karl dem Siebenten das Geld für seine Kriege gegen England besorgt.«

»Sehen Sie«, sagte Herr Schmitz, »es ist doch gut, zu wissen, daß die heilige Johanna von irgendwem finanziert worden ist. Das macht sie ja nicht kleiner. Aber jemand mußte auch das Geld für die Idee aufbringen. Immer muß es Leute geben, die Geld aufbringen, damit aus Ideen Wirklichkeit wird.«

Er brachte den Gemeinplatz hervor, als hätte er soeben die ungeheuerlichste Entdeckung gemacht. Der Doktor hätte gern gelacht, aber an dem schweren Mann, der da bei ihm am Bett saß, in einem dunklen Hotelzimmer in Bourges, war auf einmal etwas Lastendes, Trauriges zu spüren; Herr Schmitz saß da wie ein Trauerkloß, und der Doktor lachte nicht, aber er beschloß, die Gelegenheit zu benutzen und sich für die zwei Kathedralen und elf Schlösser zu rächen.

»Und für welche Ideen«, fragte er scharf, »bringen Sie Geld auf?«

Aber er hatte Herrn Schmitz unterschätzt. Der Trauerkloß hob zwar die Achseln, aber er hatte eine Antwort.

»Zeigen Sie mir eine heilige Johanna«, sagte er, »und ich finanziere sie.«

Am nächsten Morgen ging es dem Doktor etwas besser. Die Straßen von Bourges waren von kleinen Mädchen in schwarzen Schulkitteln überschwemmt, und die beiden Männer gingen, den warmen, lebendigen Strom aus Geschrei und Geflüster teilend, zur Kathedrale, die, einem riesigen vergammelten Elefanten gleichend, der sich auf seine Knie niedergelassen hat, in der Stadt lagerte. Die Kathedrale von Bourges war in der Tat das Vergammeltste, was sie auf ihrer ganzen Reise zu Gesicht bekommen hatten, aber es war dem Doktor unerträglich, daß Herr Schmitz es aussprach, denn die Kathedrale war andererseits zauberhaft in ihrem Verfall, sie war zu groß in ihrer Elefantenmüdigkeit, als daß ein Kapitalist und Deutscher-Wunder-Mann, ein Kunstseidenfabrikant und krefelder Krokodil, sich um sie zu sorgen brauchte. Der Doktor erinnerte sich an seine Verpflichtung zum Widerspruch und fragte Herrn Schmitz, warum er das Bauwerk nicht einfach bewundere.

»Na, hören Sie mal«, sagte der Chef erstaunt, »das tue ich doch. Aber man darf nicht allzusehr loben, was man liebt.«

Jetzt erst begriff der Doktor. Während sie die Kirche betraten, dachte er voller Grimm daran, daß Herr Schmitz von Paris bis Bourges alles heruntergemacht hatte, was sie sahen. Und warum? Weil er es nicht ertrug, daß die Dinge, die er liebte, alt und dreckig geworden waren, in verwahrlosten Parks verkümmerten und aus leeren Fensterhöhlen starrten, dunkel und rissig und abbröckelnd und schweigend vergingen, von keinem Funkeln aus krefelder Fabriken getroffen und erhellt wurden, und auf einmal wußte der Doktor, daß Herrn Schmitz' Traum ein Traum von funkelnden Fabriken und funkelnden Schlössern war, eine Phantasmagorie aus glänzenden deutschen Fabriken und nagelneuen französischen Kathedralen, eine Tapisserie, in der Gegenwart und Geschichte aus strahlenden Kunstseidenfäden ineinander gewoben waren, glänzend und für alle Ewigkeit gemacht: Krefeld und Versailles.

Aber es gab keine heilige Johanna mehr. Nirgends ließ sich auch nur der kleinste Fetzen eines Mythos entdecken, den Herr Schmitz hätte finanzieren können. Glühend und tief das Ensemble der Glasfenster von Bourges – Herr Schmitz sah es nicht. Sein Blick hing am verstaubten Grabmal des Jacques Cœur. Als sie die Kathedrale verließen, wartete bereits die Limousine, in deren schwarzem Lack man sich spiegeln konnte, ein mit schwach zitronenfarbenem Leder ausgeschlagener Sarg. Jeschke hatte ihn prachtvoll gewienert.

(August 1957)

HEINRICH BÖLL

Der Wegwerfer

Seit einigen Wochen versuche ich, nicht mit Leuten in Kontakt zu kommen, die mich nach meinem Beruf fragen könnten; wenn ich die Tätigkeit, die ich ausübe, wirklich benennen müßte, wäre ich gezwungen, eine Vokabel auszusprechen, die den Zeitgenossen erschrekken würde. So ziehe ich den abstrakten Weg vor, meine Bekenntnisse zu Papier zu bringen.

Vor einigen Wochen noch wäre ich jederzeit zu einem mündlichen Bekenntnis bereit gewesen; ich drängte mich fast dazu, nannte mich Erfinder, Privatgelehrter, im Notfall Student, im Pathos der beginnenden Trunkenheit: verkanntes Genie. Ich sonnte mich in dem fröhlichen Ruhm, den ein zerschlissener Kragen ausstrahlen kann, nahm mit prahlerischer Selbstverständlichkeit den zögernd gewährten Kredit mißtrauischer Händler in Anspruch, die Margarine, Kaffee-Ersatz und schlechten Tabak in meinen Manteltaschen verschwinden sahen; ich badete mich im Air der Ungepflegtheit und trank zum Frühstück, trank mittags und abends den Honigseim der Bohème: das tiefe Glücksgefühl, mit der Gesellschaft nicht konform zu sein.

Doch seit einigen Wochen besteige ich jeden Morgen gegen 7.30 Uhr die Straßenbahn an der Ecke Roonstraße, halte bescheiden wie alle anderen dem Schaffner meine Wochenkarte hin, bin mit einem grauen Zweireiher, einem grünen Hemd, grünlich getönter Krawatte bekleidet, habe mein Frühstücksbrot in einer flachen Aluminiumdose, die Morgenzeitung, zu einer leichten Keule zusammengerollt, in der Hand. Ich biete den Anblick eines Bürgers, dem es gelungen ist, der Nachdenklichkeit zu entrinnen. Nach der dritten Haltestelle stehe ich auf, um meinen Sitzplatz einer der älteren Arbeiterinnen anzubieten, die an der Behelfsheimsiedlung zusteigen. Wenn ich meinen Sitzplatz sozialem Mitgefühl geopfert habe, lese ich stehend weiter in der Zeitung, erhebe hin und wieder schlichtend meine Stimme, wenn der morgendliche Ärger die Zeitgenossen ungerecht macht; ich korrigiere die gröbsten politischen und geschichtlichen Irrtümer (etwa indem ich die Mitfahrenden darüber aufkläre, daß zwischen SA und USA ein gewisser Unterschied bestehe); sobald jemand eine Zigarette in den Mund steckt, halte ich ihm diskret mein Feuerzeug unter die Nase und entzünde ihm mit der winzigen, doch zuverlässigen Flamme die Morgenzigarette. So vollende ich das Bild eines gepflegten Mitbürgers, der noch jung genug ist, daß man die Bezeichnung »wohlerzogen« auf ihn anwenden kann.

Offenbar ist es mir gelungen, mit Erfolg jene Maske aufzusetzen, die Fragen nach meiner Tätigkeit ausschließt. Ich gelte wohl als ein gebildeter Herr, der Handel mit Dingen treibt, die wohlverpackt und wohlriechend sind: Kaffee, Tee, Gewürze, oder mit kostbaren kleinen Gegenständen, die dem Auge angenehm sind: Juwelen, Uhren; der seinen Beruf in einem angenehm altmodischen Kontor ausübt, wo dunkle Ölgemälde handeltreibender Vorfahren an der Wand hängen; der gegen zehn mit seiner Gattin telefoniert, seiner scheinbar leidenschaftslosen Stimme eine Färbung von Zärtlichkeit zu geben vermag, aus der Liebe und Sorge herauszuhören sind. Da ich auch an den üblichen Scherzen teilnehme, mein Lachen nicht verweigere, wenn der städtische Verwaltungsbeamte jeden Morgen an der Schlieffenstraße in die Bahn brüllt: »Macht mir den linken Flügel stark!« (war es nicht eigentlich der rechte?), da ich weder mit meinem Kommentar zu den Tagesereignissen noch zu den Totoergebnissen zurückhalte, gelte ich wohl als jemand, der, wie die Qualität des Anzugstoffes beweist, zwar wohlhabend ist, dessen Lebensgefühl aber tief in den Grundsätzen der Demokratie wurzelt. Das Air der Rechtschaffenheit umgibt mich, wie der gläserne Sarg Schneewittchen umgab.

Wenn ein überholender Lastwagen dem Fenster der Straßenbahn für einen Augenblick Hintergrund gibt, kontrolliere ich den Ausdruck meines Gesichts: ist es nicht doch zu nachdenklich, fast schmerzlich? Beflissen korrigiere ich den Rest von Grübelei weg und versuche, meinem Gesicht den Ausdruck zu geben, den es haben soll: weder zurückhaltend noch vertraulich, weder oberflächlich noch tief.

Mir scheint, meine Tarnung ist gelungen, denn wenn ich am Marienplatz aussteige, mich im Gewirr der Altstadt verliere, wo es angenehm altmodische Kontore, Notariatsbüros und diskrete Kanzleien genug gibt, ahnt niemand, daß ich durch einen Hintereingang das Gebäude der *Ubia* betrete, die sich rühmen kann, dreihundertfünfzig Menschen Brot zu geben und das Leben von vierhunderttausend versichert zu haben. Der Pförtner empfängt mich am Lieferanteneingang, lächelt mir zu, ich schreite an ihm vorüber, steige in den

Keller hinunter und nehme meine Tätigkeit auf, die beendet sein muß, wenn die Angestellten um 8.30 Uhr in die Büroräume strömen. Die Tätigkeit, die ich im Keller dieser honorigen Firma morgens zwischen 8.00 und 8.30 Uhr ausübe, dient ausschließlich der Vernichtung. Ich werfe weg.

Jahre habe ich damit verbracht, meinen Beruf zu erfinden, ihn kalkulatorisch plausibel zu machen; ich habe Abhandlungen geschrieben; graphische Darstellungen bedeckten – und bedecken noch – die Wände meiner Wohnung. Ich bin Abszissen entlang-, Ordinaten hinaufgeklettert, jahrelang. Ich schwelgte in Theorien und genoß den eisigen Rausch, den Formeln auslösen können. Doch seitdem ich meinen Beruf praktiziere, meine Theorien verwirklicht sehe, erfüllt mich jene Trauer, wie sie einen General erfüllen mag, der aus den Höhen der Strategie in die Niederungen der Taktik hinabsteigen mußte.

Ich betrete meinen Arbeitsraum, wechsele meinen Rock mit einem grauen Arbeitskittel und gehe unverzüglich an die Arbeit. Ich öffne die Säcke, die der Pförtner in den frühen Morgenstunden von der Hauptpost geholt hat, entleere sie in die beiden Holztröge, die, nach meinen Entwürfen angefertigt, rechts und links oberhalb meines Arbeitstisches an der Wand hängen. So brauche ich nur, fast wie ein Schwimmer, meine Hände auszustrecken und beginne, eilig die Post zu sortieren. Ich trenne zunächst die Drucksachen von den Briefen, eine reine Routinearbeit, da der Blick auf die Frankierung genügt. Die Kenntnis des Posttarifs erspart mir bei dieser Arbeit differenzierte Überlegungen. Geübt durch jahrelange Experimente, habe ich diese Arbeit innerhalb einer halben Stunde getan, es ist halb neun geworden: ich höre über meinem Kopf die Schritte der Angestellten, die in die Büroräume strömen. Ich klingele dem Pförtner, der die aussortierten Briefe an die einzelnen Abteilungen bringt. Immer wieder stimmt es mich traurig, den Pförtner in einem Blechkorb von der Größe eines Schulranzens wegtragen zu sehen, was vom Inhalt dreier Postsäcke übrigblieb. Ich könnte triumphieren; denn dies: die Rechtfertigung meiner Wegwerftheorie, ist jahrelang der Gegenstand meiner privaten Studien gewesen; doch merkwürdigerweise triumphiere ich nicht. Recht behalten zu haben ist durchaus nicht immer ein Grund, glücklich zu sein.

Wenn der Pförtner gegangen ist, bleibt noch die Arbeit, den großen Berg von Drucksachen daraufhin zu untersuchen, ob sich nicht doch ein verkappter, falsch frankierter Brief, eine als Drucksache geschickte Rechnung darunter befindet. Fast immer ist diese Arbeit überflüssig, denn die Korrektheit im Postverkehr ist geradezu überwältigend. Hier muß ich gestehen, daß meine Berechnungen nicht stimmten: ich hatte die Zahl der Portobetrüger überschätzt.

Selten einmal ist eine Postkarte, ein Brief, eine als Drucksache geschickte Rechnung meiner Aufmerksamkeit entgangen; gegen halb zehn klingele ich dem Pförtner, der die restlichen Objekte meines aufmerksamen Forschens an die Abteilungen bringt.

Nun ist der Zeitpunkt gekommen, wo ich einer Stärkung bedarf. Die Frau des Pförtners bringt mir meinen Kaffee, ich nehme mein Brot aus der flachen Aluminiumdose, frühstücke und plaudere mit der Frau des Pförtners über ihre Kinder. Ist Alfred inzwischen im Rechnen etwas besser geworden? Hat Gertrud die Lücken im Rechtschreiben ausfüllen können? Alfred hat sich im Rechnen nicht gebessert, während Gertrud die Lücken im Rechtschreiben ausfüllen konnte. Sind die Tomaten ordentlich reif geworden, die Kaninchen fett, und ist das Experiment mit den Melonen geglückt? Die Tomaten sind nicht ordentlich reif geworden, die Kaninchen aber fett, während das Experiment mit den Melonen noch unentschieden steht. Ernste Probleme, ob man Kartoffeln einkellern soll oder nicht, erzieherische Fragen, ob man seine Kinder aufklären oder sich von ihnen aufklären lassen soll, unterziehen wir leidenschaftlicher Betrachtung.

Gegen elf verläßt mich die Pförtnersfrau, meistens bittet sie mich, ihr einige Reiseprospekte zu überlassen; sie sammelt sie, und ich lächele über die Leidenschaft, denn ich habe den Reiseprospekten eine sentimentale Erinnerung bewahrt; als Kind sammelte auch ich Reiseprospekte, die ich aus meines Vaters Papierkorb fischte. Früh schon beunruhigte mich die Tatsache, daß mein Vater Briefschaften, die er gerade vom Postboten entgegengenommen hatte, ohne sie anzuschauen, in den Papierkorb warf. Dieser Vorgang verletzte den mir angeborenen Hang zur Ökonomie: da war etwas entworfen, aufgesetzt, gedruckt, war in einen Umschlag gesteckt, frankiert worden, hatte die geheimnisvollen Kanäle passiert, durch die die Post unsere Briefschaften tatsächlich an unsere Adresse gelangen läßt; es war mit dem Schweiß des Zeichners, des Schreibers, des Druckers, des frankierenden Lehrlings befrachtet; es hatte – auf verschiedenen Ebenen und in verschiedenen Tarifen – Geld gekostet; alles dies nur, auf daß es, ohne auch nur eines Blickes gewürdigt zu werden, in einem Papierkorb ende?

Ich machte mir als Elfjähriger schon zur Gewohnheit, das Weggeworfene, sobald mein Vater ins Amt gegangen war, aus dem Papierkorb zu nehmen, es zu betrachten, zu sortieren, es in einer Truhe, die mir als Spielzeugkiste diente, aufzubewahren. So war ich schon als Zwölfjähriger im Besitz einer stattlichen Sammlung von Rieslingsangeboten, besaß Kataloge für Kunsthonig und Kunstgeschichte, meine Sammlung an Reiseprospekten wuchs sich zu einer geographischen Enzyklopädie aus; Dalmatien war mir so vertraut wie die Fjorde Norwegens, Schottland mir so nahe wie Zakopane, die böhmischen Wälder beruhigten mich, wie die Wogen des Atlantik mich beunruhigten; Scharniere wurden mir angeboten, Eigenheime und Knöpfe; Parteien baten um meine Stimme, Stiftungen um mein Geld; Lotterien versprachen mir Reichtum, Sekten mir Armut. Ich überlasse es der Phantasie des Lesers, sich auszumalen, wie meine Sammlung aussah, als ich siebzehn Jahre alt war und in einem Anfall plötzlicher Lustlosigkeit meine Sammlung einem Altwarenhändler anbot, der mir sieben Mark und sechzig Pfennig dafür zahlte.

Der mittleren Reife inzwischen teilhaftig, trat ich in die Fußstapfen meines Vaters und setzte meinen Fuß auf die erste Stufe jener Leiter, die in den Verwaltungsdienst hinaufführt.

Für die sieben Mark und sechzig Pfennig kaufte ich mir einen Stoß Millimeterpapier, drei Buntstifte, und mein Versuch, in der Verwaltungslaufbahn Fuß zu fassen, wurde ein schmerzlicher Umweg, da ein glücklicher Wegwerfer in mir schlummerte, während ich einen unglücklichen Verwaltungslehrling abgab. Meine ganze Freizeit gehörte umständlichen Rechnereien. Stoppuhr, Bleistift, Rechenschieber, Millimeterpapier blieben die Requisiten meines Wahns; ich rechnete aus, wieviel Zeit es erforderte, eine Drucksache kleinen, mittleren, großen Umfangs, bebildert, unbebildert, zu öffnen, flüchtig zu betrachten, sich von ihrer Nutzlosigkeit zu überzeugen, sie dann in den Papierkorb zu werfen; ein Vorgang, der minimal fünf Sekunden Zeit beansprucht, maximal fünfundzwanzig; übt die Drucksache Reiz aus, in Text und Bildern, können Minuten, oft Viertelstunden angesetzt werden. Auch für die Herstellung der Drucksachen errechnete ich, indem ich mit Druckereien Scheinverhandlungen führte, die minimalen Herstellungskosten. Unermüdlich prüfte ich die Ergebnisse meiner Studien nach, verbesserte sie (erst nach zwei Jahren etwa fiel mir ein, daß auch die Zeit der Reinigungsfrauen, die Papierkörbe zu leeren haben, in meine Berechnungen einzubeziehen sei); ich wandte die Ergebnisse meiner Forschungen auf Betriebe an, in denen zehn, zwanzig, hundert oder mehr Angestellte beschäftigt sind, und kam zu Ergebnissen, die ein Wirtschaftsexperte ohne Zögern als alarmierend bezeichnet hätte.

Einem Drang zur Loyalität folgend, bot ich meine Erkenntnisse zuerst meiner Behörde an; doch, hatte ich auch mit Undank gerechnet, so erschreckte mich doch das Ausmaß des Undanks; ich wurde der Nachlässigkeit im Dienst bezichtigt, des Nihilismus verdächtigt, für geisteskrank erklärt und entlassen; ich gab, zum Kummer meiner guten Eltern, die verheißungsvolle Laufbahn preis, fing neue an, brach auch diese ab, verließ die Wärme des elterlichen Herds und aß – wie ich schon sagte – das Brot des verkannten Genies. Ich genoß die Demütigung des vergeblichen Hausierens mit meiner Erfindung, verbrachte vier Jahre im seligen Zustand der Asozialität, so konsequent, daß meine Lochkarte in der Zentralkartei, nachdem sie mit dem Merkmal für geisteskrank längst gelocht war, das Geheimzeichen für asozial eingestanzt bekam.

Angesichts solcher Umstände wird jeder begreifen, wie erschrocken ich war, als endlich jemandem – dem Direktor der *Ubia* – das Einleuchtende meiner Überlegungen einleuchtete; wie tief traf mich die Demütigung, eine grüngetönte Krawatte zu tragen, doch muß ich weiter in Verkleidung einhergehen, da ich vor Entdeckung zittere. Ängstlich versuche ich, meinem Gesicht, wenn ich den Schlieffen-Witz belache, den richtigen Ausdruck zu geben, denn keine Eitelkeit ist größer als die der Witzbolde, die morgens die Straßenbahn bevölkern. Manchmal auch fürchte ich, daß die Bahn voller Menschen ist, die am Vortag eine Arbeit geleistet haben, die ich am Morgen noch vernichten werde: Drucker, Setzer, Zeichner, Schriftsteller, die sich als Werbetexter betätigen, Graphiker, Einlegerinnen, Packerinnen, Lehrlinge der verschiedensten Branchen: von acht bis halb neun Uhr morgens vernichte ich doch rücksichtslos die Erzeugnisse ehrbarer Papierfabriken, würdiger Druckereien, graphischer Genies, die Texte begabter Schriftsteller; Lackpapier, Glanzpapier, Kupfertiefdruck, alles bündele ich ohne die geringste Sentimentalität, so, wie es aus dem Postsack kommt, für den Altpapierhändler zu handlichen Paketen zurecht. Ich vernichte innerhalb einer Stunde das Ergebnis von zweihundert Arbeitsstunden, erspare der *Ubia* weitere hundert Stunden, so daß ich insgesamt (hier muß ich in meinen eigenen Jargon verfallen) ein Konzentrat von 1:300 erreiche. Wenn die Pförtnersfrau mit der leeren Kaffeekanne und den Reiseprospekten gegangen ist, mache ich Feierabend. Ich wasche meine Hände, wechsle meinen Kittel mit dem Rock, nehme die Morgenzeitung, verlasse durch den Hintereingang das Gebäude der *Ubia*. Ich schlendere durch die Stadt und denke darüber nach, wie ich der Taktik entfliehen und in die Strategie zurückkehren könnte. Was mich als Formel berauschte, enttäuscht mich, da es sich als so leicht ausführbar erweist. Umgesetzte Strategie kann von Handlangern getan werden. Wahrscheinlich werde ich Wegwerferschulen einrichten. Vielleicht auch werde ich versuchen, Wegwerfer in die Postämter zu setzen, möglicherweise in die Druckereien; man könnte gewaltige Energien, Werte und Intelligenzen nutzen, könnte Porto sparen, vielleicht gar so weit kommen, daß Prospekte zwar noch erdacht, gezeichnet, aufgesetzt, aber nicht mehr gedruckt werden. Alle diese Probleme bedürfen noch des gründlichen Studiums.

Doch die reine Postwegwerferei interessiert mich kaum noch; was daran noch gebessert werden kann, ergibt sich aus der Grundformel. Längst schon bin ich mit Berechnungen beschäftigt, die sich auf das Einwickelpapier und die Verpackung beziehen: hier ist noch Brachland, nichts ist bisher geschehen, hier gilt es noch, der Menschheit jene nutzlosen Mühen zu ersparen, unter denen sie stöhnt. Täglich werden Milliarden Wegwerfbewegungen gemacht, werden Energien verschwendet, die, könnte man sie nutzen, ausreichen würden, das Antlitz der Erde zu verändern. Wichtig wäre es, in Kaufhäusern zu Experimenten zugelassen zu werden; ob man auf die Verpackung verzichten oder gleich neben dem Packtisch einen geübten Wegwerfer postieren soll, der das eben Eingepackte wieder auspackt und das Einwickelpapier sofort für den Altpapierhändler zurechtbündelt? Das sind Probleme, die erwogen sein wollen. Es fiel mir jedenfalls auf, daß in vielen Geschäften die Kunden flehend darum bitten, den gekauften Gegenstand nicht einzupacken, daß sie aber gezwungen werden, ihn verpacken zu lassen. In den Nervenkliniken häufen sich die Fälle von Patienten, die beim Auspacken einer Flasche Parfüm, einer Dose Pralinen, beim Öffnen einer Zigarettenschachtel einen Anfall bekamen, und ich studiere jetzt eingehend den Fall eines jungen Mannes aus meiner Nachbarschaft, der das bittere Brot des Buchrezensenten aß, zeitweise aber seinen Beruf nicht ausüben konnte, weil es ihm unmöglich war, den geflochtenen Draht zu lösen, mit dem die Päckchen umwickelt waren, und der, selbst wenn ihm diese Kraftanstrengung gelänge, nicht die massive Schicht gummierten Papiers zu durchdringen vermöchte, mit der die Wellpappe zusammengeklebt ist. Der junge Mann macht einen verstörten Eindruck und ist dazu übergegangen, die Bücher ungelesen zu besprechen und die Päckchen, ohne sie auszupacken, in sein Bücherregal zu stellen. Ich überlasse es der Phantasie des Lesers, sich auszumalen, welche Folgen für unser geistiges Leben dieser Fall haben könnte.

Wenn ich zwischen elf und eins durch die Stadt spaziere, nehme ich vielerlei Einzelheiten zur Kenntnis;

unauffällig verweile ich in den Kaufhäusern, streiche um die Packtische herum; ich bleibe vor Tabakläden und Apotheken stehen, nehme kleine Statistiken auf; hin und wieder kaufe ich auch etwas, um die Prozedur der Sinnlosigkeit an mir selber vollziehen zu lassen und herauszufinden, wieviel Mühe es braucht, den Gegenstand, den man zu besitzen wünscht, wirklich in die Hand zu bekommen.

So vollende ich zwischen elf und eins in meinem tadellosen Anzug das Bild eines Mannes, der wohlhabend genug ist, sich ein wenig Müßiggang zu leisten; der gegen eins in ein gepflegtes kleines Restaurant geht, sich zerstreut das beste Menü aussucht und auf den Bierdeckel Notizen macht, die sowohl Börsenkurse wie lyrische Versuche sein können; der die Qualität des Fleisches mit Argumenten zu loben oder zu tadeln weiß, die dem gewiegtesten Kellner den Kenner verraten, und bei der Wahl des Nachtisches raffiniert zögert, ob er Käse, Kuchen oder Eis nehmen soll, und seine Notizen mit jenem Schwung abschließt, der beweist, daß es doch Börsenkurse waren, die er notierte. Erschrocken über das Ergebnis meiner Berechnungen verlasse ich das kleine Restaurant. Mein Gesicht wird immer nachdenklicher, während ich auf der Suche nach einem kleinen Café bin, wo ich die Zeit bis drei verbringen und die Abendzeitung lesen kann. Um drei betrete ich wieder durch den Hintereingang das Gebäude der *Ubia*, um die Nachmittagspost zu erledigen, die fast ausschließlich aus Drucksachen besteht. Es erfordert kaum eine Viertelstunde Arbeitszeit, die zehn oder zwölf Briefe herauszusuchen; ich brauche mir danach nicht einmal die Hände zu waschen, ich klopfe sie nur ab, bringe dem Pförtner die Briefe, verlasse das Haus, besteige am Marienplatz die Straßenbahn, froh darüber, daß ich auf der Heimfahrt nicht über den Schlieffen-Witz zu lachen brauche. Wenn die dunkle Plane eines vorüberfahrenden Lastwagens dem Fenster der Straßenbahn Hintergrund gibt, sehe ich mein Gesicht: es ist entspannt, das bedeutet: nachdenklich, fast grüblerisch, und ich genieße den Vorteil, daß ich kein anderes Gesicht aufzusetzen brauche, denn keiner der morgendlichen Mitfahrer hat um diese Zeit schon Feierabend. An der Roonstraße steige ich aus, kaufe ein paar frische Brötchen, ein Stück Käse oder Wurst, gemahlenen Kaffee und gehe in meine kleine Wohnung hinauf, deren Wände mit graphischen Darstellungen, mit erregten Kurven bedeckt sind, zwischen Abszisse und Ordinate fange ich die Linien eines Fiebers ein, das immer höher steigt: keine einzige meiner Kurven senkt sich, keine einzige meiner Formeln verschafft mir Beruhigung. Unter der Last meiner ökonomischen Phantasie stöhnend, lege ich, während noch das Kaffeewasser brodelt, meinen Rechenschieber, meine Notizen, Bleistift und Papier zurecht.

Die Einrichtung meiner Wohnung ist karg, sie gleicht eher der eines Laboratoriums. Ich trinke meinen Kaffee im Stehen, esse rasch ein belegtes Brot, längst nicht mehr bin ich der Genießer, der ich mittags noch gewesen bin. Händewaschen, eine Zigarette angezündet, dann setze ich meine Stoppuhr in Gang und packe das Nervenstärkungsmittel aus, das ich am Vormittag beim Bummel durch die Stadt gekauft habe: äußeres Einwickelpapier, Zellophanhülle, Packung, inneres Einwickelpapier, die mit einem Gummiring befestigte Gebrauchsanweisung: siebenunddreißig Sekunden. Mein Nervenverschleiß beim Auspacken ist größer als die Nervenkraft, die das Mittel mir zu spenden vermöchte, doch mag dies subjektive Gründe haben, die ich nicht in meine Berechnungen einbeziehen will. Sicher ist, daß die Verpackung einen größeren Wert darstellt als der Inhalt, und daß der Preis für die fünfundzwanzig gelblichen Pillen in keinem Verhältnis zu ihrem Wert steht. Doch sind dies Erwägungen, die ins Moralische gehen könnten, und ich möchte mich grundsätzlich der Moral enthalten. Meine Spekulationsebene ist die reine Ökonomie.

Zahlreiche Objekte warten darauf, von mir ausgepackt zu werden, viele Zettel harren der Auswertung; grüne, rote, blaue Tusche, alles steht bereit. Es wird meistens spät, bis ich ins Bett komme, und wenn ich einschlafe, verfolgen mich meine Formeln, rollen ganze Welten nutzlosen Papiers über mich hin; manche Formeln explodieren wie Dynamit, das Geräusch der Explosion klingt wie ein großes Lachen: es ist mein eigenes, das Lachen über den Schlieffen-Witz, das meiner Angst vor dem Verwaltungsbeamten entspringt. Vielleicht hat er Zutritt zur Lochkartenkartei, hat meine Karte herausgesucht, festgestellt, daß sie nicht nur das Merkmal für »geisteskrank«, sondern auch das zweite, gefährlichere für »asozial« enthält. Nichts ist ja schwerer zu stopfen als solch ein winziges Loch in einer Lochkarte; möglicherweise ist mein Lachen über den Schlieffen-Witz der Preis für meine Anonymität. Ich würde nicht gern mündlich bekennen, was mir schriftlich leichter fällt: daß ich Wegwerfer bin.

(Dezember 1957)

SIEGFRIED LENZ

Ein Freund der Regierung

Zu einem Wochenende luden sie Journalisten ein, um ihnen an Ort und Stelle zu zeigen, wie viele Freunde die Regierung hatte. Sie wollten uns beweisen, daß alles, was über das unruhige Gebiet geschrieben wurde, nicht zutraf: die Folterungen nicht, die Armut und vor allem nicht das wütende Verlangen nach Unabhängigkeit. So luden sie uns sehr höflich ein, und ein sehr höflicher, tadellos gekleideter Beamter empfing uns hinter der Oper und führte uns zum Regierungsbus. Es war ein neuer Bus; ein Geruch von Lack und Leder umfing uns, leise Radiomusik, und als der Bus anfuhr, nahm der Beamte ein Mikrofon aus der Halterung, kratzte mit dem Fingernagel über den silbernen Verkleidungsdraht und hieß uns noch einmal mit sanfter Stimme willkommen. Bescheiden nannte er seinen Namen – »ich heiße Garek«, sagte er; dann wies er uns auf die Schönheiten der Hauptstadt hin, nannte Namen und Anzahl der Parks, erklärte uns die Bauweise der Mustersiedlung, die auf einem kalkigen Hügel lag, blendend unter dem frühen Licht.

Hinter der Hauptstadt gabelte sich die Straße; wir verloren die Nähe des Meers und fuhren ins Land hinein, vorbei an steinübersäten Feldern, an braunen Hängen; wir fuhren zu einer Schlucht und auf dem Grunde der Schlucht bis zur Brücke, die über ein ausgetrocknetes Flußbett führte. Auf der Brücke stand ein junger Soldat, der mit einer Art lässiger Zärtlichkeit eine handliche Maschinenpistole trug und uns fröhlich zuwinkte, als wir an ihm vorbei über die Brücke fuhren. Auch im ausgetrockneten Flußbett, zwischen den weißgewaschenen Kieseln, standen zwei junge Soldaten, und Garek sagte, daß wir durch ein sehr beliebtes Übungsgebiet führen.

Serpentinen hinauf, über eine heiße Ebene, und durch die geöffneten Seitenfenster drang feiner Kalkstaub ein, brannte in den Augen; Kalkgeschmack lag auf den Lippen. Wir zogen die Jacketts aus. Nur Garek behielt sein Jackett an; er hielt immer noch das Mikrofon in der Hand und erläuterte mit sanfter Stimme die Kultivierungspläne, die sie in der Regierung für dieses tote Land ausgearbeitet hatten. Ich sah, daß mein Nebenmann die Augen geschlossen, den Kopf zurückgelegt hatte; seine Lippen waren trocken und kalkblaß, die Adern der Hände, die auf dem vernickelten Metallgriff lagen, traten bläulich hervor. Ich wollte ihn in die Seite stoßen, denn mitunter traf uns ein Blick aus dem Rückspiegel, Gareks melancholischer Blick, doch während ich es noch überlegte, stand Garek auf, kam lächelnd über den schmalen Gang nach hinten und verteilte Strohhalme und eiskalte Getränke in gewachsten Papptüten.

Gegen Mittag fuhren wir durch ein Dorf; die Fenster waren mit Kistenholz vernagelt, die schäbigen Zäune aus trockenem Astwerk löcherig, vom Wind der Ebene auseinandergedrückt. Auf den flachen Dächern hing keine Wäsche zum Trocknen. Der Brunnen war abgedeckt; kein Hundegebell verfolgte uns, und nirgendwo erschien ein Gesicht. Der Bus fuhr mit unverminderter Geschwindigkeit vorbei, eine graue Fahne von Kalkstaub hinter sich herziehend, grau wie eine Fahne der Resignation.

Wieder kam Garek über den schmalen Gang nach hinten, verteilte Sandwiches, ermunterte uns höflich und versprach, daß es nicht mehr allzu lange dauern würde, bis wir unser Ziel erreicht hätten. Das Land wurde hügelig, rostrot; es war jetzt von großen Steinen bedeckt, zwischen denen kleine farblose Büsche wuchsen. Die Straße senkte sich, wir fuhren durch einen tunnelartigen Einschnitt. Die Halbrundungen der Sprenglöcher warfen schräge Schatten auf die zerrissenen Felswände. Eine harte Glut schlug in das Innere des Busses. Und dann öffnete sich die Straße, und wir sahen das von einem Fluß zerschnittene Tal und das Dorf neben dem Fluß.

Garek gab uns ein Zeichen, Ankündigung und Aufforderung; wir zogen die Jacketts an, und der Bus fuhr langsamer und hielt auf einem lehmig verkrusteten Platz, vor einer sauber gekalkten Hütte. Der Kalk blendete so stark, daß beim Aussteigen die Augen schmerzten. Wir traten in den Schatten des Busses, wir schnippten die Zigaretten fort. Wir blickten aus zusammengekniffenen Augen auf die Hütte und warteten auf Garek, der in ihr verschwunden war.

Es dauerte einige Minuten, bis er zurückkam, aber er kam zurück, und er brachte einen Mann mit, den keiner von uns je zuvor gesehen hatte.

»Das ist Bela Bonzo«, sagte Garek und wies auf den Mann. »Herr Bonzo war gerade bei einer Hausarbeit, doch er ist bereit, Ihnen auf alle Fragen zu antworten.« Wir blickten freimütig auf Bonzo, der unsere Blicke ertrug, indem er sein Gesicht leicht senkte. Er hatte ein altes Gesicht, staubgrau; scharfe, schwärzliche Falten liefen über seinen Nacken; seine Oberlippe war geschwollen. Bonzo, der gerade bei einer Hausarbeit überrascht worden war, war sauber gekämmt, und die verkrusteten Blutspuren an seinem alten, mageren Hals zeugten von einer heftigen und sorgfältigen Rasur. Er trug ein frisches Baumwollhemd, Baumwollhosen, die zu kurz waren und kaum bis zu den Knöcheln reichten; seine Füße steckten in neuen, gelblichen Rohlederstiefeln, wie Rekruten sie bei der Ausbildung tragen.

Wir begrüßten Bela Bonzo, jeder von uns gab ihm die Hand, dann nickte er und führte uns in sein Haus. Er lud uns ein, voranzugehen, wir traten in eine kühle Diele, in der uns eine alte Frau erwartete; ihr Gesicht war nicht zu erkennen, nur ihr Kopftuch leuchtete in dem dämmrigen Licht. Die Alte bot uns faustgroße Früchte an, die Früchte hatten ein saftiges Fleisch, das rötlich schimmerte, so daß ich am Anfang das Gefühl hatte, in eine frische Wunde zu beißen.

Wir gingen wieder auf den lehmigen Platz hinaus. Neben dem Bus standen jetzt barfüßige Kinder; sie beobachteten Bonzo mit unerträglicher Aufmerksamkeit, und dabei rührten sie sich nicht und sprachen nicht miteinander. Nie trafen ihre Blicke einen von uns. Bonzo schmunzelte in rätselhafter Zufriedenheit.

»Haben Sie keine Kinder?« fragte Pottgießer.

Es war die erste Frage, und Bonzo sagte schmunzelnd: »Doch, doch, ich hatte einen Sohn. Wir versuchen gerade, ihn zu vergessen. Er hat sich gegen die Regierung aufgelehnt. Er war faul, hat nie zu etwas getaugt, und um etwas zu werden, ging er zu den Saboteuren, die überall für Unruhe sorgen. Sie kämpfen gegen die Regierung, weil sie glauben, es besser machen zu können.« Bonzo sagte es entschieden, mit leiser Eindringlichkeit; während er sprach, sah ich, daß ihm die Schneidezähne fehlten.

»Vielleicht würden sie es besser machen«, sagte Pottgießer. Garek lächelte vergnügt, als er diese Frage hörte, und Bonzo sagte:

»Alle Regierungen gleichen sich darin, daß man sie ertragen muß, die einen leichter, die andern schwerer. Diese Regierung kennen wir, von der anderen kennen wir nur die Versprechungen.«

Die Kinder tauschten einen langen Blick.

»Immerhin ist das größte Versprechen die Unabhängigkeit«, sagte Bleiguth.

»Die Unabhängigkeit kann man nicht essen«, sagte Bonzo schmunzelnd. »Was nützt uns die Unabhängigkeit, wenn das Land verarmt. Diese Regierung aber hat unsern Export gesichert. Sie hat dafür gesorgt, daß Straßen, Krankenhäuser und Schulen gebaut wurden. Sie hat das Land kultiviert und wird es noch mehr kultivieren. Außerdem hat sie uns das Wahlrecht gegeben.«

Eine Bewegung ging durch die Kinder, sie faßten sich bei den Händen und traten unwillkürlich einen Schritt vor. Bonzo senkte das Gesicht, schmunzelte in seiner rätselhaften Zufriedenheit, und als er das Gesicht wieder hob, suchte er mit seinem Blick Garek, der bescheiden hinter uns stand.

»Schließlich«, sagte Bonzo, ohne gefragt worden zu sein, »gehört zur Unabhängigkeit auch eine gewisse Reife. Wahrscheinlich könnten wir gar nichts anfangen mit der Unabhängigkeit. Auch für Völker gibt es ein Alter, in dem sie mündig werden: wir haben dieses Alter noch nicht erreicht. Und ich bin ein Freund dieser Regierung, weil sie uns in unserer Unmündigkeit nicht im Stich läßt. Ich bin ihr dankbar dafür, wenn Sie es genau wissen wollen.«

Garek entfernte sich zum Bus, Bonzo beobachtete ihn aufmerksam, wartete, bis die schwere Bustür zufiel und wir allein dastanden auf dem trockenen, lehmigen Platz. Wir waren unter uns, und Finke vom Rundfunk wandte sich mit einer schnellen Frage an Bonzo: »Wie ist es wirklich? Rasch, wir sind allein.«

Bonzo schluckte, sah Finke mit einem Ausdruck von Verwunderung und Befremden an und sagte langsam: »Ich habe Ihre Frage nicht verstanden.«

»Jetzt können wir offen sprechen«, sagte Finke hastig.

»Offen sprechen«, wiederholte Bonzo bedächtig und schmunzelte breit, so daß seine Zahnlücken sichtbar wurden.

»Was ich gesagt habe, ist offen genug. Wir sind Freunde dieser Regierung, meine Frau und ich; denn alles, was wir sind und erreicht haben, haben wir mit ihrer Hilfe erreicht. Dafür sind wir ihr dankbar. Sie wissen, wie selten es vorkommt, daß man einer Regierung für irgendwas dankbar sein kann – wir sind dankbar. Und auch mein Nachbar ist dankbar, ebenso wie die Kinder dort und jedes Wesen im Dorf. Klopfen Sie an jede Tür, Sie werden überall erfahren, wie dankbar wir der Regierung sind.«

Plötzlich trat Gum, ein junger, blasser Journalist, auf Bonzo zu und flüsterte: »Ich habe zuverlässige Nachricht, daß Ihr Sohn gefangen und in einem Gefängnis der Hauptstadt gefoltert wurde. Was sagen Sie dazu?«

Bonzo schloß die Augen, Kalkstaub lag auf seinen Lidern; schmunzelnd antwortete er: »Ich habe keinen Sohn, und darum kann er nicht gefoltert worden sein. Wir sind Freunde der Regierung, hören Sie? Ich bin ein Freund der Regierung.«

Er zündete sich eine selbstgedrehte, krumme Zigarette an, inhalierte heftig und sah zur Bustür hinüber, die jetzt geöffnet wurde. Garek kam zurück und erkundigte sich nach dem Stand des Gesprächs. Bonzo wippte, indem er die Füße von den Hacken über die Zehenballen abrollen ließ. Er sah aufrichtig erleichtert aus, als Garek wieder zu uns trat, und er beantwortete unsere weiteren Fragen scherzhaft und ausführlich, wobei er die Luft mitunter zischend durch die vorderen Zahnlücken entweichen ließ.

Als ein Mann mit einer Sense vorüberging, rief Bonzo ihn an; der Mann kam mit schleppendem Schritt heran, nahm die Sense von der Schulter und hörte aus Bonzos Mund die Fragen, die wir zunächst ihm gestellt hatten. Der Mann schüttelte unwillig den Kopf: er war ein leidenschaftlicher Freund der Regierung, und jedes seiner Bekenntnisse quittierte Bonzo mit stillem Triumph. Schließlich reichten sich die Männer in unserer Gegenwart die Hand, wie um ihre gemeinsame Verbundenheit mit der Regierung zu besiegeln.

Auch wir verabschiedeten uns, jeder von uns gab Bonzo die Hand – ich zuletzt; doch als ich seine rauhe, aufgesprungene Hand nahm, spürte ich eine Papierkugel zwischen unseren Handflächen. Ich zog sie langsam mit gekrümmten Fingern ab, ging zurück und schob die Papierkugel in die Tasche. Bela Bonzo stand da und rauchte in schnellen, kurzen Stößen; er rief seine Frau heraus, und sie, Bonzo und der Mann mit der Sense beobachteten den abfahrenden Bus, während die Kinder einen mit Steinen und jenen farblosen kleinen Büschen bedeckten Hügel hinaufstiegen.

Wir fuhren nicht denselben Weg zurück, sondern überquerten die heiße Ebene, bis wir auf einen Eisenbahndamm stießen, neben dem ein Weg aus Sand und Schotter lief. Während dieser Fahrt hielt ich eine Hand in der Tasche, und in der Hand die kleine Papierkugel, die einen so harten Kern hatte, daß die Fingernägel nicht hineinschneiden konnten, sosehr ich auch drückte. Ich wagte nicht, die Papierkugel herauszunehmen, denn von Zeit zu Zeit erreichte uns Gareks melancholischer Blick aus dem Rückspiegel. Ein schreckhafter Schatten flitzte über uns hinweg und über das tote Land; dann erst hörten wir das Propellergeräusch und sahen das Flugzeug, das niedrig über den Eisenbahndamm flog in Richtung zur Hauptstadt, kehrtmachte am Horizont, wieder über uns hinwegbrauste und uns nicht mehr allein ließ.

Ich dachte an Bela Bonzo, hielt die Papierkugel mit dem harten Kern in der Hand, und ich fühlte, wie die Innenfläche meiner Hand feucht wurde. Ein Gegenstand erschien am Ende des Bahndamms und kam näher, und jetzt erkannten wir, daß es ein Schienenauto war, auf dem junge Soldaten saßen. Sie winkten freundlich mit ihren Maschinenpistolen zu uns herüber. Vorsichtig zog ich die Papierkugel heraus, sah sie jedoch nicht an, sondern schob sie schnell in die kleine Uhrtasche, die einzige Tasche, die ich zuknöpfen konnte. Und wieder dachte ich an Bela Bonzo, den Freund der Regierung: noch einmal sah ich seine gelblichen Rohlederstiefel, die träumerische Zufriedenheit seines Gesichts und die schwarzen Zahnlücken, wenn er zu sprechen begann. Niemand von uns zweifelte daran, daß wir in ihm einen aufrichtigen Freund der Regierung getroffen hatten.

Am Meer entlang fuhren wir in die Hauptstadt zurück; der Wind brachte das ziehende Kußgeräusch des Wassers herüber, das gegen die unterspülten Felsen schlug. An der Oper stiegen wir aus, höflich verabschiedet von Garek. Allein ging ich ins Hotel zurück, fuhr mit dem Lift in mein Zimmer hinauf, und auf der Toilette öffnete ich die Papierkugel, die der Freund der Regierung mir heimlich anvertraut hatte: sie war unbeschrieben, kein Zeichen, kein Wort, doch eingewickelt lag im Papier ein von bräunlichen Nikotinspuren bezogener Schneidezahn. Es war ein menschlicher, angesplitterter Zahn, und ich wußte, wem er gehört hatte.

(April 1959)

MARIE LUISE KASCHNITZ

Lange Schatten

Langweilig, alles langweilig, die Hotelhalle, der Speisesaal, der Strand, wo die Eltern in der Sonne liegen, einschlafen, den Mund offenstehen lassen, aufwachen, gähnen, ins Wasser gehen, eine Viertelstunde vormittags, eine Viertelstunde nachmittags, immer zusammen. Man sieht sie von hinten, Vater hat zu dünne Beine, Mutter zu dicke, mit Krampfadern, im Wasser werden sie dann munter und spritzen kindisch herum. Rosie geht niemals zusammen mit den Eltern schwimmen, sie muß währenddessen auf die Schwestern achtgeben, die noch klein sind, aber nicht mehr süß, sondern alberne Gänse, die einem das Buch voll Sand schütten oder eine Qualle auf den nackten Rücken legen. Eine Familie zu haben ist entsetzlich, auch andere Leute leiden unter ihren Familien, Rosie sieht das ganz deutlich, zum Beispiel der braune Mann mit dem Goldkettchen, den sie den Schah nennt, statt bei den Seinen unterm Sonnenschirm hockt er an der Bar oder fährt mit dem Motorboot, wilde Schwünge, rasend schnell und immer allein. Eine Familie ist eine Plage, warum kann man nicht erwachsen auf die Welt kommen und gleich seiner Wege gehen. Ich gehe meiner Wege, sagt Rosie eines Tages nach dem Mittagessen und setzt vorsichtshalber hinzu, in den Ort, Postkarten kaufen, Ansichtskarten, die an die Schulfreundinnen geschrieben werden sollen, als ob sie daran dächte, diesen dummen Gören aus ihrer Klasse Kärtchen zu schicken, Gruß vom blauen Mittelmeer, wie geht es dir, mir geht es gut. Wir kommen mit, schreien die kleinen Schwestern, aber gottlob nein, sie dürfen nicht, sie müssen zum Nachmittagsschlafen ins Bett. Also nur die Fahrstraße hinauf bis zum Marktplatz und gleich wieder zurück, sagt der Vater, und mit niemandem sprechen, und geht der Mutter und den kleinen Schwestern nach mit seinem armen, krummen Bürorükken, er war heute mit dem Boot auf dem Wasser, aber ein Seefahrer wird er nie. Nur die Fahrstraße hinauf, oben sieht man, mit Mauern und Türmen an den Berg geklebt, den Ort liegen, aber die Eltern waren noch nie dort, der Weg war ihnen zu lang, zu heiß, was er auch ist, kein Schatten weit und breit. Rosie braucht keinen Schatten, wozu auch, ihr ist überall wohl, wohl in ihrer sonnenölglänzenden Haut, vorausgesetzt, daß niemand an ihr herumerzieht und niemand sie etwas fragt. Wenn man allein ist, wird alles groß und merkwürdig und beginnt einem allein zu gehören, meine Straße, meine schwarze räudige Katze, mein toter Vogel, eklig, von Ameisen zerfressen, aber unbedingt in die Hand zu nehmen, mein. Meine langen Beine in verschossenen Leinenhosen, meine weißen Sandalen, ein Fuß vor den andern, niemand ist auf der Straße, die Sonne brennt. Dort, wo die Straße den Hügel erreicht, fängt sie an, eine Schlangenlinie zu beschreiben, blaue Schlange im goldenen Reblaub, und in den Feldern zirpen die Grillen wie toll. Rosie benützt den Abkürzungsweg durch die Gärten, eine alte Frau kommt ihr entgegen, eine Mumie, um Gottes willen, was da noch so herumläuft und gehört doch längst ins Grab. Ein junger Mann überholt Rosie und bleibt stehen, und Rosie macht ein strenges Gesicht. Die jungen Männer hier sind zudringliche Taugenichtse, dazu braucht man keine Eltern, um das zu wissen, wozu überhaupt braucht man Eltern, der Teufel, den sie an die Wand malen, hat schon längst ein ganz anderes Gesicht. Nein, danke, sagt Rosie höflich, ich brauche keine Begleitung, und geht an dem jungen Mann vorbei, wie sie es den Mädchen hier abgeguckt hat, steiles Rückgrat, Wirbel über Wirbel, das Kinn angezogen, die Augen finster niedergeschlagen, und er murmelt nur noch einiges Schmeichelhafte, das in Rosies Ohren grenzenlos albern klingt. Weingärten, Kaskaden von rosa Geranienblüten, Nußbäume, Akazien, Gemüsebeete, weiße Häuser, rosa Häuser, Schweiß in den Handflächen, Schweiß auf dem Gesicht. Endlich ist die Höhe erreicht, die Stadt auch, das Schiff Rosie bekommt Wind unter die Leinwand und segelt glücklich durch Schattenstraßen, an Obstständen und flachen Blechkästen voll farbiger, glitzernder, rundäugiger Fische hin. Mein Markt, meine Stadt, mein Laden mit Herden von Gummitieren und einem Firmament von Strohhüten, auch mit Ständern voll Ansichtskarten, von denen Rosie, der Form halber, drei schreiendblaue Meeresausblicke wählt. Weiter auf den Platz, keine Ah- und Oh-Gedanken angesichts des Kastells und der Kirchenfassaden, aber interessierte Blicke auf die bescheidenen Auslagen, auch in die Schlafzimmer zu ebener Erde, wo über gußeisernen, vielfach verschnörkelten Ehebettstellen süßliche Madonnenbilder hängen. Auf der Straße ist zu dieser frühen Nachmittagsstunde fast niemand mehr, ein struppiger, kleiner Hund von unbestimmbarer Rasse kläfft zu einem Fenster hinauf, wo ein Junge steht und ihm Grimassen schneidet. Rosie findet in ihrer Hosentasche ein halbes Brötchen vom zweiten Frühstück. Fang, Scherenschleifer, sagt sie und hält es dem Hund hin, und der Hund tanzt lustig wie ein dressiertes Äffchen um sie herum. Rosie wirft ihm das Brötchen zu und jagt es ihm gleich wieder ab, das häßliche, auf zwei Beinen hüpfende Geschöpf macht sie lachen, am Ende hockt sie im Rinnstein und krault ihm den schmutzig-weißen Bauch. Ehi, ruft der Junge vom Fenster herunter, und Rosie ruft Ehi zurück, ihre Stimmen hallen, einen Augenblick lang ist es, als seien sie beide die einzigen, die wach sind in der heißen, dösenden Stadt. Daß der Hund ihr, als sie weitergeht, nachläuft, gefällt dem Mädchen, nichts gefragt werden, aber Gesellschaft haben, sprechen können, komm mein Hündchen, jetzt gehen wir zum Tor hinaus. Das Tor ist ein anderes als das, durch welches Rosie in die Stadt gekommen ist, und die Straße führt keinesfalls zum Strand hinunter, sondern bergauf, durchquert einen Steineichenwald und zieht dann, mit vollem Blick auf das Meer, hochoben den fruchtbaren Hang entlang. Hier hinauf und weiter zum Leuchtturm haben die Eltern einen gemeinsamen Spaziergang geplant; daß sie jetzt hinter der Bergnase in ihrem verdunkelten Zimmer auf den Betten liegen, ist beruhigend, Rosie ist in einem anderen Land, mein Ölwald, mein Orangenbaum, mein Meer, mein Hündchen, bring mir den Stein zurück. Der Hund apportiert und bellt auf dem dunkelblauen, schmelzenden Asphaltband, jetzt läuft er ein Stück stadtwärts, da kommt jemand um die Felsenecke, ein Junge, der Junge, der am Fenster gestanden und Grimassen geschnitten hat, ein stämmiges, braunverbranntes Kind. Dein Hund? fragt Rosie, und der Junge nickt, kommt näher und fängt an, ihr die Gegend zu erklären. Rosie, die von einem Aufenthalt im Tessin her ein wenig Italienisch versteht, ist zuerst erfreut, dann enttäuscht, da sie sich schon hat denken können, daß das Meer das Meer, der Berg der Berg und die Inseln die Inseln sind. Sie geht schneller, aber der vierschrötige Junge bleibt ihr auf den Fersen und redet weiter auf sie ein, alles, auf das er mit seinen kurzen braunen Fingern zeigt, verliert seinen Zauber, was übrigbleibt, ist eine Ansichtskarte wie die von Rosie erstandenen, knallblau und giftgrün. Er soll nach Hause gehen, denkt sie, mitsamt seinem Hund, auch an dem hat sie plötzlich keine Freude mehr. Als sie in einiger Entfernung zur Linken einen Pfad von der Straße abzweigen und zwischen Felsen und Macchia steil bergabführen sieht, bleibt sie stehen, holt aus ihrer Tasche die paar Münzen, die von ihrem Einkauf übriggeblieben sind, bedankt sich und schickt den Jungen zurück, vergißt ihn auch sogleich und genießt das Abenteuer, den Felsenpfad, der sich bald im Dickicht verliert. Die Eltern und Geschwister hat Rosie erst recht vergessen, auch sich selbst als Person, mit Namen und Alter, die Schülerin Rosie Walter, Obersekunda, könnte mehr leisten; nichts mehr davon, eine schweifende Seele, auf trotzige Art verliebt in die Sonne, die Salzluft, das Tun- und Lassenkönnen, ein erwachsener Mensch wie der Schah, der leider nie spazierengeht, sonst könnte man ihm hier begegnen und mit ihm zusammen, ohne dummes Gegacker, nach fern vorüberziehenden Dampfern Ausschau halten. Der Pfad wird zur Treppe, die sich um den Felsen windet, auf eine Stufe setzt sich Rosie, befühlt den rissigen

Stein mit allen zehn Fingern, riecht an der Minze, die sie mit den Handflächen zerreibt. Die Sonne glüht, das Meer blitzt und blendet. Pan sitzt auf dem Ginsterhügel, aber Rosies Schulbildung ist lückenhaft, von dem weiß sie nichts. Pan schleicht der Nymphe nach, aber Rosie sieht nur den Jungen, den zwölfjährigen, da ist er weiß Gott schon wieder, sie ärgert sich sehr. Die Felsentreppe herunter kommt er lautlos auf staubgrauen Füßen, jetzt ohne sein Hündchen, gesprungen.

Was willst du? sagt Rosie, geh heim, und will ihren Weg fortsetzen, der gerade jetzt ein Stück weit ganz ohne Geländer an der Felswand hinführt, drunten liegt der Abgrund und das Meer. Der Junge fängt gar nicht wieder an mit seinem Ecco il mare, ecco l'isola, aber er läßt sich auch nicht nach Hause schicken, er folgt ihr und gibt jetzt einen seltsamen, fast flehenden Laut von sich, der etwas Unmenschliches hat und der Rosie erschreckt. Was hat er, was will er? denkt sie, sie ist nicht von gestern, aber das kann doch wohl nicht sein, er ist höchstens zwölf Jahre alt, ein Kind. Es kann doch sein, der Junge hat zuviel gehört von den älteren Freunden, den großen Brüdern, ein Gespräch ist da im Ort, ein ewiges halblautes Gespräch von den fremden Mädchen, die so liebessüchtig und willfährig sind und die allein durch die Weingärten und die Ölwälder schweifen, kein Ehemann, kein Bruder zieht den Revolver, und das Zauberwort amore amore schon lockt ihre Tränen, ihre Küsse hervor. Herbstgespräche sind das, Wintergespräche, im kalten, traurigen Café oder am nassen, grauen, überaus einsamen Strand, Gespräche, bei denen die Glut des Sommers wieder entzündet wird. Warte nur, Kleiner, in zwei Jahren, in drei Jahren kommt auch für dich eine, über den Marktplatz geht sie, du stehst am Fenster, und sie lächelt dir zu. Dann lauf nur hinterher, Kleiner, genier dich nicht, pack sie, was sagst du, sie will nicht, aber sie tut doch nur so, sie will.

Nicht daß der Junge, der Herr des äffigen Hündchens, sich in diesem Augenblick an solche Ratschläge erinnert hätte, an den großen Liebes- und Sommergesang des Winters, und die zwei, drei Jahre sind auch noch keineswegs herum. Er ist noch immer der Peppino, die Rotznase, dem seine Mutter eins hinter die Ohren gibt, wenn er aus dem Marmeladeneimer nascht. Er kann nicht wie die Großen herrisch auftreten, lustig winken und schreien, ah, bella, jetzt wo er bei dem Mädchen, dem ersten, das ihm zugelächelt und seinen Hund an sich gelockt hat, sein Glück machen will. Sein Glück, er weiß nicht, was das ist, ein Gerede und Geraune der Großen, oder weiß er es doch plötzlich, als Rosie vor ihm zurückweicht, seine Hand wegstößt und sich, ganz weiß im Gesicht, an die Felswand drückt? Er weiß es, und weil er nicht fordern kann, fängt er an zu bitten und zu betteln, in der den Fremden verständlichen Sprache, die nur aus Nennformen besteht. Zu mir kommen, bitte, mich umarmen, bitte, küssen bitte, lieben bitte, alles ganz rasch hervorgestoßen mit zitternder Stimme und Lippen, über die der Speichel rinnt. Als Rosie zuerst noch, aber schon ängstlich, lacht und sagt: Unsinn, was fällt dir ein, wie alt bist du denn überhaupt? weicht er zurück, fährt aber gleich sozusagen vor ihren Augen aus seiner Kinderhaut, bekommt zornige Stirnfalten und einen wilden, gierigen Blick. Er soll mich nicht anrühren, er soll mir nichts tun, denkt Rosie und sieht sich, aber vergebens, nach Hilfe um, die Straße liegt hoch oben, hinter den Felsen, auf dem Zickzackpfad ihr zu Füßen ist kein Mensch zu sehen, und drunten am Meer erstickt das Geräusch der Brandung gewiß jeden Schrei. Drunten am Meer, da nehmen die Eltern jetzt ihr zweites Bad, wo nur Rosie bleibt, sie wollte doch nur Ansichtskarten für ihre Schulfreundinnen kaufen. Ach, das Klassenzimmer, so gemütlich dunkel im November, das hast du hübsch gemalt, Rosie, diesen Eichelhäherflügel, der kommt in den Wechselrahmen, wir stellen ihn aus. Rosie Walter und dahinter ein Kreuz, eure liebe Mitschülerin, gestorben am blauen Mittelmeer, man sagt besser nicht, wie. Unsinn, denkt Rosie und versucht noch einmal mit unbeholfenen Worten, dem Jungen gut zuzureden, es hätten aber auch beholfenere in diesem Augenblick nichts mehr vermocht. Der kleine Pan, flehend, stammelnd, glühend, will seine Nymphe haben, er reißt sich das Hemd ab, auch die Hose, er steht plötzlich nackt in der grellheißen Steinmulde vor dem gelben Strauch und schweigt erschrocken, und ganz still ist es mit einemmal, und von drunten hört man das geschwätzige, gefühllose Meer.

Rosie starrt den nackten Jungen an und vergißt ihre Angst, so schön erscheint er ihr plötzlich mit seinen braunen Gliedern, seinem Badehosengürtel von weißer Haut, seiner Blütenkrone um das schweißnasse schwarze Haar. Nur daß er jetzt aus seinem goldenen Heiligenschein tritt und auf sie zukommt und die langen weißen Zähne fletscht, da ist er der Wolf aus dem Märchen, ein wildes Tier. Gegen Tiere kann man sich wehren, Rosies eigener schmalbrüstiger Vater hat das einmal getan, aber Rosie war noch klein damals, sie hat es vergessen, aber jetzt fällt es ihr wieder ein. Nein, Kind, keinen Stein, Hunden muß man nur ganz fest in die Augen sehen, so, laß ihn herankommen, ganz starr ins Auge, siehst du, er zittert, er drückt sich an den Boden, er läuft fort. Der Junge ist ein streunender Hund, er stinkt, er hat Aas gefressen, vielleicht hat er die Tollwut, ganz still jetzt, Vater, ich kann es auch. Rosie, die zusammengesunken wie ein Häufchen Unglück an der Felswand kauert, richtet sich auf, wächst, wächst aus ihren Kinderschultern und sieht dem Jungen zornig und starr in die Augen, viele Sekunden lang, ohne ein einziges Mal zu blinzeln und ohne ein Glied zu bewegen. Es ist noch immer furchtbar still und riecht nun plötzlich betäubend aus Millionen von unscheinbaren, honigsüßen, kräuterbitteren Macchiastauden, und in der Stille und dem Duft fällt doch der Junge wirklich in sich zusammen, wie eine Puppe, aus der das Sägemehl rinnt. Man begreift es nicht, man denkt nur, entsetzlich muß Rosies Blick gewesen sein, etwas von einer Urkraft muß in ihm gelegen haben, Urkraft der Abwehr, so wie in dem Flehen und Stammeln und in der letzten wilden Geste des Knaben die Urkraft des Begehrens lag. Alles neu, alles erst erwacht an diesem heißen, strahlenden Nachmittag, lauter neue Erfahrungen, Lebensliebe, Begehren und Scham, diese Kinder, Frühlings Erwachen, aber ohne Liebe, nur Sehnsucht und Angst. Beschämt zieht sich der Junge unter Rosies Basiliskenblick zurück, Schritt für Schritt, wimmernd wie ein kranker Säugling, und auch Rosie schämt sich, eben der Wirkung dieses Blickes, den etwa vor einem Spiegel später zu wiederholen sie nie den Mut finden wird. Am Ende sitzt der Junge, der sich, seine Kleider in der Hand, rasch umgedreht hat und die Felsenstiege lautlos hinaufgelaufen ist, nur das Hündchen ist plötzlich wieder da und bellt unbekümmert und frech, der Junge sitzt auf dem Mäuerchen, knöpft sich das Hemd zu und murmelt vor sich hin, zornig und tränenblind. Rosie läuft den Zickzackweg hinab und will erleichtert sein, noch einmal davongekommen, nein, diese Väter, was man von den Vätern doch lernen kann, und ist im Grunde doch nichts als traurig, stolpert zwischen Wolfsmilchstauden und weißen Dornenbüschen, tränenblind. Eure Mitschülerin Rosie, ich höre, du warst sogar in Italien, ja danke, es war sehr schön. Schön und entsetzlich war es, und am Ufer angekommen, wäscht sich Rosie das Gesicht und den Hals mit Meerwasser, denkt, erzählen, auf keinen Fall, kein Wort, und schlendert dann, während oben auf der Straße der Junge langsam nach Hause trottet, am Saum der Wellen zum Badestrand, zu den Eltern hin. Und so viel Zeit ist über all dem vergangen, daß die Sonne bereits schräg über dem Berge steht und daß sowohl Rosie wie der Junge im Gehen lange Schatten werfen, lange, weit voneinander entfernte Schatten, über die Kronen der jungen Pinien am Abhang, über das schon blassere Meer.

(Mai 1960)

KURT MARTI

Neapel sehen

Er hatte eine Bretterwand gebaut. Die Bretterwand entfernte die Fabrik aus seinem häuslichen Blickkreis. Er haßte die Fabrik. Er haßte die Maschine, an der er arbeitete. Er haßte das Tempo der Maschine, das er selber beschleunigte. Er haßte die Hetze nach Akkordprämien, durch welche er es zu einigem Wohlstand, zu Haus und Gärtchen gebracht hatte. Er haßte seine Frau, so oft sie ihm sagte, heut nacht hast du wieder gezuckt. Er haßte sie, bis sie es nicht mehr erwähnte. Aber die Hände zuckten weiter im Schlaf, zuckten im schnellen Stakkato der Arbeit. Er haßte den Arzt, der ihm sagte, Sie müssen sich schonen, Akkord ist nichts mehr für Sie. Er haßte den Meister, der ihm sagte, ich gebe dir eine andere Arbeit, Akkord ist nichts mehr für dich. Er haßte so viele verlogene Rücksicht, er wollte kein Greis sein, er wollte keinen kleineren Zahltag, denn immer war das die Hinterseite von so viel Rücksicht, ein kleinerer Zahltag. Dann wurde er krank, nach vierzig Jahren Arbeit und Haß zum ersten Mal krank. Er lag im Bett und blickte zum Fenster hinaus. Er sah sein Gärtchen. Er sah den Abschluß des Gärtchens, die Bretterwand. Weiter sah er nicht. Die Fabrik sah er nicht, nur den Frühling im Gärtchen und eine Wand aus gebeizten Brettern. Bald kannst du wieder hinaus, sagte die Frau, es steht jetzt alles in Blust. Er glaubte ihr nicht. Geduld, nur Geduld, sagte der Arzt, das kommt schon wieder. Er glaubte ihm nicht. Es ist ein Elend, sagte er nach drei Wochen zu seiner

Frau, ich sehe nur immer das Gärtchen, sonst nichts, das ist mir zu langweilig, immer dasselbe Gärtchen, nehmt einmal zwei Bretter aus dieser verdammten Wand, damit ich was anderes sehe. Die Frau erschrak. Sie lief zum Nachbarn. Der Nachbar kam und löste zwei Bretter aus der Wand. Der Kranke sah durch die Lücke hindurch, sah einen Teil der Fabrik. Nach einer Woche beklagte er sich, ich sehe immer das gleiche Stück Fabrik, das lenkt mich zu wenig ab. Der Nachbar kam und legte die Bretterwand zur Hälfte nieder. Zärtlich ruhte der Blick des Kranken auf seiner Fabrik, verfolgte das Spiel des Rauches über dem Schlot, das Ein und Aus der Autos im Hof, das Ein des Menschenstromes am Morgen, das Aus am Abend. Nach vierzehn Tagen befahl er, die stehengebliebene Hälfte der Wand zu entfernen. Ich sehe unsere Büros nie und auch die Kantine nicht, beklagte er sich. Der Nachbar kam und tat, wie er wünschte. Als er die Büros sah, die Kantine und so das gesamte Fabrikareal, entspannte ein Lächeln die Züge des Kranken. Er starb nach einigen Tagen.

(1960)

ALEXANDER KLUGE

Ein Liebesversuch

Als das billigste Mittel, in den Lagern Massensterilisationen durchzuführen, erschien 1943 Röntgenbestrahlung. Zweifelhaft war, ob die so erzielte Unfruchtbarkeit nachhaltig war. Wir führten einen männlichen und einen weiblichen Gefangenen zu einem Versuch zusammen. Der dafür vorgesehene Raum war größer als die meisten anderen Zellen, er wurde mit Teppichen der Lagerleitung ausgelegt. Die Hoffnung, daß die Gefangenen in ihrer hochzeitlich ausgestalteten Zelle dem Versuch Genüge leisteten, erfüllte sich nicht.

Wußten sie von der erfolgten Sterilisation?

Das war nicht anzunehmen. Die beiden Gefangenen setzten sich in verschiedene Ecken des dielengedeckten und teppichbelegten Raumes. Es war durch das Bullauge, das der Beobachtung von außen diente, nicht zu erkennen, ob sie seit der Zusammenführung miteinander gesprochen hatten. Sie führten jedenfalls keine Gespräche. Diese Passivität war deshalb besonders unangenehm, weil hochgestellte Gäste sich zur Beobachtung des Versuchs angesagt hatten; um den Fortgang des Experiments zu beschleunigen, befahl der Standortarzt und Leiter des Versuchs, den beiden Gefangenen die Kleider fortzunehmen.

Schämten sich die Versuchspersonen?

Man kann nicht sagen, daß die Versuchspersonen sich schämten. Sie blieben im wesentlichen auch ohne ihre Kleidung in den bis dahin eingenommenen Positionen, sie schienen zu schlafen. Wir wollen sie ein bißchen aufwecken, sagte der Leiter des Versuchs. Es wurden Schallplatten herbeigeholt. Durch das Bullauge war zu sehen, daß beide Gefangenen auf die Musik zunächst reagierten. Wenig später verfielen sie aber wieder in ihren apathischen Zustand. Für den Versuch war es wichtig, daß die Versuchspersonen endlich mit dem Versuch begannen, da nur so mit Sicherheit festgestellt werden konnte, ob die unauffällig erzeugte Unfruchtbarkeit bei den behandelten Personen auch über längere Zeitabschnitte hin wirksam blieb. Die am Versuch beteiligten Mannschaften warteten in den Gängen des Schlosses, einige Meter von der Zellentür entfernt. Sie verhielten sich im wesentlichen ruhig. Sie hatten Weisung, sich nur flüsternd miteinander zu verständigen. Ein Beobachter verfolgte den Verlauf des Geschehens im Innenraum. So sollten die beiden Gefangenen in dem Glauben gewiegt werden, sie seien jetzt allein.

Trotzdem kam in der Zelle keine erotische Spannung auf. Fast glaubten die Verantwortlichen, man hätte einen kleineren Raum wählen sollen. Die Versuchspersonen selbst waren sorgfältig ausgesucht. Nach den Akten mußten die beiden Versuchspersonen erhebliches erotisches Interesse aneinander empfinden.

Woher wußte man das?

J., Tochter eines Braunschweiger Regierungsrates, Jahrgang 1915, also etwa 28 Jahre, mit arischem Ehemann, Abitur, Studium der Kunstgeschichte, galt in der niedersächsischen Kleinstadt G. als unzertrennlich von der männlichen Versuchsperson, einem gewissen P., Jahrgang 1900, ohne Beruf. Wegen P. gab die J. den rettenden Ehemann auf. Sie folgte ihrem Liebhaber nach Prag, später nach Paris. 1938 gelang es, den P. auf Reichsgebiet zu verhaften. Einige Tage später erschien auf der Suche nach P. die J. auf Reichsgebiet und wurde ebenfalls verhaftet. Im Gefängnis und später im Lager versuchten die beiden mehrfach, zueinanderzukommen. Insofern unsere Enttäuschung: jetzt durften sie endlich, und jetzt wollten sie nicht.

Waren die Versuchspersonen nicht willig?

Grundsätzlich waren sie gehorsam. Ich möchte also sagen: willig.

Waren die Gefangenen gut ernährt?

Schon längere Zeit vor Beginn des Versuchs waren die in Aussicht genommenen Versuchspersonen besonders gut ernährt worden. Nun lagen sie bereits zwei Tage im gleichen Raum, ohne daß Annäherungsversuche festzustellen waren. Wir gaben ihnen Eiweißgallert aus Eiern zu trinken, die Gefangenen nahmen das Eiweiß gierig auf. Oberscharführer Wilhelm ließ die beiden aus Gartenschläuchen anspritzen, anschließend wurden sie wieder, frierend, in das Dielenzimmer geführt, aber auch das Wärmebedürfnis führte sie nicht zueinander.

Fürchteten sie die Freigeisterei, der sie sich ausgesetzt sahen? Glaubten sie, dies wäre eine Prüfung, bei der sie ihre Moralität zu erweisen hätten? Lag das Unglück des Lagers wie eine hohe Wand zwischen ihnen?

Wußten Sie, daß im Falle einer Schwängerung beide Körper seziert und untersucht würden?

Daß die Versuchspersonen das wußten oder auch nur ahnten, ist unwahrscheinlich. Von der Lagerleitung wurden ihnen wiederholt positive Zusicherungen für den Überlebensfall gemacht. Ich glaube, sie wollten nicht. Zur Enttäuschung des eigens herangereisten Obergruppenführers A. Zerbst und seiner Begleitung ließ sich das Experiment nicht durchführen, da alle Mittel, auch die gewaltsamen, nicht zu einem positiven Versuchsausgang führten. Wir preßten ihre Leiber aneinander, hielten sie unter langsamer Erwärmung in Hautnähe aneinander, bestrichen sie mit Alkohol und gaben den Personen Alkohol, Rotwein mit Ei, auch Fleisch zu essen und Schampus zu trinken, wir korrigierten die Beleuchtung, nichts davon führte jedoch zur Erregung.

Hat man denn alles versucht?

Ich kann garantieren, daß alles versucht worden ist. Wir hatten einen Oberscharführer unter uns, der etwas davon verstand.

Er versuchte nach und nach alles, was sonst todsicher wirkt. Wir konnten schließlich nicht selbst hineingehen und unser Glück versuchen, weil das Rassenschande gewesen wäre. Nichts von den Mitteln, die versucht wurden, führte zur Erregung.

Wurden wir selbst erregt?

Jedenfalls eher als die beiden im Raum; wenigstens sah es so aus. Andererseits wäre uns das verboten gewesen. Infolgedessen glaube ich nicht, daß wir erregt waren. Vielleicht aufgeregt, da die Sache nicht klappte.

Will ich liebend Dir gehören,
kommst Du zu mir heute Nacht?

Es gab keine Möglichkeit, die Versuchspersonen zu einer eindeutigen Reaktion zu gewinnen, und so wurde der Versuch ergebnislos abgebrochen. Später wurde er mit anderen Personen wiederaufgenommen.

Was geschah mit den Versuchspersonen?
Die widerspenstigen Versuchspersonen wurden erschossen.

Soll das besagen, daß an einem bestimmten Punkt des Unglücks Liebe nicht mehr zu bewerkstelligen ist?

(Oktober 1962)

FRANZ FÜHMANN

Das Judenauto

Wie tief hinab reicht das Erinnern? Ein warmes Grün, das ist in meinem Gedächtnis wohl das früheste Bild: das Grün eines Kachelofens, um dessen oberes Bord sich das Relief eines Zigeunerlagers gezogen haben soll, doch das weiß ich nur noch aus den Erzählungen meiner Mutter, keine Anstrengung des Hirns bringt mir dies Bild zurück. Das Grün aber habe ich behalten: ein warmes Weinflaschengrün mit stumpfem Glanz, und immer, wenn ich mir dieses Grün vor Augen führe, fühle ich mich leicht über den Dielen in Lüften schweben: Ich konnte, wie Mutter erzählte, die Zigeuner nur sehen, wenn Vater mich zweijährigen Knirps in die Höhe hob.

Dann folgt in meinem Gedächtnis etwas Weiches und Weißes, auf dem ich unendlich lange Zeit stillsitzen und dabei in ein sich auf- und abwärts krümmendes Schwarz starren mußte, und dann eine Höhle Holunder mit einer Bank und einem Mann drauf, der nach Abenteuern roch und mich auf seinem Knie reiten ließ und mir ein Stück wunderbar süßer Wurst in den Mund schob, die ich gierig kaute, und diese Erinnerung ist verbunden mit einem Schrei und einem Sturm, der plötzlich Mann und Laube von mir fortriß, um sie jählings ins Nichts zu wirbeln. Es war natürlich keine Sturmbö, es war der Arm der Mutter, der mich aus der grünen Höhle gerissen hatte, und auch der Schrei war der Schrei ihres Entsetzens gewesen: Der Mann, dessen Knie mich gewiegt hatte, war eine der

Spottfiguren des Dorfs: ein heruntergekommener Großbauer, der, auf säbelkrummen Beinen einherschwankend, die Dörfer nach Brot und Schnaps zu durchbetteln pflegte, und der Geruch wilder Abenteuer war sein Atem von Brennspiritus und die Wurst ein Abfall der Roßschlächterei. Jedenfalls muß es herrlich gewesen sein, auf seinen Knien zu reiten: Es ist dies das erste Bild, das ich heute noch ganz deutlich vor mir sehe, und ich war damals drei Jahre alt.

Von da an folgen die Bilder dichter und dichter: die Berge, der Wald, der Brunnen, das Haus, der Bach und die Wiese; der Steinbruch, in dessen Grotten die Geister, die ich mir ausdachte, hausten; Kröte; Hornisse; der Käuzchenruf; die Vogelbeerenallee vor der grauen Fabrik; der Jahrmarkt mit seinem Duft von türkischem Honig und dem Drehorgelgeschrei der Schaubudenausrufer und schließlich die Schule mit ihrem kalkgetünchten, trotz der hohen Fenster stets düstren Korridor, durch den aus allen Klassenräumen heraus die Menschenangst wie ein Nebelschwaden kroch. Die Gesichter der Lehrer habe ich vergessen; ich sehe nur noch zwei verkniffne graue Augen über einer langgezognen messerscharfen Nase und einen von Ringen gekerbten Bambusstock, und auch die Gesichter der Mitschüler sind blaß und unscharf geworden bis auf ein braunäugiges Mädchengesicht mit schmalem, kaum geschwungnem Mund und kurzem hellem Haar über der hohen Stirn: Das Gesicht, vor dessen Augen man die seinen, zum ersten Mal durch eine rätselhafte Macht verwirrt, niedergeschlagen hat, man vergißt es nicht, auch wenn danach Bittres geschehen ist …

Eines Morgens, es war im Sommer 1931, und ich war damals neun Jahre alt, kam, wie immer wenige Minuten vor dem Läuten, das Klatschmaul der Klasse, die schwarzgezopfte, wie ein Froschteich plappernde Gudrun K. wieder einmal mit ihrem Schrei: »Ihr Leute, ihr Leute, habt ihr's schon gehört!« in die Klasse gestürzt. Sie keuchte, da sie das schrie, und fuchtelte wild mit den Armen; ihr Atem flog, doch sie schrie dennoch: »Ihr Leute, ihr Leute!« und rang im Schreien schnaufend nach Luft. Die Mädchen stürzten ihr wie immer entgegen und umdrängten sie jäh wie ein Bienenschwarm seine Königin; wir Jungen jedoch achteten kaum auf ihr Getue, zu oft schon hatte das Klatschmaul etwas als Sensation ausgeschrien, was sich dann als Belanglosigkeit entpuppte. So ließen wir uns in unserm Tun nicht stören: Wir diskutierten gerade die neuesten Abenteuer unsres Idols Tom Shark, und Karli, unser Anführer, machte uns vor, wie man nach dessen Manier den gefährlichsten Wolfshund im Nu erledigt: ein fester Griff in den Rachen, dorthin, wo die Zähne am spitzesten stehn, den Oberkiefer festgehalten, den Unterkiefer hinuntergerissen, den Schädel im Wirbel gedreht und dem Tier einen Tritt in den Kehlkopf – da hörten wir aus dem Schwarm der Mädchen einen schrillen Schrei. »Iii, wie gräsig!« hatte eines der Mädchen geschrien, ein ganz spitzes quiekendes Iii des panischen Schreckens; wir fuhren herum und sahen das Mädchen stehen, die Hand vor dem weit offenen Mund und in den Augen das blanke Entsetzen, und die Gruppe der Mädchen stand vor Schauder gekrümmt. »Und dann rührn sie das Blut mit Nullermehl an und backen draus Brot!« hörten wir Gudrun hastig berichten, und wir sahn, wie die Mädchen sich schüttelten. »Was erzählst du da für 'n Quatsch!« rief Karli laut. Die Mädchen hörten nicht. Zögernd traten wir zu ihnen. »Und das essen sie dann?« fragte eine mit heiserer Stimme. »Das essen sie dann zu ihrem Feiertag, da kommen sie zu Mitternacht alle zusammen und zünden Kerzen an, und dann sagen sie einen Zauber, und dann essen sie das!« bestätigte Gudrun mit keuchendem Eifer. Ihre Augen brannten. »Was für ein Zauber?« fragte Karli und lachte, aber das Lachen klang nicht echt. Plötzlich fühlte ich eine seltsame Angst. »So red schon!« schrie ich Gudrun an, und auch die anderen Jungen schrien, und wir drängten uns um die Mädchen, die Gudrun umdrängten, und Gudrun wiederholte, in hastigen, fast schreienden Sätzen, ihren Bericht: Ein Judenauto sei, so sprudelte sie heraus, in den Bergen aufgetaucht und fahre abends die wenig begangenen Wege ab, um Mädchen einzufangen und zu schlachten und aus ihrem Blut ein Zauberbrot zu backen; es sei ein gelbes, ganz gelbes Auto, so redete sie, und Mund und Augen waren vor Entsetzen verzerrt: ein gelbes, ganz gelbes Auto mit vier Juden drin, vier schwarzen mördrischen Juden mit langen Messern, und alle Messer seien blutig gewesen, und vom Trittbrett habe auch Blut getropft, das hätten die Leute deutlich gesehen, und vier Mädchen hätten sie bisher geschlachtet, zwei aus Witkowitz und zwei aus Böhmisch-Krumma; sie hätten sie an den Füßen aufgehängt und ihnen den Kopf abgeschnitten und das Blut in Pfannen auslaufen lassen, und wir lagen übereinandergedrängt, ein Klumpen Entsetzen, der kreischte und bebte, und Gudrun überschrie unser Grauen mit schriller Käuzchenstimme und beteuerte, obwohl niemand ihre Erzählung anzweifelte, gierig, das sei alles wirklich wahr, sie hätte das Judenauto ja selbst gesehen. Wenn sie gestern nach Böhmisch-Krumma gegangen wäre, um Heimarbeit auszutragen, hätte sie das Judenauto mit eigenen Augen sehn können: gelb, ganz gelb, und vom Trittbrett das tropfende Blut, und ich starrte Gudrun ins Gesicht, das rot war, und dachte bewundernd, daß sie ein tolles Glück gehabt habe, nicht abgeschlachtet worden zu sein, denn daß das Judenauto durch die Felder fuhr und Mädchen einfing, daran zweifelte ich keinen Augenblick.

Ich hatte zwar noch keinen Juden gesehen, aber ich hatte aus den Gesprächen der Erwachsenen schon viel über sie erfahren: Sie hatten alle eine krumme Nase und schwarzes Haar und waren schuld an allem Schlechten in der Welt: Sie zogen den ehrlichen Leuten mit gemeinen Tricks das Geld aus der Tasche und hatten die Krise gemacht, die meines Vaters Drogenhandlung abzuwürgen drohte; sie ließen den Bauern das Vieh und das Korn wegholen und kauften von überallher Getreide zusammen, gossen Brennspiritus drüber und schütteten es dann ins Meer, damit die Deutschen verhungern sollten, denn sie haßten uns Deutsche über alle Maßen und wollten uns alle vernichten – warum sollten sie dann nicht in einem gelben Auto auf den Feldwegen lauern, um deutsche Mädchen zu fangen und abzuschlachten? Nein, ich zweifelte keinen Augenblick daran, daß das Judenauto existierte, und auch die Worte des Lehrers, der unterdessen die Klasse betreten und die Nachricht vom Judenauto, die alle Münder ihm zugeschrien, für wenig glaubwürdig erklärt hatte, änderten an meinem Glauben nichts. Ich glaubte an das Judenauto; ich sah es gelb, ganz gelb zwischen Kornfeld und Kornfeld fahren, vier schwarze Juden mit langen, spitzigen Messern, und plötzlich sah ich das Auto halten und zwei der Juden zum Kornfeld springen, an dessen Rand ein braunäugiges Mädchen saß und einen Kranz blauer Kornraden flocht, und die Juden, Messer zwischen den Zähnen, packten das Mädchen und schleppten es zum Auto, und das Mädchen schrie und ich hörte ihren Schrei und ich war selig, denn es war mein Name, den sie schrie. Laut und verzweifelt schrie sie meinen Namen; ich suchte nach meinem Colt, doch ich fand ihn nicht, und so stürzte ich mit bloßen Händen aus meinem Geheimgang hinaus und sprang die Juden an. Den ersten Juden schmetterte ich mit einem Schlag gegen das Kinn zu Boden; dem zweiten Juden, der das Mädchen schon hochgehoben hatte, um es in den Wagen zu wälzen, schlug ich mit der Handkante ins Genick, so daß auch er zusammensank; der Jude am Steuer gab Gas, und der Wagen schoß auf mich zu, doch darauf war ich natürlich gefaßt gewesen und schnellte zur Seite; das Auto schoß vorbei, ich sprang auf sein Heck, zertrümmerte mit einem Faustschlag die Wagendecke, drehte dem Juden auf dem Beifahrersitz das Messer aus der zustoßenden Hand, warf ihn aus dem Wagen, überwältigte den Juden am Steuer, bremste, sprang ab und sah im Gras vorm Kornfeld ohnmächtig das Mädchen liegen und ich sah ihr Gesicht, das vor mir reglos im Gras lag, und plötzlich sah ich nur ihr Gesicht: braune Augen, ein schmaler, kaum geschwungner Mund und kurzes, helles Haar über der hohen Stirn, und ich sah

Wangen und Augen und Lippen und Stirn und Haar, und mir war, als sei dies Gesicht immer verhüllt gewesen und ich sähe es das erste Mal nackt. Scheu befing mich; ich wollte wegsehn und konnte es doch nicht und beugte mich über das Mädchen, das reglos im Gras lag, und berührte, ein Hauch, mit meiner Hand ihre Wange und mir wurde flammend heiß, und plötzlich brannte meine Hand: ein jäher Schmerz; mein Name dröhnte in mein Ohr; ich fuhr auf und der Lehrer hieb mir ein zweites Mal das Lineal über den Handrücken. »Zwei Stunden Nachsitzen«, schnaubte er, »ich werd dir das Schlafen im Unterricht schon austreiben!« Die Klasse lachte. Der Lehrer schlug ein drittes Mal zu; die Hand schwoll auf, doch ich biß die Zähne zusammen: Zwei Bänke vor mir saß das Mädchen, dessen Gesicht ich im Gras gesehn hatte, und ich dachte, daß sie jetzt als einzige nicht über mich lachen würde. »Im Unterricht schlafen – glaubt der Kerl, die Bank sei ein Bett!« Der Lehrer hatte das als Witzwort gesprochen, und die Klasse brüllte vor Lachen. Ich wußte, daß sie niemals über mich lachen würde. »Ruhe«, schrie der Lehrer. Das Lachen verebbte. Die Striemen auf meiner Hand wurden blau.

Nach dem Nachsitzen traute ich mich nicht nach Hause; ich grübelte, da ich langsam die Dorfstraße hinaufging, nach einer glaubwürdigen Ausrede und kam schließlich auf den Gedanken, zu Haus zu erzählen, ich hätte dem Judenauto nachgeforscht, und so bog ich, um nicht von der Hauptstraße, sondern von den Feldern aus nach Haus zu kommen, von der Straße ab und ging einen Feldweg hinauf, den Bergen zu:

Kornfelder rechts und Wiesen links, und Korn und Gras wogten mir übers Haupt. Ich dachte nicht mehr ans Nachsitzen und nicht mehr an das Judenauto; ich sah das Gesicht des Mädchens in den Wellen der Gräser und im Korn sah ich ihr helles Haar. Die Wiesen dufteten sinnverwirrend, das pralle Fleisch der Glockenblumen schwang blau in der Höh meiner Brust; der Thymian sandte wilde Wellen betäubenden Duftes; Wespenschwärme brausten bös, und der Mohn neben den blauen Raden glühte, ein sengendes Gift, in hitzigstem Rot. Die Wespen schwirrten wild um mein Gesicht; die Sonne dünstete; die Grillen schrien mir eine irre Botschaft zu, große Vögel schossen jäh aus dem Korn auf; der Mohn neben den Raden lohte drohend, und ich war verwirrt; ich war bisher arglos in der Natur gestanden wie eins ihrer Geschöpfe, eine Libelle oder ein wandernder Halm, doch nun war mir, als ob sie mich von sich stieße und ein Riß aufbräche zwischen meiner Umwelt und mir. Ich war nicht mehr Erde und nicht mehr Gras und Baum und Tier; die Grillen schrien, und ich mußte dran denken, daß sie beim Zirpen die Flügel aneinanderrieben, und plötzlich kam mir das schamlos vor, und plötzlich war alles verändert und wie zum ersten Mal gesehn: Die Kornähren klirrten im Wind, das Gras schmiegte sich weich aneinander, der Mohn glühte, ein Mund, tausend Münder der Erde, der Thymian brodelte bitteren Dunst, und ich fühlte meinen Leib wie etwas Fremdes, wie etwas, das nicht Ich war; ich zitterte und fuhr mit den Fingernägeln über die Haut meiner Brust und zerrte an ihr; ich wollte schreien und konnte doch nur stöhnen; ich wußte nicht mehr, was mir geschah, da kam,

Korn und Gras zur Seite drängend, ein braunes Auto langsam den Feldweg herunter.

Da ich es wahrnahm, schrak ich zusammen, als sei ich bei einem Verbrechen ertappt worden; ich riß die Hände von meiner Brust, und das Blut schoß mir jäh in den Kopf. Mühsam sammelte ich meine Gedanken. Ein Auto; wie kommt ein Auto hierher? dachte ich stammelnd, da begriff ich plötzlich: Das Judenauto! Ein Schauer überrann mich; ich stand gelähmt. Im ersten Augenblick hatte ich zu sehn vermeint, daß das Auto braun war; nun, da ich, entsetzt und von einer schaurigen Neugier gestachelt, ein zweites Mal hinblickte, sah ich, daß es mehr gelb als braun war, eigentlich gelb, ganz gelb, ein grellgelber Ton, und hatte ich anfangs nur drei Personen drin gesehen, so hatte ich mich sicher getäuscht, oder vielleicht hatte sich einer geduckt, sicher hatte sich einer geduckt, es waren ihrer vier im Wagen und einer hatte sich geduckt, um mich anzuspringen, und da fühlte ich Todesangst. Es war Todesangst; das Herz schlug nicht mehr; ich hatte sein Schlagen nie wahrgenommen, doch jetzt, da es nicht mehr schlug, fühlte ich es: ein toter Schmerz im Fleisch, eine leere Stelle, die, sich verkrampfend, mein Leben aussog. Ich stand gelähmt und starrte auf das Auto und das Auto kam langsam den Feldweg herunter, ein gelbes Auto, ganz gelb, und es kam auf mich zu und da, als habe jemand einen Mechanismus in Gang gesetzt, schlug mein Herz plötzlich wieder, und nun schlug es rasend schnell, und rasend überschlugen sich meine Gedanken: schreien, davonlaufen, im Korn verstecken, ins Gras springen, doch da fiel mir in der letzten Sekunde noch ein, daß ich keinen Verdacht erregen durfte und daß ich nicht merken lassen durfte, daß ich wußte, daß es das Judenauto war, und so ging ich, von Grauen geschüttelt, mäßigen Schritts den Feldweg hinunter, mäßigen Schritts vor dem Auto, das Schritt fuhr, und mir troff der Schweiß von der Stirn und ich fror zugleich, und so ging ich fast eine Stunde, obwohl es zum Dorf nur ein paar Schritte warn. Meine Knie zitterten; ich dachte schon, daß ich umfallen würde, da hörte ich, wie einen Peitschenschlag knallend, eine Stimme aus dem Wagen: ein Anruf vielleicht oder ein Befehl, und da wurde mir schwarz vor den Augen; ich spürte nur noch, wie meine Beine liefen und mich mit sich nahmen; ich sah und hörte nichts mehr und lief und schrie, und erst als ich mitten auf der Dorfstraße stand, zwischen Häusern und unter Menschen, wagte ich keuchend, mich umzuschaun, und da sah ich, daß das Judenauto spurlos verschwunden war.

Natürlich erzählte ich am nächsten Morgen in der Klasse, daß mich das Judenauto stundenlang gejagt und fast erreicht habe und daß ich nur durch ganz tolles Hakenschlagen entkommen sei, und ich schilderte das Judenauto: gelb, ganz gelb, und mit vier Juden besetzt, die blutige Messer geschwungen hatten, und ich log nicht, ich hatte alles ja selbst erlebt. Die Klasse lauschte atemlos; sie hatte mich umdrängt und sah mich bewundernd und auch neidvoll an; ich war ihr Held und hätte jetzt an Karlis Stelle ihr Anführer werden können, doch das wollte ich gar nicht, ich wollte nur einen Blick und wagte doch nicht, ihn zu suchen. Dann kam der Lehrer; wir schrien ihm die ungeheure Nachricht ins Gesicht; fiebernd schilderte ich meine

Erlebnisse, und der Lehrer fragte nach Ort und Zeit und Umständen, und ich konnte alles genauestens angeben, da waren keine Mogeleien und Widersprüche, da gab es nichts als unwiderlegliche Tatsachen: das gelbe, ganz gelbe Auto, die vier schwarzen Insassen, die Messer, das Blut am Trittbrett, der Feldweg, der Befehl, mich zu fangen, die Flucht, die Verfolgung, und die Klasse lauschte atemlos, da hob das Mädchen mit dem kurzen, hellen Haar die Hand, und nun wagte ich, ihr ins Gesicht zu sehen, und sie wandte sich halb in ihrer Bank um und sah mich an und lächelte, und mein Herz schwamm fort. Das war die Seligkeit; ich hörte die Grillen schreien und sah den Mohn glühn und roch den Thymianduft, doch nun verwirrte mich das alles nicht mehr, die Welt war wieder heil und ich war ein Held, dem Judenauto entronnen, und das Mädchen sah mich an und lächelte und sagte mit ihrer ruhigen, fast bedächtigen Stimme, daß gestern ihr Onkel mit zwei Freunden zu Besuch gekommen sei; sie seien im Auto gekommen, sagte sie langsam, und das Wort »Auto« fuhr mir wie ein Pfeil ins Hirn; in einem braunen Auto seien sie gekommen, sagte sie, und sie sagte auf die hastige Frage des Lehrers, sie seien zur gleichen Zeit, da ich das Judenauto gesehn haben wollte, den gleichen Feldweg hinabgefahren, und ihr Onkel habe einen Jungen, der am Wiesenrand gestanden habe, nach dem Weg gefragt, und der Junge sei schreiend davongelaufen, und sie strich die Zunge über ihre dünnen Lippen und sagte, ganz langsam, der Junge am Weg habe genau solche grünen Lederhosen getragen wie ich, und dabei sah sie mich freundlich lächelnd an und alle, so fühlte ich, sahen mich an und ich fühlte ihre Blicke bös wie Wespen schwirren, Wespenschwärme über Thymianbüschen, und das Mädchen lächelte mit jener ruhigen Grausamkeit, deren nur Kinder fähig sind, und als dann eine Stimme aus mir herausbrüllte, die blöde Gans spinne ja, es sei das Judenauto gewesen: gelb, ganz gelb und vier schwarze Juden drin mit blutigen Messern, da hörte ich wie aus einer anderen Welt durch mein Brüllen ihre ruhige Stimme sagen, sie habe mich ja selbst vor dem Auto davonlaufen sehen. Sie sagte es ganz ruhig, und ich hörte, wie mein Brüllen jählings abbrach; ich schloß die Augen, es war Totenstille, da plötzlich hörte ich ein Lachen, ein spitzes, kicherndes Mädchenlachen wie Grillengezirp schrill, und dann toste eine brüllende Woge Gelächter durch den Raum und spülte mich fort. Ich stürzte aus der Klasse hinaus und rannte aufs Klosett und schloß hinter mir zu; Tränen schossen mir aus den Augen, ich stand eine Weile betäubt im beizenden Chlorgeruch und hatte keine Gedanken und starrte die schwarzgeteerte, stinkende Wand an und plötzlich wußte ich: Sie waren dran schuld! Sie waren dran schuld, sie, nur sie: Sie hatten alles Schlechte gemacht, was es auf der Welt gibt, sie hatten meinem Vater das Geschäft ruiniert, sie hatten die Krise gemacht und den Weizen ins Meer geschüttet, sie zogen mit ihren gemeinen Tricks den ehrlichen Leuten das Geld aus der Tasche, und auch mit mir hatten sie einen ihrer hundsgemeinen Tricks gemacht, um mich vor der Klasse zu blamieren: Sie waren schuld an allem; sie, kein andrer, nur sie! Ich knirschte mit den Zähnen: Sie waren schuld! Heulend sprach ich ihren Namen aus; ich schlug die Fäuste vor die Augen und stand im schwarzgeteerten, chlordünstenden Knabenklosett und schrie ihren Namen: »Juden!« schrie ich und wieder: »Juden!«, und wie das nur klang: »Juden, Juden!«, und ich stand heulend in der Klosettzelle und schrie Juden Juden Juden Juden, und dann erbrach ich mich. Juden. Sie waren schuld. Juden. Ich würgte und ballte die Fäuste. Juden. Juden Juden Juden Juden. Sie waren dran schuld. Ich haßte sie.

(Dezember 1962)

PETER BICHSEL

San Salvador

Er hatte sich eine Füllfeder gekauft.

Nachdem er mehrmals seine Unterschrift, dann seine Initialen, seine Adresse, einige Wellenlinien, dann die Adresse seiner Eltern auf ein Blatt gezeichnet hatte, nahm er einen neuen Bogen, faltete ihn sorgfältig und schrieb: »Mir ist es hier zu kalt«, dann, »ich gehe nach Südamerika«, dann hielt er inne, schraubte die Kappe auf die Feder, betrachtete den Bogen und sah, wie die Tinte eintrocknete und dunkel wurde (in der Papeterie garantierte man, daß sie schwarz werde), dann nahm er seine Feder erneut zur Hand und setzte noch seinen Namen Paul darunter.

Dann saß er da.

Später räumte er die Zeitungen vom Tisch, überflog dabei die Kinoinserate, dachte an irgend etwas, schob den Aschenbecher beiseite, zerriß den Zettel mit den Wellenlinien, entleerte seine Feder und füllte sie wieder. Für die Kinovorstellung war es jetzt zu spät.

Die Probe des Kirchenchores dauert bis neun Uhr, um halb zehn würde Hildegard zurück sein. Er wartete auf Hildegard. Zu all dem Musik aus dem Radio. Jetzt drehte er das Radio ab.

Auf dem Tisch, mitten auf dem Tisch, lag nun der gefaltete Bogen, darauf stand in blauschwarzer Schrift sein Name Paul.

»Mir ist es hier zu kalt«, stand auch darauf.

Nun würde also Hildegard heimkommen, um halb

zehn. Es war jetzt neun Uhr. Sie läse seine Mitteilung, erschräke dabei, glaubte wohl das mit Südamerika nicht, würde dennoch die Hemden im Kasten zählen, etwas müßte ja geschehen sein. Sie würde in den »Löwen« telefonieren.

Der »Löwen« ist mittwochs geschlossen.

Sie würde lächeln und verzweifeln und sich damit abfinden, vielleicht.

Sie würde sich mehrmals die Haare aus dem Gesicht streichen, mit dem Ringfinger der linken Hand beidseitig der Schläfe entlang fahren, dann langsam den Mantel aufknöpfen.

Dann saß er da, überlegte, wem er einen Brief schreiben könnte, las die Gebrauchsanweisung für den Füller noch einmal – leicht nach rechts drehen – las auch den französischen Text, verglich den englischen mit dem deutschen, sah wieder seinen Zettel, dachte an Palmen, dachte an Hildegard.

Saß da.

Und um halb zehn kam Hildegard und fragte: »Schlafen die Kinder?«

Sie strich sich die Haare aus dem Gesicht.

(Dezember 1963)

MARIE LUISE KASCHNITZ

Vogel Rock

Kurz vor drei Uhr bemerkte ich den Vogel in meinem Zimmer. Kurz vor drei Uhr nachmittags, ein schöner Tag im September, draußen schien die Sonne, also nichts von Dämmerung oder unheimlicher Stimmung, keine Spur. Da ich morgens früh aufwache, habe ich nach dem Mittagessen eine tote Zeit und bin unfähig, irgend etwas zu tun. Ich lege mich also mit der Zeitung auf mein Bett, lese ein bißchen und schlafe ein bißchen, übrigens ohne die Vorhänge zuzuziehen, auch die kleine Balkontüre steht offen, und zwar bei jedem Wetter und bei jeder Temperatur. Neben meinem Bett befindet sich ein langer, niederer Tisch, auf dem außer Büchern und Zeitschriften auch Schreibhefte und Bleistifte liegen, die ich gern zur Hand habe, um jederzeit etwas aufschreiben zu können.

Ich habe also auch an dem Tag geschlafen und bin aufgewacht, und zwar diesmal nicht von selbst, sondern von einem merkwürdigen Geräusch, Schlagen wie von schweren Flügeln, aber wer denkt gleich an so etwas, und ich habe auch nicht an Flügel gedacht. Ich habe mich nur gewundert, weil in meiner Nähe sich etwas bewegte und habe die Augen aufgemacht. Den Vogel, einen großen, graubraunen, habe ich dann mit Erstaunen gesehen. Noch nie war einer zu mir ins Zimmer gekommen und war dort herumgeflogen zwischen den rosatapezierten Wänden, was dieser gleich zu Anfang mit einiger Geschicklichkeit tat. Mein Zimmer ist nämlich nicht groß, drei auf fünf Meter würde ich sagen, und es hätte mich nicht gewundert, wenn der Vogel sich bei seinem aufgeregten Hin und Her verletzt hätte und tot zu meinen Füßen niedergestürzt wäre. Er machte aber jedesmal eine rasche Wendung, nicht einmal mit dem Schnabel oder mit seinen Schwanzfedern berührte er die Wand. Wenn er nur, dachte ich, wieder hinunterfliegen würde auf den Teppich, und hinausspazieren, zu Fuß sozusagen, wie er doch wohl auch gekommen war, den braunen Teppich für Moos haltend und die rosa Wände für die Morgenröte, aber er tat es nicht, er blieb da oben und fand nicht zurück. Er flog noch eine ganze Weile lang hin und her und versuchte bald auf der Kette des Kerzenleuchters, bald auf dem Rahmen des Spiegels Fuß zu fassen, wandte sich aber auch dort jedesmal blitzschnell wieder ab und strich unter der Zimmerdecke hin. Es war ihm bald anzumerken, daß er müde wurde und nicht aus noch ein wußte, und ich überlegte, wie ich ihm helfen könnte, etwa dadurch, daß ich das Fenster öffnete, das viel breiter als die Balkontüre ist und durch das man ein großes Stück Himmel sieht. Ich fürchtete aber, den Vogel zu erschrecken, und rührte mich nicht. Nur mein Schreibheft hatte ich ganz vorsichtig herübergeschoben und hielt es auf meinen angezogenen Knien.

Dann, kurz nach halb vier Uhr, fing der Vogel plötzlich an zu schreien. Er gab, immer noch hin- und herfliegend, einen langgezogenen und schrillen Ton von sich, und dieser durchdringende und angstvolle Ton erschreckte mich sehr. Ich habe niemals, etwa in einem Käfig, Vögel gehalten und bin Tieren gegenüber überhaupt befangen; auch die zutrauliche und respektlose

Art, mit der viele Menschen mit ihren Hunden oder Katzen umgehen, habe ich niemals nachahmen können. Ich bekam darum, als ich die wilde Stimme des Vogels hörte, sofort Herzklopfen. Ich wollte sogar aufspringen und aus dem Zimmer laufen, ich schlug schon mit der Hand die leichte Decke, die über meinen Knien lag, zurück. Es ist aber in diesem Augenblick der Vogel, der wohl meiner jetzt erst gewahr geworden war, plötzlich zur Ruhe gekommen. Er hat sich auf meine Wäschekommode gesetzt und seinen Kopf zu mir herübergewandt. Die ganze nächste Zeit über saß er da oben und sah mich mit seinen gelbumränderten, traurigen Vogelaugen an.

Wenn ich mir jetzt einbilde, daß ich mich von Anfang an vor dem fremden Vogel gefürchtet habe, so ist das nicht wahr. Seine Stimme hat mich einen Augenblick lang beunruhigt, ich habe ihn aber, sobald er wieder still war, ganz ruhig und mit einem gewissen sachlichen Interesse angesehen. Ich habe versucht herauszubekommen, was für ein Vogel es war, und zu diesem Zweck habe ich zuerst einmal festgestellt, was er für eine Körperform hatte, wie lang seine Beine und sein Schnabel waren und wie sein Gefieder beschaffen war. Es hätte mir ohne Zweifel Freude gemacht, ihn einer bestimmten Gattung von Vögeln zuzuordnen, und wahrscheinlich hätte ich mich auch, wenn mir das gelungen wäre, in seiner Gegenwart ruhiger und sicherer gefühlt. Ich habe aber mit diesen Untersuchungen kein Glück gehabt. Obwohl ich eine Menge von Vögeln kenne, gab es noch keinen, dem mein struppiger Gast ähnlich gesehen hätte. Er war ziemlich groß, aber er hatte weder die rostroten Steuerfedern der Trappen noch das bunte Gefieder der Wildtauben, nicht die glänzenden schwarzen Federn der Raben und Krähen, nicht den langen Schwanz der Elster und nicht die Federkrone des Wiedehopfs. Sein Schnabel war lang und gelb wie der einer Schnepfe, und seine Füße waren wie die der Schnepfe stark und niedrig, aber seine Färbung war gleichmäßig und stumpf, es waren auf seinen Federn weder lichte Flecke noch helle Streifen zu sehen. Es gibt ihn also nicht, dachte ich ein wenig beunruhigt, als ich mir noch all die andern Vögel ins Gedächtnis gerufen hatte, die ich zwar nicht aus der Natur kannte, die aber einmal, auf großen farbigen Tafeln abgebildet, in unserem Kinderzimmer hingen. Es gibt dich also nicht, sagte ich laut und stieß dann, weil ich vor meiner eigenen Stimme erschrak, einige lächerliche Pieptöne aus, so als könnte ich mit meinem Gast ins Gespräch kommen, ich wußte aber schon, daß das nicht gelingen würde, und der Vogel rührte sich auch nicht und schaute mich nur immer weiter an.

Soviel ich mich erinnere, habe ich gleich danach, es mochte jetzt etwa vier Uhr sein, angefangen, den Vogel zu zeichnen. Wahrscheinlich habe ich dabei die Absicht gehabt, eine etwa gelungene Wiedergabe des Tieres mit Abbildungen in berühmten vogelkundlichen Werken zu vergleichen und ihn auf diese Weise schließlich doch noch zu identifizieren. Ich zeichnete in mein Notizheft, das ich gegen meine aufgestützten Knie lehnte, ich gab mir Mühe und hatte, da ich, ohne den Vogel zu erschrecken, das Zimmer ohnehin nicht verlassen konnte, Zeit genug. Ich bin auch im Zeichnen ganz geschickt, ich meine auf eine gewisse akademische Weise, ich habe, um mich in dieser Fertigkeit zu üben, verschiedentlich Abendklassen besucht. Es gelang mir aber nicht, den Vogel so, wie er war, aufs Papier zu bringen, und darüber wunderte ich mich sehr. Ich machte vier Zeichnungen, und auf der einen hatte der Vogel Storchenbeine und einen Spatzenkopf, auf der zweiten trug er auf einem dünnen Hals zwei Köpfe, auf der dritten hing er in einer Schlinge und hatte drei Beine, auf der vierten war von ihm fast nur das mir zugewandte Auge, ein riesiges Menschenauge, zu sehen. Ich versuchte es noch ein paarmal, auf immer neuen Blättern, aber es wollte mir nicht gelingen, meine Finger taten nicht, was ich wollte, sondern etwas, was ich gar nicht wollte und was mir den Vogel nicht näherbrachte, sondern ihn fremd und höchst unheimlich erscheinen ließ.

Als ich meine Zeichnungen eine Weile angestarrt hatte, klingelte das Telefon. Bei diesem Geräusch fing der Vogel an, mit den Flügeln zu schlagen und die Augen zu verdrehen, und ich hielt es für besser, auf den Korridor zu gehen und den Hörer abzunehmen, manche Leute lassen den Apparat viele Male klingeln, ehe sie ihren Versuch aufgeben, und das hätte den Vogel gewiß ganz verrückt gemacht. Ich war aber auch sehr froh, auf diese Weise aus dem Zimmer zu kommen, und vielleicht hatte ich auch die Hoffnung, der Vogel würde in meiner Abwesenheit den Mut haben, bis zur Balkontür und durch die Tür ins Freie zu fliegen. Ich ging also hinaus und redete eine ganze Weile, aber als ich wieder in mein Schlafzimmer zurückkehrte, war der Vogel immer noch da. Er saß immer noch auf der Kommode, nur daß er sich jetzt aufgeplustert hatte, jedenfalls schien er mir jetzt viel größer als vorher. Ich starrte ihn erschrocken an, und dann setzte ich mich hin, diesmal auf einen Stuhl, aber ich zeichnete nicht mehr. Ich muß ihm einen Namen geben, dachte ich und fing an mich zu besinnen. Es fiel mir aber keiner ein, und darüber geriet ich in eine furchtbare Aufregung, so als sei mit einem Namen alles gewonnen, Ruhe und Sicherheit und Glück. Ein Name aus einem Märchen, aber ich wußte nicht, aus welchem, kam mir endlich in den Sinn, ich wußte auch nicht mehr, was für eine Art von Vogel das gewesen war. Ich schrieb unter meine Zeichnungen die Worte Vogel Rock und sagte sie auch leise vor mich hin, Rock, Rock, Rock, aber eine Beruhigung war das nicht.

Ungefähr um fünf Uhr muß ich auf den Gedanken gekommen sein, mir eine Tasse Tee zu machen. Ich ging in die Küche und stellte Wasser aufs Gas, und als das Wasser kochte und ich es auf die Teeblätter gegossen hatte, beschloß ich, das Tablett ins andere Zimmer zu tragen, das ehemals das Zimmer meines Mannes war. Ich hatte aber diesmal die Tür nicht richtig zugemacht, und als ich in das Zimmer meines Mannes kam, sah ich den Vogel schon dort sitzen, und zwar auf einem Tisch, der mit Büchern und Manuskripten bedeckt war. Er saß da nicht ruhig, sondern wandte den Kopf nach allen Seiten, so als wolle er alles in Augenschein nehmen, den Sekretär und die lange Bücherwand und die Couch mit den drei Rückenkissen und den Schreibtischstuhl mit den Armlehnen, die vorn etwas eingekerbt sind, so daß man in die Kerben seine Finger legen kann. Auf eine dieser Armlehnen setzte er sich später, und das war mir sehr unangenehm, weil ich überhaupt niemand Fremden auf diesem Stuhl sitzen lasse, wenigstens wenn ich es vermeiden kann. Die Fenster standen auch in diesem Zimmer weit offen, und während ich auf der Couch saß und meinen Tee trank, überlegte ich, warum der Vogel nicht hinausflöge, es wurde darüber sechs Uhr, und die Sonne ging unter, gerade in der Lücke zwischen den beiden gegenüberliegenden Häusern, dort, wo die Pappeln stehen. Sie war groß und rot, und als sie hinter den Pappeln verschwunden war, fing der Vogel wieder zu schreien an.

Ich glaube, daß mir schon in diesem Augenblick der Gedanke gekommen ist, den ich damals nicht in Worte zu kleiden wagte und den ich auch heute noch nicht aufschreiben kann. Das Telefon klingelte noch einmal, diesmal war eine Freundin von mir am Apparat, die, kaum daß ich ein paar Worte gesprochen hatte, erschrocken fragte: Was hast du, was ist dir? Und gewiß dachte ich daran, ihr von dem Vogel zu erzählen, aber ich tat es nicht, ich redete mich heraus mit Kopfschmerzen und Übelkeit, ich mußte wohl etwas Verdorbenes gegessen haben, und als meine Freundin herüberkommen und nach mir sehen wollte, sagte ich schnell: Nein danke, ich brauche nur Ruhe, ich gehe ins Bett. Ich dachte aber nicht daran, ins Bett zu gehen, vielmehr zog ich, kaum daß ich den Hörer niedergelegt hatte, meinen Mantel an und lief aus der Wohnung und die Treppe hinunter, wohin ich wollte, wußte ich nicht.

Es war jetzt schon dunkel, aber noch sehr warm, und ich war froh, draußen zu sein. Ich ging eine Weile ziellos durch die Straßen, und dann ging ich zu einem mir befreundeten Ehepaar, das ziemlich weit draußen, schon am Rande der Schrebergärten, ein Häuschen und einen Garten mit schönen alten Bäumen besitzt. Der Mann ist Vogelkenner und überhaupt ein Tierliebhaber, und wahrscheinlich wollte ich mir bei ihm Rat holen, was ich mit dem Vogel anfangen sollte, ein großer Vogel in einer kleinen Stadtwohnung, ein Vogel, der wegfliegen könnte und nicht wegfliegen will. Wie ich es erwartet hatte, saßen meine Freunde im Garten bei einem Windlicht, um das die Nachtfalter schwirrten, in der hohen Rüster hörten wir die Käuzchen schreien. Über diese Käuzchen wurde gleich gesprochen, und nun hätte nichts näher gelegen, als daß ich meine Frage anbrachte, aber ich habe es nicht getan. Ich habe schon angefangen, denkt euch nur, heute, und bin dann wieder ausgewichen und habe von einem anderen, ganz belanglosen Vorfall berichtet, der schon ein paar Tage zurücklag und den ich nur benützte, um nicht stumm dazusitzen und die großen Bäume im Nachtwind ächzen zu hören. Wir sprachen danach noch einmal über Nachtvögel, aber auf eine ganz nüchterne, fast wissenschaftliche Weise, es wurde die volkstümliche Anschauung von den Käuzchen als Todverkündern gar nicht erwähnt, und auch von Seelenvögeln, das heißt von in Gestalt von Vögeln dem Körper entfliehenden Seelen, war die Rede nicht. Ich machte im Laufe des Abends noch zweimal, aber vergeblich den Versuch, von meinem Erlebnis zu erzählen, und hatte wohl auch im Sinn, mich von meinen Freunden nach Hause begleiten zu lassen, wenn der Vogel dann verschwunden war, um so besser, stellt euch vor, hätte ich dann gesagt, ich habe mich vor ihm gefürchtet, und mit einem Gelächter wäre alles zu

Ende gegangen. Ich sagte aber nichts und bat meine Freunde auch nicht um ihre Begleitung, und das war gerade, als ob ich etwas zu verschweigen oder zu verbergen hätte.

Es muß ungefähr halb zwölf gewesen sein, als ich mich von meinen Freunden verabschiedete, und kurz vor Mitternacht, als ich nach Hause kam. Sofort, nachdem ich das Licht im Korridor angedreht hatte, sah ich den Vogel, der auf dem schmalen blauen Läufer saß und sich langsam auf mich zu bewegte. Er ging nicht, wie am Nachmittag auf dem Büchertisch, hochbeinig den Flur entlang, sondern kroch auf dem Bauch, wobei er seine Flügel weit ausgebreitet nachschleppte. Der Korridor ist ebenfalls recht schmal, darum streifte der Vogel mit seinen Flügelspitzen die Wände, was ein seltsam fegendes Geräusch hervorrief, so wie wenn große Schwärme von Zugvögeln in geringer Höhe vorüberziehen.

Der Vogel schien mir viel größer als vor meinem Weggehen, niemals hätte er jetzt noch auf der schmalen, mit allerlei Sachen vollgeräumten Wäschekommode Platz gehabt. Er war so groß, daß ich erschrak und am liebsten gleich wieder zur Türe hinausgelaufen wäre. Aber dann blieb ich doch stehen und überlegte, was ich tun könnte, die Nachbarn wecken oder die Feuerwehr anrufen, von der ich wußte, daß sie mit Hilfe von langen Leitern oft verirrte Tiere aus den Wipfeln der Bäume oder von den Dächern herunterholt. Ich hätte aber, um zum Telefon zu gelangen, an dem Vogel vorbeigehen oder vielmehr über ihn hinwegsteigen müssen, und das wagte ich nicht. Ich wagte gar nichts, und eine Zeitlang machte ich aus Feigheit einfach die Augen zu. Als ich sie wieder öffnete, war der Vogel mir noch ein Stück näher gekommen. Er saß jetzt bei der Türe zum Wohnzimmer, die offenstand, und auch die Fenster im Wohnzimmer standen noch immer offen, und ich konnte über den Pappeln zwei Sterne sehen.

Geh fort, dachte ich, und vielleicht sagte ich es sogar, verstört und verwirrt, wie ich war, mit dem riesigen Vogel zu meinen Füßen, von dem ich mir schon vorstellte, wie er mir auch ins Schlafzimmer folgen und schließlich auf meiner Brust hocken würde. Denn der Vogel drängte sich jetzt ganz nah an meine Füße, und ich spürte seine staubige Wärme an meinem nackten Bein. Er war sehr groß und häßlich, und seine Augen waren trübe und ohne Glanz, und als ich auf ihn herunter- und gerade in seine traurigen, kalten Augen sah, gab er ein merkwürdiges Krächzen von sich, und jeden Augenblick konnte er wieder anfangen zu schreien. Zum erstenmal roch ich ihn auch, er hatte den Geruch von trockenen Tannennadeln, auf die den ganzen Tag die Sonne geschienen hat, aber am Abend kriechen die fürchterlichen Schatten eines modrigen Talgrundes wie Nacktschnecken über sie hin.

Sie wissen, wie man ein Tier verjagt. Man klatscht in die Hände und stößt den Atem wie eine Lokomotive ihren Dampf von sich, und wenn das nicht hilft, stampft man mit den Füßen, bewegt die Arme wie Windmühlenflügel und schreit. All das habe ich am Ende dieses Tages getan, und der Vogel hat sich wirklich gerührt, er ist ins Zimmer gekrochen und von dort zum Fenster hinausgeflogen, ziemlich ruhig übrigens, ohne wildes Flügelschlagen und ohne einen Laut. Es hat während seines kurzen Fluges merkwürdigerweise so ausgesehen, als flöge jeder Teil des Tieres für sich, der Kopf für sich und die Flügel für sich und der Schwanz für sich, es war Luft zwischen dem allen, wie bei einem Ding, das sich in seine Bestandteile aufzulösen beginnt. Einen Augenblick lang habe ich ihn auch draußen noch so schweben sehen, er war jetzt wieder klein, nicht größer als ein gewöhnlicher Vogel, und kaum, daß er das Fenster hinter sich gelassen hatte, war er auch schon nicht mehr da. Ich bin gleich durch das Zimmer gelaufen, um ihm nachzusehen, vielleicht wollte ich auch das Fenster hinter ihm schließen. Es war aber da gar nichts mehr, kein Schatten vor den stillen, nachtbleichen Häusern, keine Bewegung auf die Pappeln zu. Da war nur ich, die jetzt ihre Arme nach dem verschwundenen Vogel ausstreckte und weinte und die am nächsten Tag und am übernächsten Tag und noch viele Tage lang mittags zitternd vor Erwartung auf ihrem Bett lag, aber der Vogel kam nicht, und ich weiß, er kommt auch nicht mehr.

(Entstanden 1963 oder 1964)

MARIE LUISE KASCHNITZ

Ja, mein Engel

Genau heute vor fünf Jahren habe ich die Anzeige in die Zeitung gesetzt. Ich war damals noch gut zu Fuß, also ging ich zu Fuß den ganzen langen Weg bis zum Schillerplatz, wo sich die Annahmestelle der Zeitung befindet. Der junge Herr, der am Schalter saß, hat mich sehr freundlich beraten. Es sollte nicht zu teuer werden, und doch sollte alles darinstehen, was ich suchte, nämlich eine ruhige, gebildete Mieterin für mein zweites, eigentlich drittes Zimmer, es blieben mir dann noch das Wohnzimmer und ein kleiner Schlafraum, also Platz genug.

Die Anzeige erschien am folgenden Samstag, und den ganzen Samstag und Sonntag über klingelte es bei mir, und es kamen Frauen, die sich das Zimmer ansahen, mehrere alte, die ich aber nicht haben wollte, und einige junge, aber auch zu diesen sagte ich, ich stünde schon in Verhandlungen und würde Bescheid geben, weil ich immer meinte, es könnte noch eine kommen, die mir besser gefiele. Ich war darüber später sehr froh, weil das Fräulein, dem ich das Zimmer schließlich vermietet habe, erst am Sonntagabend gekommen ist und weil es mir sehr leid getan hätte, gerade diese Dame wieder wegzuschicken; denn sie war freundlich und bescheiden und schön wie ein Engel, sie erinnerte mich an meine kleine Schwester, die auch einmal so zart und fein war, die aber jetzt vier erwachsene Kinder hat und in die Breite gegangen ist.

Das Zimmer, das nach Süden lag und einen kleinen Balkon hatte, gefiel dem Fräulein sehr gut, und es hatte auch nichts daran auszusetzen, daß es so vollgestellt war. Das Fräulein hat sich genau angesehen, was an der Wand hing, den Meisterbrief meines Mannes und die zwei Urkunden mit den goldenen Medaillen von den Wettbewerben, und: Schade, hat das Fräulein gesagt, daß Ihr Mann nicht mehr lebt, ich würde mich von ihm frisieren lassen, das kann nicht jeder, ich habe so widerspenstiges Haar, und ich habe gedacht, ja, Engelshaar, ich habe aber nichts gesagt.

Das Fräulein, das an der Universität studierte, ist bald darauf eingezogen, und ich habe ihm geholfen auszupacken, es hat viele Bücher gehabt, und die Bücher haben wir in einer langen Reihe auf den Schreibtisch gestellt. Schon an diesem Tag habe ich meine Mieterin gefragt, ob ich sie beim Vornamen nennen dürfe, und sie hat gelacht und genickt, sie hat Eva geheißen, ich habe aber dann doch lieber Fräulein Eva gesagt. Es ist mir zuerst sehr merkwürdig vorgekommen, auf dem Korridor Schritte zu hören und auch, daß jemand zu meiner Wohnung die Schlüssel besaß. Ich habe mich aber daran rasch gewöhnt, und nach einer Weile habe ich angefangen, abends darauf zu warten, daß das Fräulein heimkam, und wenn es einmal später wurde, habe ich mir Sorgen gemacht. Das Fräulein führte aber ein sehr regelmäßiges Leben, es saß sogar am Abend noch über den Büchern und nahm sich zum Essen so gut wie gar keine Zeit. Einmal bin ich mit einer Tasse Suppe zu meiner Mieterin ins Zimmer gegangen, und weil sie die Suppe so gierig gegessen hat, habe ich das danach fast alle Tage getan. Während das Fräulein gegessen hat, haben wir uns unterhalten, das Fräulein hat nach meinem Mann und nach meinem

Leben gefragt, und wenn ich richtig ins Erzählen gekommen bin, hat es angefangen, ganz verstohlen wieder in seine Bücher zu sehen. Dann habe ich das Tablett genommen und bin aus dem Zimmer gegangen, und wenn ich irgendwo ein Paar Strümpfe oder einen Unterrock gesehen habe, habe ich die Sachen mitgenommen und sie ausgewaschen, und das hat das Fräulein gar nicht gemerkt.

Beim Aufräumen morgens habe ich mich umgesehen, ob das Fräulein nicht ein paar Photographien hätte, Aufnahmen der Eltern oder der Geschwister oder des Bräutigams, aber es waren gar keine Photographien da. Einmal habe ich mir ein Herz gefaßt und habe gefragt: Wie steht es denn da? und auf meine linke Brust gedeutet, aber das Fräulein hat nur gelacht und gesagt: Nichts, rein gar nichts, und es ist auch immer allein heimgekommen, wenigstens in der ersten Zeit. Ich habe das nicht recht in Ordnung gefunden, weil das Fräulein so ein hübsches Mädchen war, aber es war mir doch lieber so, als wenn es sich die Fingernägel und sogar die Fußnägel feuerrot angemalt und jeden Augenblick einen neuen Verehrer mit nach Hause gebracht hätte, wie das andere Mädchen tun. Ich glaube, daß ich mich schon damals in Gedanken sehr viel mit dem Fräulein Eva beschäftigt und daß ich es von Anfang an liebgehabt habe. *Meine* Eva, sagte ich zu meiner Bekannten, meine Eva ist erkältet, meiner Eva geht es besser, gerade als spräche ich von meinem eigenen Kind. Meine Bekannte zog dann immer ein Gesicht, das sieht man doch auf hundert Schritte, sagte sie, daß Ihre Eva Sie nur ausnützt und sich nicht das geringste aus Ihnen macht. Sie hatte aber damit unrecht, und alle, die später dasselbe behauptet haben, haben ebenfalls unrecht gehabt. Das Fräulein konnte doch nichts dafür, daß es oft zerstreut war und manchmal kaum guten Abend oder danke sagte, wenn ich bei seinem Heimkommen schon mit dem Tablett dastand, und daß es über die frisch gewaschene und gebügelte Wäsche auf seinem Bett hinwegsah, als läge da weniger als nichts. Sie mußte so viel lernen, meine Eva, mein Engel, wie ich sie auch manchmal, aber natürlich nur in Gedanken, nannte, verschiedene fremde Sprachen und darunter auch solche, die kein Mensch mehr spricht. Ich weiß das, weil sie sich einmal von mir die Vokabeln hat abhören lassen, nur daß ich, wenn sie nicht weiter wußte, das betreffende Wort nicht richtig aussprechen konnte, und das hat sie ungeduldig gemacht.

Das war im Juni, also schon über ein halbes Jahr, nachdem das Fräulein eingezogen ist, und Anfang Juli an einem schönen heißen Abend hat es an der Haustür unten dreimal geklingelt, und die Eva ist, was sie noch nie getan hatte, aus ihrem Zimmer gekommen und hat gesagt: Lassen Sie nur, das ist für mich. Sie hat nicht erlaubt, daß ich auf den Knopf drücke, sondern ist die Treppe hinuntergelaufen, ihre Tasche und ihre Handschuhe in der Hand. Das Klingeln hat sich am nächsten Abend und am übernächsten und beinahe alle Abende wiederholt, und jedesmal ist die Eva ganz schnell weggelaufen, sie ist aber keineswegs spät nach Hause gekommen, sondern schon kurz nach zehn Uhr, und niemals hat sie ihren Verehrer mit in die Wohnung gebracht. Nur daß sie sich jetzt ein bißchen mehr Mühe mit ihren Kleidern gegeben hat, oder, um die

Wahrheit zu sagen, *ich* habe mir die Mühe gegeben, jeden Tag habe ich ihr ein Sommerkleid ausgewaschen und es ihr aufs Bett gelegt, und einmal hat sie so etwas gemurmelt wie: Das ist ja rührend, aber natürlich, um den Hals gefallen ist sie mir nicht.

Bitte, habe ich einmal gesagt, wenn Sie mit Ihrem Bekannten auf dem Balkon zu Abend essen wollen, ich könnte ein paar Schnittchen machen, aber sie hat nur gelacht und gesagt: Was ist denn das, Schnittchen? so als ob das ein ganz ausgefallenes Wort wäre, ein komisches Wort. Es war ihr offensichtlich nichts daran gelegen, ihren Freund heraufzubringen, jedenfalls nicht, bis sie mit ihm verlobt war, also nicht vor dem Herbst. Ich habe mich darüber sehr gewundert, weil ich ja nicht die einzige Frau war, die Zimmer vermietete, und weil ich schon viel gehört hatte, wie es jetzt bei den jungen Leuten zugeht, und wie sie zusammenlaufen und wieder auseinanderlaufen, und indessen ist schon alles geschehen.

Im Herbst dann teilte mir die Eva eines Tages mit, daß sie sich verlobt habe, sie wolle jetzt noch ihr Examen machen und dann heiraten, und noch am selben Abend stellte sie mir ihren Bräutigam vor. Ich hatte in meinem Zimmer einen kleinen Imbiß gerichtet, ein Fläschchen Ponysekt und ein paar Pralinen, ich dachte, die jungen Leute würden zu mir kommen, und wir würden anstoßen, ich konnte mir an dem Abend so gut vorstellen, wie einer Mutter zumute ist. Ich sah aber den jungen Mann nur im Korridor, wo es ziemlich dunkel ist, er gab mir die Hand und sagte: Angenehm, ja, wirklich, nur dieses einzige Wort. Er war klein und gedrungen und eigentlich gar nicht so, wie ich ihn mir vorgestellt hatte, jedenfalls kein bißchen lustig, obwohl er noch jung und kaum älter als meine Eva war. Die beiden sind an dem Abend gleich weggegangen, und das Fräulein Eva ist wieder kurz nach zehn Uhr allein nach Hause gekommen. In der Zeit bis zu ihrem Examen ist sie dann abends nicht mehr ausgegangen, sondern hat ihren Bräutigam heraufkommen lassen. Er ist aber nie lange geblieben, nur ein oder zwei Stunden lang. Wenn ich von meinem Zimmer in die Küche oder ins Badezimmer gegangen bin, habe ich die beiden reden hören und gemerkt, daß sie sich jetzt von ihm die Vokabeln abhören ließ. Niemals habe ich so etwas wie Späße oder Zärtlichkeiten oder Küsse gehört, und ich habe das ein wenig traurig gefunden. Ich habe mich aber dann daran erinnert, daß mein Mann und ich, als wir verlobt waren, meiner Mutter auch nicht genug verliebt getan haben, und ich habe gedacht, daß vielleicht die jungen Leute mit der Zeit kühler werden, ein bißchen kühler mit jeder Generation.

Gleich nach dem Examen, das die Eva sehr gut bestanden hat, ist sie zu mir gekommen, um etwas mit mir zu besprechen, sie ist in mein Zimmer gekommen und hat da gesessen und sich überall umgesehen, wie jemand, der sich alle Maße genau einprägen will. Ich habe gedacht, sie würde mir jetzt kündigen, wogegen ich natürlich nichts hätte einwenden können. Sie hatte aber etwas ganz anderes im Sinn, vielmehr der junge Mann hatte es im Sinn, und kurz gesagt, wollten sie mir außer dem Zimmer des Fräuleins noch mein Schlafzimmer abmieten, ich sollte mein Bett ins Wohnzimmer stellen, und Küche und Bad sollten wir gemeinsam benützen. Ich habe zuerst einen Schrecken bekommen, alte Leute sind ja von Natur umständlich, und ich habe auch nicht gewußt, was ich mit all den Sachen anfangen sollte, die in meinen Kommoden und im Schrank im Schlafzimmer waren. Aber dann habe ich mich gefreut, daß die jungen Leute überhaupt Lust hatten, bei mir zu wohnen, und daß ich nicht alleine zurückbleiben würde.

Ein paar Tage darauf haben die Eva und ihr Verlobter mir das Zimmer umgeräumt, das am Ende ziemlich voll, aber doch ganz gemütlich war. In die anderen Zimmer sind die Handwerker gekommen, sie haben die alten Blumentapeten heruntergerissen und die Wände weiß getüncht, den Meisterbrief meines Mannes und alles, was vorher da an der Wand hing, haben die jungen Leute nicht mehr haben wollen, der Eva wäre es wahrscheinlich egal gewesen, aber der junge Mann wollte es nicht. Als sie mit allem fertig waren, sind die beiden weggefahren, sie haben von unterwegs eine Heiratsanzeige geschickt.

Daß ich in dem großen Zimmer gewohnt habe, mit Bett und Nachttisch und Sofa und Eßtisch und Kredenz, hat ungefähr ein Jahr gedauert, nein, etwas länger als ein Jahr. Es war in dieser Zeit noch ziemlich ruhig in der Wohnung, weil der junge Mann den Tag über weg war und weil auch die Eva noch arbeiten gegangen ist. Ich habe für sie eingekauft und ihr das Gemüse gerichtet, und am Abend, wenn die beiden nach Hause gekommen sind, habe ich mich nicht mehr blikken lassen. Ich wäre der Eva gern im Anfang noch ein bißchen zur Hand gegangen, und ich hatte auch oft am Abend das Bedürfnis, noch ein paar Worte zu sprechen, wenigstens so viele, wie ich mit der Eva gewechselt hatte, als sie noch nicht verheiratet war. Ich habe aber gleich gemerkt, daß es dem jungen Mann nicht recht sein würde. Er war nicht ausgesprochen unfreundlich, aber wenn ich ihm auf dem Korridor begegnete, hatte er eine Art, durch mich hindurchzuschauen, als wäre ich gar nicht vorhanden, oder als wäre da etwas, das ihm unangenehm oder sogar unappetitlich war. Es ging mir damals schon nicht mehr sehr gut, meine Haut war grau und faltig und meine Haare, die ich, besonders solange mein Mann noch lebte, immer hübsch frisiert getragen hatte, hingen in Strähnen herab. Das Gehen machte mir Mühe, und es fiel mir nicht leicht, alle Zimmer aufzuräumen und zu putzen, was aber in dem Kontrakt stand, den der junge Mann aufgesetzt hatte, und sie bezahlten mich ja auch dafür. Ich hatte dadurch jetzt ganz schöne Einnahmen und konnte am Samstag einen Blumenstrauß kaufen, den ich meinen Mietern ins Zimmer stellte, und einen Kuchen backen, den sie ebenfalls von mir geschenkt bekamen.

Auch mit Geld habe ich den jungen Leuten einmal aushelfen können. Nur bis zum Ersten, hatte die Eva gesagt, die bei dieser Gelegenheit einmal wieder bei mir im Zimmer saß, so hübsch und fein mit ihrem rosigen Gesicht und ihren hellen Haaren, ich habe das Geld herausgekramt, und sie hat mir zum erstenmal einen Kuß gegeben. Am Ersten pünktlich hat der junge Mann die Miete gezahlt, er hat mich die Quittung unterschreiben lassen und beobachtet, wie meine Hände dabei zitterten, von dem geliehenen Geld war die Rede nicht mehr. Als die Eva das nächstemal zu mir ins

Zimmer kam, teilte sie mir mit, daß sie ein Kind bekommen würde, und ich muß sagen, ich hatte mir das schon gedacht. Sie war in der letzten Zeit sehr blaß gewesen, und als sie bei mir im Zimmer saß, fing sie gleich an, Zigaretten zu rauchen, und sagte: Ich krieg ein Kind, ganz ohne Gefühl, so wie man sagt, ich krieg einen Furunkel oder ein Gerstenkorn, und ich glaube, es paßte ihr nicht. Ich freute mich aber sehr, ich fing gleich an zu stricken, Jäckchen und Höschen und kleine Schuhe, und jedesmal, wenn ich wieder etwas fertig hatte, rief ich die Eva in mein Zimmer, und sie bedankte sich, aber es interessierte sie nicht. Die beiden jungen Leute gingen jetzt viel öfter als früher am Abend aus, und ich konnte der Eva am Morgen ansehen, wie müde sie war und daß ihr das Tanzen und Trinken nicht bekam. Eines Abends faßte ich mir ein Herz und ging in die Küche, wo der junge Ehemann das Geschirr abwusch und eine Jazzplatte dazu spielte. Er bot mir keinen Stuhl an und stellte das Grammophon nicht ab. Als ich gesagt hatte, was ich sagen wollte, nämlich daß die Eva sich mehr schonen müsse, wurde er zum erstenmal richtig unangenehm und schrie mich an. Ich habe mir aber nachher gedacht, daß er vielleicht über meinen Anblick erschrocken ist, er bekam mich ja sehr selten zu sehen, und wie ich da an meinem Stock hereinhumpelte, sah ich wahrscheinlich wie ein alter häßlicher Vogel aus.

Die Eva hat diesen Zwischenfall niemals erwähnt. Sie ist weiter arbeiten und weiter am Abend ausgegangen, das Kind ist aber trotzdem gesund zur Welt gekommen. Ich habe der Eva all mein Gestricktes, schön in buntes Seidenpapier gewickelt, in die Klinik gebracht und ein Zettelchen daran geheftet, auf dem die Worte »Von der alten Oma« standen. Das kleine Mädchen habe ich nicht zu sehen bekommen, und ich habe auch mit der Eva nicht richtig reden können, weil ein paar ihrer Freunde am Bett saßen und Likör tranken, und wie ich wieder gegangen bin und die Tür hinter mir zugemacht habe, haben sie alle laut gelacht. Die Eva hat mich aber während der paar Minuten einmal sehr lieb angesehen und gesagt, ich solle ihr später das Kind hüten und pflegen, die kleine Gudrun, daß sie groß würde und schön.

So ist es dann auch gekommen, und weil sie so glücklich darüber war, habe ich mich zusammengenommen und nicht gezeigt, daß ich zum Kinderhüten und Wickeln und Breikochen eigentlich schon gar nicht mehr imstande war. Was die Ihnen alles aufladen, hat meine Bekannte gesagt, aber ich war froh darüber, das Kind war sehr niedlich, und wir stellten jetzt doch so etwas wie eine richtige Familie vor.

Bald nach der Entbindung wollte Eva durchaus wieder arbeiten gehen. Sie war ja nicht, wie sie es zuerst vorgehabt hatte, Lehrerin geworden, sondern hatte eine Bürostellung angenommen, die ihr sehr behagte, und die beiden hatten schon ziemlich viel, wie sie sagte, zur Anschaffung eines Wagens gespart. Das Kind war den ganzen Tag bei mir, abends holten sie sich das Körbchen ins Zimmer, aber manchmal, wenn sie sehr müde waren und ausschlafen wollten, ließen sie es auch stehen. Die kleine Gudrun schrie zuweilen in der Nacht, und weil ich Angst hatte, daß die Eva von dem Geschrei aufwachen könnte, trug ich das Kind im Zimmer hin und her. Einmal nahm ich es, weil es sich gar nicht beruhigen wollte, zu mir ins Bett, und dort hat es dann so fest geschlafen, daß ich mich nicht traute, es aufzunehmen. Am Morgen schlief es länger als gewöhnlich, und ich lag ganz still und rührte mich nicht. Ich weiß nicht, was Evas Mann an dem Morgen in den Sinn gekommen ist, meistens stand er zu spät auf und hatte es eilig wegzukommen. Aber an dem Tag trat er, ohne anzuklopfen, in mein Zimmer und wollte das Kind holen, er sah uns zusammen im Bett liegen und ich machte nur »psst« und legte den Finger auf den Mund. Er fing aber gleich an zu schreien und so laut, daß ich kein Wort verstehen konnte, und erst nach einer Weile habe ich gemerkt, warum er so böse auf mich war. Ein kleines Kind bei einer alten Frau im Bett, er fand das unhygienisch und unappetitlich, und wahrscheinlich hatte er damit recht.

Von dem Tag an brachte die Eva das Kind morgens zu einer Freundin, einer jungen Person, die selbst ein kleines Kind hatte, und wenn die beiden abends ausgehen wollten, ließen sie die kleine Gudrun dort, auch während der Nacht. Es muß da aber nicht sehr gut gegangen sein, denn eines Tages, schon ein paar Wochen später, kamen sie beide, Eva und ihr Mann, abends zu mir und wollten wieder etwas mit mir besprechen, sie waren beide sehr höflich und freundlich, und ich dachte schon, jetzt geben sie mir das Kind zurück. Es stellte sich aber heraus, daß sie ganz etwas anderes planten. Wie sie sagten, hatte die Eva die Absicht, ihre Stellung aufzugeben, sie wollte von jetzt an zu Hause arbeiten, Übersetzungen und dergleichen. Sie brauchte da einen Raum, in dem sie ihre Kunden empfangen könne, die kämen unter Umständen auch am Abend, ihr Mann wolle nicht gestört werden, und man könne ihm auch nicht zumuten, daß er in dem kleinen Schlafzimmer sitze mit dem Kind. Ich verstand schon, worauf sie hinauswollten, ich sagte, ich würde ja gern in das kleine Schlafzimmer ziehen, wenn ich nur nicht so viele Sachen hätte. Aber auch das hatten sie sich schon überlegt. Es gehörte zu der Wohnung noch eine kleine Mansarde, in die könne man die Möbel stellen, – nein, sie selber wollten sie nicht haben, und ich wußte schon, sie gefielen ihnen nicht. Das Kind sollte ich nicht wieder versorgen, und aufräumen sollte ich auch nicht mehr, ich konnte mich ja so schlecht bücken und kam nicht mehr mit dem Besen unter die Schränke und Betten, und einmal, als ich die Kommode abzustauben vergessen hatte, hatte jemand, wahrscheinlich Evas Mann, in die feine Staubschicht ein großes Fragezeichen gemalt.

Ich zog also in das kleine Schlafzimmer und räumte nicht mehr auf, aber das Kind bekam ich jetzt ab und zu wieder zu sehen, nämlich, wenn meine Mieter am Abend Gäste hatten, da wußten sie nicht wohin mit der Kleinen und schoben sie mir ins Zimmer und sagten: Aber nicht ins Bett. Ich ließ in diesen Nächten meine Nachttischlampe brennen und betrachtete das Kind, das sehr gewachsen war und das jetzt ruhig schlief, mit den Fäustchen rechts und links vom Kopf. Wahrscheinlich hätte ich ohnehin nicht schlafen können, weil es drüben in den Zimmern sehr laut herging, Grammophon und Radio und Spiele, und auch darüber freute ich mich, weil es für eine alte Frau schön ist, junge Stimmen und junges Gelächter zu hören. Obwohl ich es in dem kleinen Zimmer sehr eng hatte, war ich doch nicht unzufrieden. Die Eva war jetzt den ganzen Tag zu Hause und schrieb auf der Schreibmaschine, und ich richtete ihr manchmal einen kleinen Imbiß, Kaffee oder Himbeersaft und ein Brötchen und trug ihr das ins Zimmer, und das war fast wie in der alten Zeit. Nur daß es mir in diesen Wintermonaten nicht gutging, ich bekam einen schlimmen Husten und hustete manchmal die ganze Nacht. Das Zimmer, in dem die Eva und ihr Mann schliefen, lag neben meinem Zimmer, und weil ich so große Angst hatte, sie zu stören, traute ich mich manchmal gar nicht ins Bett zu gehen, sondern blieb im Stuhl sitzen, weil man dann viel weniger husten muß. Sie haben es aber doch gehört, und die Eva hat mir eine Hustenmedizin gebracht und gesagt: Das ist ja schrecklich, und dann hat sie gefragt, ob es ansteckend wäre, dann solle ich doch lieber nicht mehr in die Küche gehen, wegen der Bazillen und wegen dem Kind. Ich bin also in meinem Zimmer geblieben, und die Eva hat mir mittags das Essen gebracht, ein paar Tage lang richtiges Essen und dann noch einen Teller Suppe, aber das war für mich genug.

Im Frühjahr haben sie dann das Auto gekauft, das Geld hatten sie noch nicht ganz beisammen, aber ich habe ihnen etwas von meinem Sparbuch gegeben. Dafür fahren Sie mit uns, hat die Eva gesagt, wir machen schöne Ausflüge zusammen. Aber dazu ist es nicht mehr gekommen, ich war schon zu krank, und ich glaube, sie waren darüber froh. Die Gudrun lief jetzt schon und saß ganz stolz zwischen ihren Eltern in dem roten Wagen. Ich schleppte mich, wenn sie wegfuhren, immer zum Fenster, und manchmal winkte die Eva mir zu. Sie fuhren im Sommer gelegentlich auch zwei oder drei Tage fort, das lange Wochenende, und dann, als sie in Urlaub fahren wollten, beunruhigte sich die Eva, daß jetzt niemand mir meine Suppe kochen würde, und sie schlug darum vor, ich solle in die Mansarde ziehen. Ich habe mich dagegen gesträubt, erstens weil die Mansarde doch voller Möbel war, und zweitens, weil es im Sommer dort unter dem Dach zum Erstikken ist. Ich habe mich aber schließlich überreden lassen, weil in einer anderen Mansarde nebenan eine Frau wohnte, die versprochen hatte, für mich zu sorgen, und weil die Eva gesagt hat, wenn ich allein in der Wohnung bliebe, hätte sie keine ruhige Minute, und der ganze Urlaub mache ihr keinen Spaß. Es war ein sehr heißer Sommer, und ich habe die ganze Zeit gut überstanden, und einmal habe ich auch eine Karte bekommen mit einer Palme vor einem blauen Meer. Mit der Frau, die für mich gekocht hat, bin ich ziemlich gut ausgekommen, sie war mir nicht gerade sympathisch, aber man kann keine großen Ansprüche stellen, wenn man sich bedienen lassen muß. Ich habe auch gewußt, daß die Zeit vorbeigehen und ich bald wieder in meiner Wohnung sein würde, es war ja mit dem Husten auch besser geworden, nur mein Herz war schwach. Anfang September ist die kleine Familie, meine Familie, zurückgekommen. Von meinem Mansardenfenster habe ich nicht auf die Straße hinuntersehen können, aber ich habe doch immer gewartet, und eines Abends ist es mir vorgekommen, als ob ich Evas Stimme und das Geplapper der kleinen Gudrun hörte.

Es ist aber niemand heraufgekommen, und erst ein paar Tage später habe ich von meiner Bekannten erfahren, daß die drei wirklich heimgekommen waren.

Da sehen Sie es, hat meine Bekannte gesagt, ganz gleichgültig sind Sie denen, und überhaupt wollen sie Sie nur los sein, Sie werden schon sehen, in Ihre Wohnung kommen Sie nicht mehr zurück. Gerade an dem Tag aber ist die Eva heraufgekommen, ganz braun gebrannt und lustig, und hat mir etwas mitgebracht, was sie unterwegs für mich gekauft hatte, eine Einkaufstasche aus buntem Stroh mit Strohblümchen, und ich habe mich sehr gefreut und habe nicht daran gedacht, daß ich ja nicht mehr einkaufen gehen kann. Wie ich die Eva eine Weile betrachtet habe, habe ich bemerkt, daß sie wieder in anderen Umständen ist. Sie hat das auch bestätigt und hat gesagt, bei der Gelegenheit könnten wir gleich etwas besprechen, nämlich ob es mir nicht hier oben ganz gut gefiele und ob sie nicht die ganze Wohnung haben könnten, die zwei Zimmer würden ihnen, wenn das neue Kind erst da wäre, doch zu eng. Ich bin ein bißchen erschrocken, aber weil die Eva dann etwas gesagt hat von Wegziehenmüssen, bin ich noch mehr erschrocken und habe gedacht, das ist doch nicht möglich, daß ich die Eva und die Gudrun nicht mehr sehe. Die Eva war auch sehr lieb und hat versprochen, sie wird jeden Tag mit dem Kind heraufkommen, und wenn mich die Treppe nicht mehr so anstrengte, sollte ich herunterkommen und bei ihnen sitzen, wenigstens wenn ihr Mann nicht zu Hause wäre, der sei so nervös.

Wir haben es dann so abgemacht, und am nächsten Tag ist der Mann von Eva heraufgekommen und hat etwas zum Unterschreiben mitgebracht, weil aber meine Gläser schon lange nicht mehr paßten, habe ich das, was ich unterschrieben habe, gar nicht richtig gelesen.

Ich habe eine kleine Summe bekommen für die Möbel, die sie für mich verkauft haben, was, wie der junge Mann sagte, noch ein Glücksfall war, weil den alten Plunder heute niemand mehr will. Ich habe das ganz gut verstanden und auch, daß die beiden von nun an viel weniger Miete zahlen wollten, weil die Zimmer jetzt sogenannte Leerzimmer waren. Das Geld für die Möbel hat noch auf dem Tisch gelegen, und ich habe etwas davon gesagt, daß ich es der Gudrun in die Sparkasse geben wollte. Ich habe noch ein bißchen gezögert, weil ich daran gedacht habe, daß ich es vielleicht für den Arzt brauchen würde, aber der junge Mann hat ganz schnell die Hand darauf gelegt, und dann war es weg. Ich habe plötzlich Tränen in den Augen gehabt, aber nicht wegen dem Geld, sondern weil ich mit einem Male daran gezweifelt habe, daß die Eva jeden Tag heraufkommen und das Kind mitbringen würde. Ich habe den jungen Mann gebeten, sie daran zu erinnern, aber er hat nur gesagt: Jeden Tag, ist das nicht ein wenig unbescheiden? und hat gelacht.

Er hat natürlich recht gehabt, es war wirklich unbescheiden von mir, und wahrscheinlich hat sich die Eva auch darüber geärgert, denn sie ist höchstens jede Woche einmal gekommen, und das Kind hat sie auch nicht immer mitgebracht. Sie ist auch nie lange geblieben, weil es nun schon Herbst und in der Mansarde recht kalt war, und später, als sie den dicken Leib hatte, habe ich ihr selber gesagt, sie solle die steile Treppe nicht mehr gehen. Ich war in der Zeit auch wieder krank, der alte Husten, und die Nachbarin war auch krank, oder es war ihr zuviel geworden, für mich zu kochen und mein Bett zu machen und nach mir zu schauen.

Mitte November, als ich die Eva schon drei Wochen lang nicht gesehen hatte, ist an einem Samstagmorgen der junge Mann zu mir gekommen und hat einen Arzt mitgebracht, und der Arzt hat mir eine Überweisung ins Krankenhaus geschrieben. Ich war damit ganz zufrieden, weil ich schon drei Tage kein warmes Essen mehr bekommen hatte, und auch weil ich dachte, daß im Krankenhaus gewiß ein Aufzug ist, so daß mich die Eva besuchen könne, ohne Mühe davon zu haben. Ich bin dann am nächsten Tag auf einer Tragbahre die Treppe hinuntergeschafft worden, und ich habe gedacht, unten wird meine Wohnungstür offenstehen. Die Eva wird da sein, und wenn ich schön bitte, tragen mich die Männer auch für einen Augenblick in meine alte Wohnung hinein.

Die Tür war aber zu, und es ist mir eingefallen, daß es gerade die Zeit war, in der die Eva das Kind in den Kindergarten bringt. Ich habe also nur einen Blick auf die Tür geworfen, das Schild mit meinem Namen war nicht mehr da, und das hat mir ein merkwürdiges Gefühl gegeben, so als sei ich selbst schon gar nicht mehr da. Das Auto, in das sie mich geschoben haben, ist ganz schnell durch die Stadt gefahren, und der Wärter, der neben mir gesessen hat, hat Späßchen gemacht und mich gefragt, ob ich denn durchaus schon sterben wolle. Das hat mich auf einen Gedanken gebracht, und kaum, daß ich im Krankenhaus in meinem Bett lag, habe ich die Schwester um Briefpapier gebeten und habe eine Art von Testament gemacht. Die Schwester hat mir sehr freundlich dabei geholfen, aber wie sie gemerkt hat, daß ich alles, was ich gespart habe, der Eva hinterlassen wollte, hat sie den Kopf geschüttelt und gefragt, ob ich denn keine Verwandten habe. Die Eva, habe ich gesagt, das ist mein Kind, und die Schwester hat mir das Fieberthermometer eingelegt.

Ich bin jetzt seit vier Wochen im Krankenhaus. Ich lag zuerst in einem großen Zimmer mit vier anderen Frauen, erst vor kurzem haben sie mich in diese kleine Kammer gebracht. Die Frauen haben sich beständig beklagt, und nie hat ihnen jemand etwas recht machen können. Ich habe ihnen aber ganz geduldig zugehört, weil sie dann auch geduldig zuhören mußten, wenn ich ihnen von meiner Familie erzählte. Meine Tochter, habe ich gesagt, und mein Schwiegersohn, und mein Enkelkind, und an den Besuchstagen habe ich jeden Augenblick nach der Tür geschaut, ob sie nicht hereinkommen, große Blumensträuße im Arm. Das ist so lange gegangen, daß die Frauen angefangen haben, sich lustig zu machen, und weil ich mich auch manchmal versprochen und statt von meiner Eva von meinem Engel geredet habe, haben sie angefangen, sich mit dem Finger an die Schläfe zu tippen. Aber daraus habe ich mir nichts gemacht. Ich habe ja gewußt, daß junge Leute nicht viel Zeit haben und daß es sehr unbescheiden von mir war, zu erwarten, daß sie ihre Feiertage in einem Krankenhaus verbringen. Nur meine Bekannte, die selbst alt ist und nichts zu tun hat, ist jeden Sonntag gekommen. Aber von mir aus hätte sie auch wegbleiben können, weil sie die ganze Zeit nichts anderes getan hat, als auf die Eva und ihren Mann zu schimpfen und zu sagen, daß sie mich schon ganz vergessen haben und ich sie überhaupt nicht mehr wiedersehen werde. Ich will sie aber wiedersehen, schon um ihnen zu sagen, daß sie alles von mir erben, und ich weiß auch, daß sie vor meinem Tode noch einmal kommen werden. Besonders in den letzten Tagen, die ich noch in dem großen Zimmer verbracht habe, habe ich sie immer wieder ganz deutlich vor mir gesehen. Da standen sie in der Tür, die Eva hatte das Neugeborene, einen Jungen, auf dem Arm, und die kleine Gudrun riß sich von der Hand ihres Vaters los und lief auf mich zu. Die Frauen in ihren Betten waren ganz still, weil sie so etwas noch nicht gesehen hatten, so etwas Schönes wie meine Familie, die jetzt langsam näher kam und Blumensträuße auf mein Bett legte, so viele Blumen, sie deckten mich damit zu. Aber Fräulein Eva, habe ich gesagt, was machen Sie denn, weil sie mir die Blumen nun auch aufs Gesicht legte, und dann waren es gar keine Blumen mehr, sondern es war Erde und die Erde fiel mir in die Augen und in den Mund.

Jetzt haben sie mich hierhergebracht, vielleicht weil ich nachts so laut spreche und immer dieselbe lange Geschichte erzähle. So ein kleines Loch ist das, mehr als ein Besucher kann da gar nicht eintreten, und darum, wenn die Eva jetzt kommt, kommt sie allein. Ja, allein ist sie, und was hat sie für ein seltsames Kleid an, schwarz mit silbernen Flügelärmeln, nichts für den Vormittag, aber ist denn noch Vormittag, es ist Abend, es ist Nacht. An mein Bett tritt die Eva und stampft ungeduldig mit dem Fuße auf, was aber nichts anderes sein kann als ein Scherz. Sie hat wieder Blumen mitgebracht, und wieder legt sie sie mir aufs Gesicht. Ja, mein Engel, sage ich, sobald ich ein wenig Luft bekomme, und erschrecke, weil ich sie jetzt bei ihrem richtigen Namen genannt habe und zum ersten Male. Die Eva ist aber darüber nicht böse. Sie lächelt und legt ihre Hand auf die Blumen, sie ist so schön wie damals, als sie aus Italien zurückgekommen ist, schön wie ein Engel, und langsam, langsam drückt sie mich immer tiefer hinab.

(Oktober 1964)

HERBERT EISENREICH

Die neuere (glücklichere) Jungfrau von Orléans

Nicht nur die Offiziere der Garnison, sondern so ziemlich alle Männer der so genannten Gesellschaft unseres Städtchens hatten sich an ihr schon den Mund abgewischt. Sie hielt es zwar mit jeweils nur einem, aber im Lauf der Jahre läppert es sich zusammen. Dabei hat sie, angeblich, nicht einmal sehr viel Spaß daran gehabt, an der Sache selbst; sie fand es einfach schick, aus dem bürgerlichen Rahmen zu fallen, und zwar in jedermanns Bett. Allerdings war sie eine attraktive, für unsere Kleinstadt-Begriffe geradezu extravagante Erscheinung: knabenhaft schlank und so groß, daß ihr Bubikopf jede Umgebung überragte; kein anderes Mädchen tanzte Tango und Shimmy und Charleston so gut wie sie, und sie soll die erste Frau der ganzen Stadt gewesen sein, die mit rot lackierten Fingernägeln in der Öffentlichkeit erschienen ist; und selbstverständlich rauchte sie, sehr stark sogar. Mindestens drei Mal war sie offiziell verlobt gewesen: zuerst mit einem Oberleutnant von den Dragonern, der aus dem Krieg eine Galerie von Medaillen heimgebracht hatte, die leise klimperten, wenn er sich im ›Casino-Café‹ über den Billardtisch beugte; sodann mit einem Kaufmannssohn, dessen Vater damals gerade ins Parlament gewählt worden war; und zuletzt mit einem Studenten, der um einiges jünger als sie, aber schon geschieden war und sich in den Ferien als technische Hilfskraft in der Papierfabrik sein Geld verdiente. Aber mit dreißig hatte sie noch immer keinen Ehemann gefunden, und mit fünfunddreißig war sie schon überhaupt nicht mehr begehrenswert: unter Puder und Schminke war ihre Haut vergilbt, die Augen standen wie trübe Tümpel zwischen geschwollenen Lidern, die einst so trotzig vorgewölbten Lippen hatten sich zu einer runzligen, mitunter blutlos platzenden Narbe verengt, und um die Hüften herum war sie dick geworden, während an Armen und Beinen die Muskeln schwanden und überall eckig die Knochen hervortraten; ihr Gang hatte etwas Rasselndes, als trüge sie an der Seite einen über das Pflaster schleifenden Säbel.

Um diese Zeit marschierte Hitler in Österreich ein, und als er, in seinem offenen Kraftwagen, durch unser Städtchen kam, drückte er zufällig ihr, die zwischen den anderen Leuten am Straßenrand jubelte, die ihm entgegengestreckte Hand. Ihr weiteres Verhalten hat man vielfach auf diesen Händedruck zurückgeführt; in Wahrheit aber verhielt sich die Sache ganz anders: Gegen Ende der Zwanzigerjahre, als sie schon nicht mehr bei dem Dragoner und noch nicht bei dem Sohn des Abgeordneten hielt, hatte ein junger Mann sich um ihre Gunst beworben, war aber, weil er lispelte, schmählich abgewiesen worden. In diesem Winter nun war dieser Mann, als Offizier des Bundesheeres, hier wieder aufgetaucht, hatte sich an sie herangemacht und sie schließlich zu einem Rendezvous in den beim Militär seit je beliebten Gasthof ›Zur Westbahn‹ gebeten. Im Zimmer droben ließ er sie sich entkleiden, lockte und schob sie, die sich schon hingelegt hatte, dann vor den großen, in die Schranktür eingelassenen Spiegel, und sagte, wobei er absichtlich seine Zunge zwischen den

Zahnreihen vorquellen ließ: »Mit diesem grauslichen Sack voll Fett und Knochen soll ich ins Bett gehn?« Fast gleichzeitig zog er die Türe auf, und aus dem Schrank trat ein ältlicher, zerlumpter Hausierer, der seit drei Tagen sich nicht mehr rasiert und seit drei Wochen wohl nicht mehr gewaschen hatte; und auf den blöde grinsenden Landstreicher zeigend, sagte er noch zu ihr: »So etwas kommt für dich ja vielleicht noch in Frage – ich aber nicht mehr; schon seit zehn Jahren nicht mehr!« Mit dem letzten Wort war er auch schon draußen und schloß, mit dem vorsorglich bereit gehaltenen Zimmerschlüssel, die beiden ein. Er hatte auf einen kleinen Skandal gehofft; aber da die Eingesperrten mit dem um seinen Ruf besorgten Wirt sich arrangieren konnten, mußte er die Geschichte überall selber erzählen, und tat das nicht ungern, weil er sehr stolz darauf war, daß er sich diesen Jux einen runden Hunderter hatte kosten lassen (und das war damals doch ziemlich viel Geld). So wurde die Sache dann doch publik, und sicher nur deshalb – denn in den Cafés und Tanzdielen, in den schummrigen Hotelzimmern und in den Büschen drunten am Flusse hatte sie sich gewiß nichts von Politik erzählen lassen –, sicher nur deshalb also stand sie ein paar Wochen später jubelnd am Straßenrand und ließ sich die Hand drücken, und sicher nur deshalb vergaß sie Tango und Shimmy und Charleston und trug ihr nun längeres Haar im Knoten und leitete eine Volkstanzgruppe und machte auch sonst noch Sachen, die damals im Schwange waren. Von Politik verstand sie noch immer nichts, aber sie glaubte an jenen Mann, der ihr die Hand gedrückt hatte, und dachte schon nicht mehr an all die Männer, die nicht mit ihr schliefen.

Und noch etwas kam dazu: Sie hatte ihre Vergangenheit abgelegt wie ein Schauspieler nach der Vorstellung sein Kostüm; nichts war davon zurückgeblieben, nichts – außer dem Rauchen. Als sie jung gewesen war, hatte es allgemein geheißen: ›Eine Frau raucht nicht‹, und sie hatte trotzdem geraucht, obwohl sie anfangs immer verbergen mußte, wie übel ihr davon wurde. Nun hieß es: ›Die deutsche Frau raucht nicht‹, und jetzt konnte sie es schon längst nicht mehr lassen, obwohl sie ihr Rauchen zuweilen als einen heimlichen Treubruch empfand; um so eifriger zeigte sie ihre Treue drum dort, wo alle es sahen: schon nicht mehr nur in der Volkstanzgruppe, sondern auch in den Schulungsabenden und auf den Kursen der ›Frauenschaft‹, zu deren örtlicher Leiterin sie bestellt worden war, und endlich beim Luftschutz; denn inzwischen hatte der Krieg begonnen. Und mit ihm freilich auch die Rationierung aller Verbrauchsgüter, auch der Zigaretten; und deren Zuteilung verringerte sich merklich schneller als die von Brot und Fett und Fleisch. Sie gab Lebensmittelkarten für Raucherkarten, sie vertauschte kleine Wertgegenstände gegen Zigaretten, zahlte Fremdarbeitern, die mit Zigaretten handelten, ungerührt jede geforderte Summe, probierte es zwischendurch immer wieder mit allerlei Tees und gedörrten Kräutern, und sehnte schließlich den lang versprochenen Endsieg vor allem deshalb herbei, weil sie sicher war, daß es dann wieder genug zu rauchen geben werde.

So ging es von Jahr zu Jahr bis in jenen Mai, da die zwei Fronten der Alliierten über dem Rest von Deutschland zusammenklappten, wie die Klinge eines Taschenmessers ins Heft schnappt. Wien und Berlin waren bereits in der Hand der Russen, und von der anderen Seite rückten die Amerikaner heran; und auch in unserem Städtchen rüstete man zum Kampf: invalide Offiziere bildeten den Volkssturm aus, Frauen und Mädchen schaufelten drunten am Fluß und am Stadtrand Schützengräben und Deckungslöcher, Pioniere hängten Sprengladungen in die beiden Brücken und bereiteten Straßensperren vor, und Feldgendarmen knüpften gefangene Deserteure an die Alleebäume; und alle berechneten mehrmals täglich neu, wer früher hier sein würde, die Russen oder die Amerikaner. Und dann auf einmal wurde der Volkssturm heimgeschickt, die Frauen und Mädchen mußten jetzt nicht mehr graben, die Sprengladungen wurden ins Wasser geschmissen, und niemand mehr wurde jetzt aufgehängt; denn in der Ferne hörte man dann und wann die Kanonen, und alle freuten sich, daß nicht die Russen, sondern die Amerikaner als erste hier sein würden, und bald. Sie aber, seit anderthalb Tagen schon ohne Zigarette – so totenübel war ihr wie damals, als sie zu rauchen begonnen hatte –, sie also sah jetzt die Deutschen von ihrem (freilich schon gar nicht mehr lebenden) Führer abfallen grade so, wie einst von ihr die Männer abgefallen waren, und jetzt auf einmal begriff sie die volle Bedeutung jenes Händedrucks: als eine Besiegelung gleichen Schicksals. Sie stieg in ihren Trainingsanzug, so schwer und feierlich wie ein Ritter in seine Rüstung, und setzte sich den Luftschutz-Helm aufs Haupt, dessen Haar sie seit einiger Zeit schon im Herrenschnitt frisieren ließ; und vor dem Spiegel der Flurgarderobe prüfte sie lang ihr Aussehn: unterm Helm trat die Nase hervor wie ein blanker Knochen.

Im Heim der Hitler-Jugend traf sie ein halbes Dutzend ratloser Burschen an, und einer von ihnen, in seiner schwarzblauen Winteruniform mit der Hakenkreuzbinde, nahm sie auf sein Motorrad, und im Depot des Volkssturms faßten sie Handgranaten und Panzerfäuste, und unter einem Himmel, in dem die feindlichen Flieger sich tummelten wie die Fische im Wasser, und zwischen Häusern hindurch, aus deren Fenstern weiße Leintücher wehten, und an Soldaten vorbei, die zwischen den Fronten schon nicht mehr wußten, ob sie nach vorne oder nach hinten marschierten, und schließlich durch eine Zone völliger Leere und Stille, wo nur noch ausgebrannte Autos und umgestürzte Kanonen und überall verstreute Handwaffen und Ausrüstungsstücke und Uniformteile stumm vom sich neigenden Kriege zeugten, fuhr sie, vier Panzerfäuste gegen die Brust gepreßt wie sonst eine Frau ihr Kind, der 3. US-Armee entgegen. Doch über den Anblick der Panzer, die da heranrollten, erschrak der Junge so sehr, daß sein Motorrad aus der Kurve flog; er selber lag blutend und seine Begleiterin halb betäubt in der Wiese, während der Kopf einer Panzerfaust, die bei dem Sturz des Motorrads gezündet worden war, mit Pfauchen und Jaulen über die Straße hopste. Die Panzer hielten; einer von ihnen schob sich die kleine Böschung hinan, um die Kurve zu überblicken; dann fuhren die anderen drei in die Kurve und gingen gestaffelt in Stellung. Aus den Luken kletterten, hinter schußbereiten Pistolen, einige Männer in brauner Uniform, und einer von ihnen stieß mit dem Fuß die da liegenden Panzerfäuste und Handgranaten in den Straßengraben, und ein anderer schaute sich den bewußtlosen Burschen an und wischte ihm sorgsam das Blut, das ihm aus der Nase geronnen war, vom Gesicht, und wieder ein anderer pflanzte sich vor ihr auf und fuchtelte ihr mit dem Lauf seiner Waffe im Rücken herum und redete auf sie ein, er wollte was wissen von deutschen Panzern und deutschen Soldaten, und sie verstand ihn nicht recht, sie drehte sich nur herum und setzte sich auf und erhob sich schließlich, weil sie nicht wollte, daß sie im Liegen oder im Sitzen erschossen würde. Der Amerikaner hatte Flecken vertrockneten Motoröls an Gesicht und Händen, und seinen kurzen Karabiner hielt er, den Lauf nach unten, so leicht wie eine Peitsche, denn er war ein sehr großer, wuchtiger Mann. Und obwohl er ganz anders aussah, dachte sie jetzt, freilich unmeßbar kurz und gleichsam hauchdünn – der Gedanke war nur so etwas wie eine jener Wolken, die einen sonst blauen Himmel stellenweis ein wenig trüben, ohne dabei als eigne Gebilde recht sichtbar zu werden –, sie dachte jetzt also an Carlo und an die anderen Italiener, die als Gefangene in dem kleinen Betrieb ihres Vaters gearbeitet und ihr so unerklärlich gut gefallen hatten; und um so besser gefallen hatten, je öfter sie von ihren Eltern ermahnt worden war, jeden Umgang mit ihnen zu meiden. Und dann auf einmal, von einem Tag auf den andern, waren die Italiener keine Kriegsgefangenen mehr gewesen, und an diesem Tag, da die Gefangenen auch für ihren Vater wieder gewöhnliche Menschen wurden, an diesem Tag also hatte sie sich getraut und vor Carlo die lang gestaute Flut ihrer dumpf drängenden Empfindungen hervorsprudeln lassen, mit der durchs Verbot der Eltern überhitzten Aufrichtigkeit ihrer fünfzehneinhalb Jahre; und Carlo hatte getan, was jeder andre an seiner Stelle genau so getan hätte, und hatte sie dann noch weitergereicht an die Kameraden. Und sie, sie hatte dabei nichts andres empfinden, nichts anderes fühlen können als den Gedanken: ›Das also ist es? Nichts weiter ist es als das?‹ Und als sie, freilich unmeßbar kurz und gleichsam hauchdünn, jetzt wieder das dachte und gleichzeitig sah, wie der mattschwarze Lauf des Karabiners sich hob, da sprang, wie die glatte Kastanie aus der stachligen Schale, aus ihren vermurksten Zügen noch einmal das trotzige Mädchengesicht, und mit Tränen der Wut in den Augenwinkeln sagte sie: »Geben Sie mir wenigstens eine Zigarette!«

Der Amerikaner stutzte, dann sah er seine Chance. Er schob den Helm ins Genick, bot ihr ein ganzes Päckchen und sagte, sie solle mitkommen hinter den nächsten Busch. Sie ging mit, und sie rauchte dabei. Und dann wartete schon ein andrer, und dann schon wieder einer, ein ›Sherman‹ hatte fünf Mann Besatzung, es waren vier Panzer gewesen, und mittlerweile waren einige Jeeps und Lastkraftwagen hinzugestoßen und noch ein paar Panzer, und dann rückten andere Kampfgruppen nach und dann Trosse und Stäbe und Sanität, und es sprach sich herum – sie war inzwischen in einen nahen, leer stehenden Heuschober übersiedelt, auch wurde sie zwischendurch gefüttert –, und also kam sie in diesen paar Tagen, während die militärischen Befehlshaber Deutschlands zuerst in Reims und dann in Berlin die Kapitulationsurkunde unterschrieben; während die noch lebenden Führer des Regimes sich in Lederhosen und hinter schwarzen Augendeckeln versteckten; während Millionen deutscher Soldaten abschnallten und nach Osten und Westen in die Gefangenschaft marschierten; während Millionen deutscher Zivilisten vom Mob der befreiten Länder aus ihrem Besitz hinausgeprügelt wurden; so kam sie also in diesen paar Tagen auf weit über hundert Päckchen, mit denen sie sich dann über die schlimmste Zeit hinweghelfen konnte.

(1965)

Nachwort

> Uns fehlt der Optimismus des 19. Jahrhunderts, zu glauben, diese Welt ließe sich auf fünfhundert Seiten einfangen; deshalb wählen wir die kurze Form!
>
> (Jorge Luis Borges)

Wo immer von den Anfängen der Short Story die Rede ist, wird Edgar Allan Poe als ihr »Schöpfer« oder »Erfinder« zitiert. Er gilt mit seiner Besprechung von Nathaniel Hawthornes *Twice-Told Tales* (1842) und seiner *Philosophy of Composition* (1846) zugleich als der erste Theoretiker der von ihm selbst »prose tale«, »brief tale« oder auch »short prose narrative« genannten epischen Kunstform, und es gibt kaum eine Abhandlung über Short Story oder Kurzgeschichte, die nicht auf seine theoretischen Aussagen Bezug nimmt. Für Poe sind dichterische Kunstwerke höchsten Ranges generell nur bei einer Begrenzung ihres Umfangs möglich, und er hat die kurze Prosaerzählung – mit einer Lesezeit von einer halben Stunde bis zu maximal zwei Stunden – als eine höhere Form vom Roman abgesetzt. Die Überlegenheit der kurzen Erzählung, in der vom ersten Satz an alles auf den Schluss hin gerichtet sein müsse, begründet er in einer vielzitierten Passage der Hawthorne-Rezension unter primär wirkungsästhetischem Aspekt:

> Nur auf so beschränktem Raume nämlich kann die wahre Poesie ihr Höchstes geben. Wir brauchen in

> diesem Zusammenhange blos darauf hinzuweisen, daß in nahezu sämmtlichen Bereichen dichterischen Schaffens die Einheitlichkeit des Effectes oder des Eindrucks von höchster Bedeutung ist. Und es liegt auf der Hand, daß solche Einheitlichkeit nimmermehr durchgehalten werden kann in Werken, welche nicht in e i n e m Zuge zu Ende gelesen werden können. (*Das gesamte Werk*, Bd. 7, S. 459.)

Die mit den Formeln »the unity of effect or impression« oder »a certain unique or single effect« umschriebene (atmosphärische) Einheitlichkeit und Beschränkung und die daraus resultierende Wirkungsintensität der kurzen Prosaerzählung hängen für Poe entscheidend von der Möglichkeit einer ununterbrochenen Lektüre (»at one sitting«) ab; durch sie gewinne der Autor für eine bestimmte Zeitspanne Macht über die ›Seele‹ des Lesers: »Während solcher Lese-Stunden wird die Seele des Lesers beständig vom Autor controllirt, und keinerlei äußere oder sonstige, nicht zum Gegenstand gehörende Einflüsse machen sich geltend« (ebd., S. 461).

Poe spricht von »tale« (und bezieht längere Erzähltexte, etwa im Umfang einer Novelle, in seine Überlegungen ein). Die Bezeichnung »Short Story« kommt in Amerika erst zwischen 1860 und 1870 in Gebrauch, und sie begegnet im deutschen Sprachraum erstmals in einem 1886 in der *Deutschen Rundschau* publizierten Aufsatz von Anton E. Schönbach über amerikanische Erzählliteratur. Schönbach stellt heraus, dass die »amerikanische *short story*«, die eine der »beliebtesten Gaben« der amerikanischen Monatsschriften geworden sei, keinesfalls auf eine Stufe mit den – einer »niedrigen Gattung« angehörenden – »Geschichtchen« gestellt werden dürfte, die man aus deutschen Zeitschriften und Familienblättern kenne. Am ehesten fühlt er sich an einige »kleine Sachen« von Stifter, Fontane und besonders Rosegger erinnert.

> Die kurze Magazingeschichte der Amerikaner ist gegenwärtig meistens ein kleines realistisches Lebensbild, ein Ausschnitt aus einem wirklichen Stück Leben, ein einzelner, oft an sich unbedeutender, aber charakteristischer Vorfall wird beschrieben, oft wiederum nur eine mit etlichen Figuren staffirte Landschaft. Was man von dieser Gattung verlangt, ist Stimmung; es kommt daher alles auf den Erzähler selbst an, der aus der Menge kleiner, scharf beobachteter Züge den poetischen Eindruck gewinnt und ungeschädigt darstellt. [...] Innerhalb des Rahmens der kurzen Geschichte haben natürlich viele besondere Arten Platz. (*Deutsche Rundschau* 1886, S. 197f.)

Schönbachs Beschreibung der amerikanischen Short Story zeigt zum einen wichtige Übereinstimmungen mit Poes normbildenden Aussagen (Einheit der Stimmung, des Eindrucks), und sie nimmt zum anderen zentrale Aspekte der späteren gattungspoetischen Diskussion zur Kurzgeschichte vorweg, etwa durch die Herausstellung des Bezugs auf die Realität, des Ausschnitthaften oder auch der stofflich-stilistischen Variationsbreite.

Die theoretische Debatte, von Schönbach eröffnet, wird erst nach dem Zweiten Weltkrieg mit großer

Intensität geführt, wie sich die Kurzgeschichte in Deutschland denn auch erst nach 1945 als bewusst gehandhabte Erzählform durchzusetzen vermochte. Einige episodische Vorspiele hat es gegeben, zunächst um die Jahrhundertwende, dann gegen Ende der 1920er Jahre – beide Male nicht ohne Einfluss amerikanischer Vorbilder.

Am Anfang der modernen amerikanischen (short) Short Story steht Sherwood Anderson mit seinem Geschichtenzyklus *Winesburg, Ohio* (1919). Die zunehmende Verbreitung seiner Geschichten und derjenigen von Sinclair Lewis, William Faulkner, F. Scott Fitzgerald, Ernest Hemingway u. a. nach dem Ersten Weltkrieg in Deutschland findet ab 1933 keineswegs ein abruptes Ende. Bis sie durch den Kriegseintritt Amerikas zu »Feindliteratur« werden, können vielmehr die literarischen Arbeiten amerikanischer wie die anderer ausländischer Autoren weiter erscheinen. Exemplarisch verdeutlicht das die Veröffentlichung der Short-Story-Anthologie *Neu Amerika* bei S. Fischer in Berlin im Jahre 1937 (1947 erscheint bei Suhrkamp eine erweiterte Neuausgabe, die nicht ohne Einfluss auf die jungen Nachkriegsautoren bleibt). Zwar ist die nationalsozialistische Kulturpolitik einerseits darum bemüht, die Nachahmung der polemisch als »artfremd« und »undeutsch« attackierten Short Story zu unterbinden. Andererseits aber versucht sie, sich die Kurzgeschichte als Instrument für ihre Gesinnungspropaganda auf den Feuilletonseiten der Zeitungen nutzbar zu machen. Die nationalsozialistische Kurzgeschichte für das Feuilleton wird von den NS-Parteigremien ausdrücklich gefordert. Damit einher gehen Bemühungen, den Einfluss amerikanischer Vorbilder und anderer ausländischer Autoren (Tschechow, Maupassant) zurückzudrängen. Ganz allgemein intensivieren sich in der Zeit des »Dritten Reiches« die schon früher einsetzenden Bemühungen deutschtümelnder Germanisten, die Kurzgeschichte als deutsche »Urform« – gewachsen aus dem Märchen sowie Texten von Kleist, Hebel und Hebbel – zu erweisen und eine rein innerdeutsche literarische Genealogie zu konstruieren. Hinzuzufügen ist jedoch, dass es auch nach 1945 immer wieder solche Versuche gegeben hat, deutsche Traditionslinien für kurzgeschichtliches Erzählen aufzuzeigen. Zurückgegriffen wird dabei – um einige Beispiele zu nennen – auf Holz' und Schlafs *Ein Tod* (1889), Hebbels *Die Kuh* (1849), Büchners *Lenz* (1839), Kleists *Bettelweib von Locarno* (1810) über E. T. A. Hoffmanns *Ritter Gluck* (1808) bis hin zu Goethes *Unterhaltungen deutscher Ausgewanderten* (1795).

Die Autoren selbst, die der Kurzgeschichte nach Kriegsende in Deutschland zu einer Blütezeit verhalfen, haben sich nicht auf eine deutsche literarische Tradition, sondern mit überwältigender Mehrheit auf die der amerikanischen Short Story berufen. »Die Besieger haben sie uns mitgebracht«, bezeugt Hans Bender unter Hinweis auf die ersten lizenzierten Sammelbände – *Neu-Amerika* (1947), *Junges Amerika* (1948) – und auf Periodika wie die seit 1946 erscheinende Zeitschrift *story* (*Akzente* 1962, S. 213).

Die breite Rezeption durch die »junge Generation« in Deutschland und deren Faszination sind fraglos zu einem guten Teil in Parallelen und Identifikationsmöglichkeiten mit jener amerikanischen Schriftstellergeneration begründet, die sich unter dem Eindruck des Ersten Weltkrieges selbst *lost generation* genannt hatte. Ihre Prosa gab einem Existenzgefühl Ausdruck, das dem der jungen deutschen Autoren nach dem Zweiten Weltkrieg zu entsprechen schien, und sie bestärkte die Zweifel an der Tauglichkeit überkommener artistischer Mittel, insbesondere an der kalligraphischen Schreibweise, der ›Schönschreiberei‹, im »Dritten Reich«. Wolfdietrich Schnurre hat einer Erfahrung seiner Generation Ausdruck verliehen, als er 1961 – im Essay *Kritik und Waffe* – rückblickend die Bedeutung der Short Story für die deutschen Nachkriegsautoren erläuterte:

> [...] der eigentliche Grund, weshalb sie die Form der short story so blitzartig übernahmen und auch gleich mit einer beachtlichen Könnerschaft zu handhaben verstanden, lag woanders. Er lag im Stofflichen: in der Überfülle an peinigenden Erlebnissen aus den Kriegsjahren. Schuld, Anklage, Verzweiflung – das drängte zur Aussage. Zu keiner ästhetisch verbrämten, auch zu keiner durchkomponierten oder gar episch gegliederten; nein: zu einer atemlos heruntergeschriebenen, keuchend kurzen, mißtrauisch kargen Mitteilungsform. Da kam die »Entdekkung« der short story eben zur rechten Zeit. (*Deutsche Rundschau* 1961, H. 1, S. 64.)

Gedacht haben wird Schnurre dabei nicht zuletzt an das Verzweiflungsstakkato eigener früher Nachkriegstexte wie *Das Begräbnis* oder *Man sollte dagegen sein.* Seine Überlegungen korrespondieren signifikant mit frühen Plädoyers gegen die Wiederbelebung einer »kalligraphischen Literatur« (Alfred Andersch) und für eine radikal neue, entideologisierte Sprache. Das gilt für Wolfgang Borcherts berühmtes *Manifest* gegen wohltemperierte Klaviere, Harmonien und gute Grammatik. Das gilt ebenso für das nicht weniger berühmte »Kahlschlag«-Nachwort zur Anthologie *Tausend Gramm* (1949), in dem Wolfgang Weyrauch die Abkehr von Pathos und Stilästhetizismus forderte und unter den Stichworten »Bestandsaufnahme« und »Wahrheit« einen literarischen Neuanfang in »Sprache, Substanz und Konzeption« postulierte. Exemplifiziert hat Weyrauch seine Vorstellungen mit Günter Eichs programmatischem Gedicht *Inventur*, das auch im Sprachlichen eine Bestandsaufnahme vornimmt. Die in *Tausend Gramm* abgedruckten Kurzgeschichten deutscher Autoren zeigen bezeichnenderweise häufiger den Einfluss von Ernest Hemingway und John Steinbeck als einen solchen durch die Verfasser der fünf »Modellgeschichten« (u. a. Hebbel und Tschechow), die die Sammlung eröffnen. Auch Borchert hat, das sei hier erwähnt, in seiner letzten Lebensphase – durch Ernst Schnabel – Kurzgeschichten amerikanischer Klassiker kennen gelernt, deren Einwirkung sich in einem Stilwechsel hin zu realistischer, lakonisch gehaltener Alltagssprache und in der Aussparungstechnik manifestiert.

Im Rahmen des Re-Education-Programms wurde nicht nur die Rezeption US-amerikanischer Literatur gefördert, sondern es erfolgte, zunächst über Lizenzvergabe und Papierzuteilung, auch eine Neustrukturierung – und Reglementierung – des Zeitungsmarktes. Zahlreiche Neu- und Wiedergründungen von Zeitschriften und Journalen schufen, insbesondere nach der Wiedereinführung marktwirtschaftlicher Verhältnisse 1948, ein großes Forum auch für belletristische Arbeiten. »Vor allem ringen die Zeitschriften die Hände nach Kurzgeschichten«, konstatierte Ende Juni 1948, kurz nach der Währungsreform, Elisabeth Langgässer. Neben den Rundfunkanstalten (die übrigens auch viele Kurzgeschichten erstveröffentlichten) wurden die Zeitungs- und Zeitschriftenverlage zum großen Mäzen für die deutschen Nachkriegsautoren. Von Ernst Kreuder etwa ist bekannt, dass er von Zeitungsgeschichten lebte, und die Kurzgeschichten Heinrich Bölls wurden in den Feuilletons hundertfach verbreitet, einzelne Texte wie *Die unsterbliche Theodora* und *Der Lacher* jeweils über dreißig Mal. Ab 1953 wirkte dabei die von Freunden Bölls betriebene Agentur »Ruhr-Story« mit, die in großer Zahl Kurzprosatexte auch von Wolfdietrich Schnurre, Paul Schallück, Josef Reding, Siegfried Lenz u. a. bei lokalen und regionalen Zeitungen in Umlauf brachte – so wie mehr als ein Dutzend weitere Agenturen die kurze Erzählprosa anderer Autoren.

Während viele Verleger das Risiko scheuten, Romane nur wenig bekannter Autoren zu drucken, bestand für die Ware Kurzgeschichte eine rege Nachfrage. Als nach *Kreuz ohne Liebe* und *Das Vermächtnis* auch die Bemühungen um die Veröffentlichung einer dritten größeren Prosaarbeit, *Der Engel schwieg*, 1951 scheiterten, hat Böll aus seinem Heimkehrerroman sieben Episoden separiert, von denen er binnen kurzem vier in Periodika unterbrachte (der NWDR Köln lehnte drei für die Sendung »Zur Nacht« eingereichte Texte als »zu anspruchsvoll« ab). Neben den bisher dargestellten Sachverhalten, der Bekanntschaft mit der amerikanischen Short Story und der analogen existenziellen Situation jeweils nach einem Krieg, sind es also sehr pragmatische Gründe – konkret: Bedürfnisse des literarischen Marktes –, die zur Attraktivität der Kurzgeschichte für die jungen Autoren und zur Dominanz dieser Prosagattung in den ersten anderthalb Nachkriegsjahrzehnten beitrugen. Auch hinsichtlich dieser außerliterarischen Voraussetzungen gibt es also erkennbar Parallelen zum Entstehungshintergrund der Short Story und zu deren Entwicklung, die ebenfalls eng mit der Expansion des Zeitschriftenmarktes verknüpft war.

Rückblickend auf die Literatur der NS-Zeit hat Hans Bender 1962 skizziert, was die deutschen Nachkriegsautoren an anglo-amerikanischen Short Storys besonders anzog und was ihren literarischen Ansprüchen entgegenkam:

> Sie beeindruckten uns als Davongekommene, als lange Zeit Abgeschirmte; wir literarischen Vegetarier öffneten uns dem fremdartigen Reiz und Raffinement, der Dissonanz, der Kühle, dem Understatement, dem Freibeuterischen, dem Bitter-Süßen, all dem, was diese Geschichten uns bieten konnten. Statt Helden, Bauern und allzu gesunden und idealisierten Gestalten stellten sie uns weit kompliziertere Figuren vor: […] Herren und Damen, die auf das Sofa des Doktor Freud gehören, verkrachte Existenzen, Bohemiens, Träumer, Schwermütige, Ver-

klemmte, die mit einer Offenheit und Freiheit redeten, daß wir schockiert zuhörten. (*Akzente* 1962, S. 213 f.)

Auch die deutsche Nachkriegskurzgeschichte ist gekennzeichnet durch die Absage an den heroisch-entschiedenen Menschentyp; es gibt keine strahlenden Helden mehr, sondern Gescheiterte und Außenseiter, körperlich und seelisch Verletzte, Unterdrückte und Diskriminierte. Die Mehrzahl der Autoren eint darüber hinaus, zumindest in den ersten Jahren, das Bemühen um einen unpathetischen, an die Alltagsdiktion angelehnten und zuweilen Elemente der Reportage aufnehmenden Stil. Die »kahle, die tastende, die bestandsaufnehmende Schreibe« (Schnurre) erscheint ihnen angemessen für die zunächst dominierende »Kriegs-, Heimkehrer- und Trümmerliteratur« (Böll). Die Technik des Understatements, das wechselvolle Spiel von Andeutung und Aussparung, die – verrätselnde – Reduktion kennzeichnen das Erzählen weit über das Stilistische hinaus.

Geprägt wird die deutsche Kurzgeschichte überdies zunächst durch zwei Grundtypen, die die amerikanische Short Story im Lauf ihrer Entwicklung ausgebildet hat: die handlungsbetonte, atmosphärisch dichte, linear erzählende *plot story* in der Tradition von Poe, fortgeführt in dem auf einen Überraschungseffekt hinzielenden Pointentyp O. Henrys, und die einen Wirklichkeitsausschnitt, einen kurzen Lebensabschnitt unmittelbar wiedergebende *slice of life story* von Sherwood Anderson. Auf Letztere rekurriert Schnurre, wenn er 1961 die Kurzgeschichte als »ein Stück herausgerissenes

Leben« charakterisiert und mit Bildern wie ›Unterkellerung‹ und ›Fallgrubensystem‹ auf eine Tiefendimension an Bedeutungen verweist, die sorgfältig komponierte Andeutungen evozieren. Hemingway, bei dem sich dieser nicht mehr auf eine Schlusspointe abzielende Formtyp gleichfalls findet, hat in seinem Essay *Death in the Afternoon* (1932) dieses poetische Verfahren – die Tiefenstruktur der Kurzgeschichte – mit der berühmten Eisberg-Metapher bildkräftig auf den Punkt gebracht.

Amerikanische Autoren haben immer wieder auf die grenzenlosen Möglichkeiten der modernen Kurzgeschichte hingewiesen und dies in ihrer schriftstellerischen Praxis unter Beweis gestellt; dabei wurde zunehmend deutlicher, »wie wenig sinnvoll es ist, eine Theorie d e r Short Story oder d e r amerikanischen Short Story aufzustellen oder herausarbeiten zu wollen« (G. H. Lenz, S. 17). Wer die Bemühungen von Autoren und Literaturwissenschaftlern (beginnend mit Klaus Doderers Dissertation von 1953) um die deutsche Kurzgeschichte resümiert, kann zu einem ähnlichen Urteil gelangen. »Sicherlich gibt es nicht d i e Kurzgeschichte, sondern nur Kurzgeschichten«, konstatiert Doderer selbst in einer Vorbemerkung zum Neudruck seiner Studie 1969, wobei er sich seinerseits auf eine entsprechende Aussage Bölls beruft (»Jede hat ihre eigenen Gesetze«). Ähnliche Einschätzungen haben andere Autoren bekundet: Während die einen die chamäleonhafte Anpassungsfähigkeit und Wandelbarkeit der Kurzgeschichte hervorheben (Hans Bender) und ihre »fast unbegrenzten« Möglichkeiten betonen (Marie Luise Kaschnitz), ist sie für andere »etwas, das sich jeder Feststellung entzieht« (Kurt Kusenberg).

Ungeachtet solcher Urteile hinsichtlich der Formenvielfalt und Variationsbreite der Gattung bzw. ihrer (daraus abgeleiteten) Undefinierbarkeit unternahm unlängst der Schweizer Germanist Urs Meyer den Versuch, »notwendige Merkmale einer idealtypischen (›klassischen‹) Kurzgeschichte« zu bestimmen:

> Eine Kurzgeschichte in diesem engen Sinn eines Idealtypus ist ein erzähltechnisch konziser, sprachlich ökonomisch angelegter, konzeptionell fragmentarischer, einperspektivischer (und in seiner strengsten Form auch einepisodischer), episch-fiktionaler, aber nicht durchgängig uneigentlicher (›bildlicher‹) Prosatext, der eine zum Publikationszeitpunkt aktuelle Alltagssituation pars pro toto so zur Darstellung bringt, dass sie auf den verallgemeinerbaren Hintersinn einer anthropologischen »Grenzsituation« (im Sinne von Karl Jaspers) verweist. (Meyer, S. 126.)

Obwohl es sich bei den genannten Merkmalen um »notwendige« handeln soll, sieht sich Meyer veranlasst, anschließend eine Reihe von Differenzierungen und Relativierungen vorzunehmen. Überdenkt man, wie hoch der Anteil der – dieser Gattung zugerechneten – Geschichten ist, die außerhalb der Grenzen der »vorgeschlagenen Kurzgeschichten-Definition« (ebd., S. 128) liegen, so mehren sich die Zweifel am Sinn eines solchen Unterfangens. Selbst Texte, die bislang zum Kernbestand der Kurzgeschichtenliteratur gehören, stehen quasi zur Disposition. Keineswegs gering ist beispielsweise die Anzahl der Texte, die nicht eine aktuelle Alltagssituation, sondern eine Zeitspanne von mehreren Jahren zur Darstellung bringen oder nahezu ein ganzes

Leben (s. Langgässers *Glück haben*; Eisenreichs *Die neuere (glücklichere) Jungfrau von Orléans*; Kaschnitz' *Ja, mein Engel*). Demgemäß hat die Kurzgeschichten-Forschung mit Blick auf die erzählte Zeit vier Grundstrukturen ermittelt; von »Momentphotographie«, »kurze Zeitspanne« und »Mosaik« wird als vierte Variante »Summe eines Menschenlebens« unterschieden (Jan Kuipers). Auch das von Meyer genannte Kriterium »konzeptionell fragmentarisch« erscheint durchaus nicht unproblematisch, zumal wenn es später um den Hinweis ergänzt wird, Anfang und Ende der Kurzgeschichte seien »fast immer [...] willkürlich und abrupt« (ebd., S. 129). Es verhält sich keineswegs so, dass die Kurzgeschichte einfach an einem beliebigen Punkt – irgendwo – aufhört, abbricht. Vielmehr ist sie beinahe in der Regel, auch wenn sie keine ›Schlusspointe‹ im engeren Sinn aufweist, kunstvoll auf das Ende hin komponiert, also strukturell keineswegs ›Fragment‹. Außerdem: Was Walter Höllerer als Überdrehungs- und Überblendungsgeschichte definierte und an Beispielen wie *Der Tunnel* und *An diesem Dienstag* exemplifizierte (*Akzente* 1962, S. 244f.), läge außerhalb des Definitionsbereichs der Gattung.

Die Kurzgeschichte ist, nachdem ihr 1947/48 vor allem Sammlungen von Wolfgang Borchert (*Die Hundeblume* und *An diesem Dienstag*) und Elisabeth Langgässer (*Der Torso*) zum Durchbruch verholfen hatten, im deutschsprachigen Raum schnell zu einem Experimentierfeld geworden. Fast von Anbeginn gab es widerstreitende Tendenzen. Schon im Dezember 1949 führte Elisabeth Langgässer eine scharfe Attacke gegen Weyrauchs Sammlung *Tausend Gramm* – einschließlich der im Nachwort verkündeten Kahlschlag-Programmatik; sie kritisierte die »Amputation der Personen«, deren »Sprachlosigkeit« und die Reduktion zu »klischierten Schablonen« sowie die Austauschbarkeit dieser dem realistischen Schema verpflichteten Geschichten insgesamt. Bereits im August desselben Jahres hat Ilse Aichinger ihre virtuos gestaltete, offenbar durch filmische Techniken inspirierte *Spiegelgeschichte* publiziert, die als ein Schlüsseltext für die gegen-realistische »Wende« in der deutschsprachigen Nachkriegsprosa gilt. Diese Wende wird indes zumeist auf das Jahr 1952 terminiert, in dem die legendäre Lesung – und Auszeichnung – der *Spiegelgeschichte* auf der Frühjahrstagung der ›Gruppe 47‹ stattfand. In diesem Jahr erschienen auch Friedrich Dürrenmatts parabolische Geschichte *Der Tunnel* sowie Wolfgang Hildesheimers Sammlung *Lieblose Legenden* (darin: *Das Atelierfest*), deren Erzählweise die Alltagsrealität ins Groteske oder Absurde verfremdet und eine parabolische Wirklichkeit schafft, dabei jedoch vorwiegend satirisch-entlarvende Intentionen verfolgt. Ähnliche Tendenzen sind bei Böll zu registrieren, der sich in den Texten der Sammlung *Wanderer, kommst du nach Spa…* (1950) noch weitgehend am realistischen Schema der amerikanischen Kurzgeschichte orientiert, ab Anfang der fünfziger Jahre aber die satirische Schreibweise bevorzugt und Kurzprosa mit parabolischen Zügen, darunter mit *Unberechenbare Gäste* eine heitere Variante des Typus Überdrehungsgeschichte, liefert. Für eine satirische Geschichte (*Die schwarzen Schafe*) hat Böll im Mai 1951 dann auch den Preis der ›Gruppe 47‹ erhalten, ebenso wie Martin Walser vier Jahre später (für *Templones Ende*).

Die deutsche Kurzgeschichte löst sich in den fünfziger Jahren zunehmend vom amerikanischen Vorbild und entfaltet eine ganz außerordentliche Vielfalt von Themen, Darstellungsformen und Ausdrucksweisen. Ein thematischer Hauptstrang bleibt die Auseinandersetzung mit dem Zweiten Weltkrieg, mit NS-Herrschaft und Antisemitismus. Die durch den Eichmann- und den Auschwitz-Prozess mitbewirkte Politisierung der Literatur Anfang der sechziger Jahre hält diese Themen präsent (s. Fühmanns *Das Judenauto*; Kluges *Ein Liebesversuch*; Eisenreichs *Die neuere (glücklichere) Jungfrau von Orléans*). Daneben treten Auseinandersetzungen mit Wirtschaftswunder und Wohlstandsgesellschaft, Kritik am Kulturbetrieb, am Tourismus und an Entfremdungsprozessen der Arbeitswelt oder etwa die Darstellung zwischenmenschlicher Konflikte und individueller Krisen. Damit verbunden ist häufig – etwa bei Marie Luise Kaschnitz – ein starkes psychologisches Interesse, das nicht nur die Fabel, sondern auch die Figurengestaltung prägt. Ein signifikantes Beispiel dafür ist die Titelgeschichte der Sammlung *Lange Schatten* (1960), eine subtile psychologische Studie, die Einblick in die als erschreckend erfahrene Ambivalenz der Pubertät gibt. Um die Darstellung psychischer Krisen oder Prozesse geht es auch in Texten, in denen Kaschnitz ihre Figuren mit irrationalen Kräften oder mysteriösen Mächten konfrontiert; denn bei dem, was den Protagonisten begegnet, handelt es sich, wie in der kafkaesk anmutenden Geschichte *Vogel Rock*, um Emanationen des eigenen Innern.

Neben die psychologisch orientierte Schreibweise sowie sprachexperimentelle Ansätze (Arno Schmidt) treten in den sechziger Jahren (pseudo-)dokumentarische Verfahren, so in Alexander Kluges Geschichte *Ein Liebesversuch*, die »ganz im protokollarischen Stil« geschrieben ist und durch die Frage-Antwort-Struktur den »Charakter eines Interviews« erhält (F. Piedmont, S. 546). Zu beobachten ist in diesen Jahren auch eine Tendenz zu wachsender erzählerischer Komprimierung und Reduktion, zur so genannten Kürzestgeschichte. Beispielhaft dafür stehen Kurt Martis *Neapel sehen* aus den alles andere als idyllischen *Dorfgeschichten* (1960) und Peter Bichsels *San Salvador*, eine der 21 lapidaren Geschichten aus der Sammlung *Eigentlich möchte Frau Blum den Milchmann kennenlernen* (1964), die den Autor mit einem Schlag berühmt machte. In diesen thematisch verwandten, stilistisch jedoch sehr unterschiedlich angelegten Texten wird wirklich noch eine ›Geschichte‹ erzählt. Davon kann bei vielen späteren Beispielen experimenteller Kurzprosa, etwa von Helmut Heißenbüttel, Jürgen Becker oder Reinhard Lettau, kaum mehr die Rede sein.

Die Kurzgeschichte, von Marcel Reich-Ranicki als »der Stolz der deutschen Nachkriegsliteratur« apostrophiert, hat Mitte der sechziger Jahre ihre dominante Stellung eingebüßt. ›Klassiker‹ der Gattung wie Aichinger, Bender und Walser wenden sich von ihr ab, andere legen längere Pausen ein. In Zeiten wachsender Skepsis gegenüber der Fiktionsliteratur gewinnt das Dokumentarische, gewinnen Reportage und Protokoll immer mehr an Raum. Daran vermag auch Siegfried Lenz' *Gnadengesuch für die Geschichte* (1966) nichts zu ändern. Obwohl junge Autoren die Kurzgeschichten-Tradition aufnehmen und weiterführen – man denke an Gabriele Wohmann (u. a. *Ländliches Fest*, 1968) –, treten im Bereich der fiktionalen Kurzprosa nun »Texte« in den Vordergrund, in denen die Entfabelung extrem weit getrieben ist, also kaum noch Geschichten erzählt werden.

*

Die vorliegende Anthologie präsentiert 33 Geschichten von 22 Autoren aus dem Zeitraum von 1945 bis 1965, der ›klassischen‹ Epoche der deutschsprachigen Kurzgeschichte. Aus größerer zeitlicher Distanz wird anhand repräsentativer – und besonders gelungener – Beispiele ein Überblick über die Entwicklung einer literarischen Gattung gegeben, die in den beiden Jahrzehnten nach dem Zweiten Weltkrieg ihre Blütezeit erlebte. Um das gesamte Spektrum und möglichst viele Varianten kurzgeschichtlichen Erzählens erfassen zu können, sind die Grenzen der Gattung weit gezogen.

Bevorzugt ausgewählt wurden Texte von namhaften Autoren – wenn man so will: den ›Klassikern‹ der Gattung –, die im genannten Zeitraum mit Kurzgeschichten hervorgetreten und in ihrer literarischen Produktion dem kurzgeschichtlichen Erzählen über längere Zeit treu geblieben sind, die also an der Ausprägung des Gattungsprofils und -potentials beteiligt waren. Keine Berücksichtigung fanden Gelegenheitswürfe wie etwa *Die Probe* von Herbert Malecha, der mit dieser Geschichte 1954/55 den ersten Preis im Kurzgeschichten-Wettbewerb der Wochenzeitung *Die Zeit* gewann und sich damit für lange Zeit einen Platz in Schulbüchern eroberte. Gleiches gilt zum Beispiel auch für die Mehrheit der Beiträge zu Wolfgang Weyrauchs – wegen des »Kahlschlag«-Nachworts – vielberufener Anthologie *Tausend Gramm* (1949), deren Verfasser später nicht mehr literarisch hervorgetreten sind.

Überschneidungen mit vorgängigen Anthologien sind nicht nur unvermeidbar, sondern wurden erstrebt. Die Herausgeber haben wichtige Vorarbeit geleistet bei der Suche nach ästhetisch gelungenen und thematisch repräsentativen Geschichten. Ausgewertet wurden bei der Vorbereitung der vorliegenden Sammlung außerdem Statistiken über die im schulischen Unterricht beliebtesten Texte; denn vielen Kurzgeschichten hat erst die Schule zu Bekanntheit oder gar Ruhm verholfen. Eine Reihe der auf diese Weise kanonisierten Geschichten wurde berücksichtigt, u. a. von Borchert *Das Brot* und *Nachts schlafen die Ratten doch*, von Rinser *Die rote Katze*, von Langgässer *Saisonbeginn*, von Böll *An der Brücke* und *Wanderer, kommst du nach Spa…*, von Aichinger *Die geöffnete Order*, von Bender *Die Wölfe kommen zurück*, von Gaiser *Der Mensch, den ich erlegt hatte* und von Lenz *Ein Freund der Regierung*. Auf andere »Modellgeschichten« des Deutschunterrichts wurde verzichtet, teils weil sie, wie das anekdotenhafte *Trockendock* von Stefan Andres oder Bölls verkappte Kalendergeschichte *Die Waage der Baleks*, wesentliche Gattungskriterien nicht erfüllen (beiden fehlt die Gegenwartsbezogenheit, die zeitliche Nähe des Erzählten zum Zeitpunkt der Niederschrift), teils wegen ihrer aus heutiger Sicht mitunter penetrant anmutenden ›didaktischen‹ Tendenz. Respektiert wurden auch Willensbekundungen der Autoren selbst, die darauf abzielten, eine weitere Verbreitung einzelner Texte in Anthologien und Schulbüchern zu unterbinden. Letzteres gilt für Günter Eich, der sich in späteren Jahren von seinen realistischen Nachkriegserzählungen und insbesondere von dem Schulbuch-Klassiker *Züge im Nebel* distanzierte (»ein Opus zehnten Ranges«), dies gilt ähnlich für Ilse Aichinger, die eine fortwährende Favorisierung des *Fenster-Theater* mit wachsender Skepsis beobachtete, da es für ihr Schaffen, auch für die frühe Prosa, durchaus untypisch sei.

Eines der gattungskonstituierenden Merkmale der Kurzgeschichte ist die Kürze. Wiederholt ist darauf hingewiesen worden, dass damit primär der Grad der erzählerischen Komprimierung und Reduktion, also ein Form- und Gestaltungsprinzip gemeint ist, weniger eine quantifizierbare Größe. Der Herausgeber einer Anthologie kommt dennoch nicht daran vorbei, eine Obergrenze zu ziehen. Nach Ludwig Rohners an 400 Texten durchgeführter Ermittlung misst die Kurzgeschichte der Nachkriegszeit im Durchschnitt 8 Seiten und erreicht 20 Seiten auf keinen Fall (1973, S. 156). Dass aber zum Beispiel Bölls *Doktor Murkes gesammeltes Schweigen* und *Im Tal der donnernden Hufe* – mit knapp 30 bzw. rund 50 Seiten – in der Forschungsliteratur als Kurzgeschichten gehandelt werden, macht bewusst, wie stark die Vorstellungen hinsichtlich des Umfangs divergieren. Kurt Kusenberg, selbst Verfasser von Kurzgeschichten, hat »15 Maschinenseiten, wobei Seiten mit 30 Zeilen gemeint sind«, als oberes Maß genannt (*Merkur* 1965, S. 830). An diesem Vorschlag orientiert sich die vorliegende Auswahl. Die längste der ausgewählten Geschichten ist *Ja, mein Engel*, für die Marie Luise Kaschnitz 1964 mit dem ›Georg Mackensen Literaturpreis für die beste deutsche Kurzgeschichte‹ ausgezeichnet wurde. Der Ausschreibungstext dieses Wettbewerbs hatte die Obergrenze auf 12 Schreibmaschinenseiten festgelegt.

Von der Festsetzung einer unteren Umfangsgrenze wurde bei der vorliegenden Auswahl abgesehen. Kriterium bei den durch besonders hochgradige Verdichtung gekennzeichneten Kürzestgeschichten der sechziger Jahre ist, ob wirklich noch eine ›Geschichte‹ erzählt wird – und das ist, trotz eines gewissen erzählerischen Minimalismus, bei den ausgewählten Texten von Bichsel (*San Salvador*) und Marti (*Neapel sehen*) der Fall.

Bei der Auswahl der Texte wurde schließlich auch darauf geachtet, dass nicht nur verschiedene Themenbereiche und Formtypen der Kurzgeschichte, sondern auch die einzelnen Abschnitte des Gesamtzeitraums angemessen mit Beispielen vertreten sind: aus den vierziger Jahren datieren zehn, aus den fünfziger Jahren fünfzehn und aus der ersten Hälfte der sechziger Jahre acht Geschichten.

Die Texte sind nach dem Datum der Erstveröffentlichung angeordnet. Gegenüber thematisch gruppierten Sequenzen bietet die chronologische Reihung zweifellos Vorteile: Konstanten, Weiterentwicklungen, Neuansätze, aber auch Wiederaufnahmen inhaltlicher und formaler Art werden im Kontinuum der Einzeltexte unmittelbar deutlich, ebenso mögliche Zusammenhänge zwischen der literarischen Produktion und aktuellen zeitgeschichtlichen Gegebenheiten. Überdies besteht bei der rein chronologischen Anordnung keine

Veranlassung, auf Texte mit ausgefallenen Sujets zu verzichten, nur weil sie sich keinem Themenbereich zuordnen lassen (man denke an Schnurres *Das Begräbnis*, Aichingers *Spiegelgeschichte* oder auch Dürrenmatts *Der Tunnel*). – Auf die Ermittlung des jeweiligen Erstdrucks wurde einige Mühe verwandt, um eine einigermaßen realistische Textabfolge zu gewährleisten. Erfolgte die Publikation einer Geschichte erst Jahre nach der Niederschrift (wie bei Schnurres *Das Begräbnis* oder Kaschnitz' *Vogel Rock*), ist die Einordnung nach dem Entstehungsdatum vorgenommen worden.

Zum Schluss möchte ich meinen Mitarbeiterinnen für ihre vielfältige Unterstützung danken: Dr. Christine Hummel hat in der Phase der Textauswahl sowie bei der Ermittlung der Erstveröffentlichungen und der Abfassung der Kurzbiographien sachkundig mitgewirkt, Ulrike Wiechmann half tatkräftig bei der Beschaffung der Druckvorlagen und bei den Korrekturarbeiten.

W. B.

Literaturhinweise

Bender, Hans: Ortsbestimmung der Kurzgeschichte. In: Akzente 9 (1962) S. 205–225.

Biller, Maxim: Eine Liebeserklärung an die Kurzgeschichte. In: Der Spiegel. Nr. 14. 2. April 2007. S. 182–185.

Bungert, Hans (Hrsg.): Die amerikanische Short Story. Theorie und Entwicklung. Darmstadt 1972.

Doderer, Klaus: Die Kurzgeschichte in Deutschland. Ihre Form und ihre Entwicklung. Wiesbaden 1953. Mit einer Vorbem. und bibliogr. Erg. zum Neudr. Darmstadt 1973.

Durzak, Manfred: Die deutsche Kurzgeschichte der Gegenwart. Autorenporträts – Werkstattgespräche – Interpretationen. Stuttgart 1980. 3., erw. Aufl. Würzburg 2002.

– Die Kunst der Kurzgeschichte. Zur Theorie und Geschichte der deutschen Kurzgeschichte. München 1989. (UTB 1519.) 2., verb. Aufl. München 1994.

Eisenreich, Herbert: Eine Geschichte erzählt sich selbst. Erfahrungen und Gedanken eines Schriftstellers zur Ästhetik der Prosadichtung. In: Die Zeit. Nr. 11. 17. März 1955. Wiederabdr. in: H. E.: Böse schöne Welt. Stuttgart 1957. S. 166–173.

Giren-Pastusiak, Adrianna: »Das Chamäleon der literarischen Gattung«. Die Kurzgeschichte in deutschen Prosaanthologien 1945–1960. Aachen 2005.

Hoffmann, Dieter: Arbeitsbuch. Deutschsprachige Prosa seit 1945. Bd. 1: Von der Trümmerliteratur zur Dokumentarliteratur. Tübingen/Basel 2006. (UTB 2729.)

Höllerer, Walter: Die kurze Form der Prosa. In: Akzente 9 (1962) S. 226–245.

Kaschnitz, Marie Luise: Das dicke Kind und andere Erzählungen. Komm. von Asta-Maria Bachmann und Uwe Schweikert. Frankfurt a. M. 2002. [S. 163–170: Autopoetologische Aussagen.]

Könecke, Rainer: Deutschsprachige Kurzprosa zwischen 1945 und 1989. Hamburg 2006.

Kritsch Neuse, Erna: Die deutsche Kurzgeschichte. Das Formexperiment der Moderne. Bonn 1980.
Kuipers, Jan: Zeitlose Zeit. Die Geschichte der deutschen Kurzgeschichtenforschung. Groningen 1970.
Kusenberg, Kurt: Über die Kurzgeschichte. In: Merkur 19 (1965) H. 9. S. 830–838.
Langgässer, Elisabeth: Das Kreuz der Kurzgeschichte. In: Süddeutsche Zeitung. Nr. 181. 9. Dezember 1949. S. 9.
Lenz, Günter H.: Einleitung. In: Amerikanische Short Stories des 20. Jahrhunderts. Hrsg. von G. H. L. Stuttgart 1998. S. 9–30.
Lenz, Siegfried: Mein Vorbild Hemingway. Modell oder Provokation (1966); Gnadengesuch für die Geschichte (1966). In: S. L.: Beziehungen. Ansichten und Bekenntnisse zur Literatur. München 1972. S. 37–47; 93–97.
Lubbers, Klaus: Zur Rezeption der amerikanischen Kurzgeschichte in Deutschland nach 1945. In: Nordamerikanische Literatur im deutschen Sprachraum seit 1945. Beiträge zur Rezeption. Hrsg. von Horst Frenz und Hans-Joachim Lang. München 1973. S. 47–64.
– Typologie der Short Story. Darmstadt 1977.
Marx, Leonie: Die Kurzgeschichte. In: Formen der Literatur in Einzeldarstellungen. Hrsg. von Otto Knörrich. 2., überarb. Aufl. Stuttgart 1991. S. 224–235.
– Die deutsche Kurzgeschichte. Stuttgart 1985. (Sammlung Metzler. 216.) 3., aktual. und erw. Aufl. Stuttgart 2005.
Meyer, Anne-Rose: Die deutschsprachige Kurzgeschichte. Eine Einführung. Berlin 2014. (Grundlagen der Germanistik. 54.)
Meyer, Urs: Kurz- und Kürzestgeschichte. In: Kleine literarische Formen in Einzeldarstellungen. Stuttgart 2002. (Reclam, Universal-Bibliothek. 18187.) S. 124–146.
Nayhauss, Hans-Christoph Graf von (Hrsg.): Theorie der Kurzgeschichte. Überarb. und erw. Ausg. Stuttgart 2004. (Reclam, Universal-Bibliothek. 15057.)
Nickel-Bacon, Irmgard: Kurzprosagattungen und literarische Lesekompetenz. Überlegungen zur Prozeduralisierung des Gattungswissens. In: Didaktik Deutsch. Sonderheft 2

(2008) S. 66–77. Auch in: Literaturdidaktik im Zeichen von Kompetenzorientierung und Empirie. Hrsg. von Daniela A. Frickel [u.a.]. Freiburg i. Br. 2012. S. 85–104.
– Linear oder rekursiv? Literarisches Verstehen moderner Kurzprosa – kritisch (und konstruktiv) betrachtet. In: Kritik und Kompetenz. Die Praxis des Literaturunterrichts im gesellschaftlichen Kontext. Hrsg. von Christian Dawidowski [u.a.]. Baltmannsweiler 2013. S. 79–94.

Piedmont, Ferdinand: Zur Rolle des Erzählers in der Kurzgeschichte. In: Zeitschrift für deutsche Philologie 92 (1973) S. 537–552.

Piontek, Heinz: Graphik in Prosa. Ansichten über die deutsche Kurzgeschichte. In: H. P.: Buchstab – Zauberstab. Über Dichter und Dichtung. Esslingen 1959. S. 60–78.

Poe, Edgar Allan: Das gesamte Werk in zehn Bänden. Hrsg. von Kuno Schumann [u.a.]. Bd. 7. Rezensionen II. Olten / Freiburg i. Br. 1976.

Rohner, Ludwig: Theorie der Kurzgeschichte. Frankfurt a.M. 1973. 2., verb. Aufl. Frankfurt a.M. 1976.

Schnurre, Wolfdietrich: Kritik und Waffe. Zur Problematik der Kurzgeschichte. In: Deutsche Rundschau 87 (1961) H. 1. S. 61–66.

Schönbach, Anton E.: Über die amerikanische Romandichtung der Gegenwart. In: Deutsche Rundschau 47 (1886) S. 93–112 und 186–214.

Spinner, Kaspar H.: Kurzgeschichten – Kurze Prosa. Grundlagen – Methoden – Anregungen für die Unterrichtspraxis. Seelze 2012.

Ueding, Gert: Katastrophen wider die Langeweile des Sonntags. Warum die Kurzgeschichte unwiederbringlich zum Niedergang verurteilt ist. In: Die Welt. Nr. 268. 16. November 1991. S. 21.

Wehdeking, Volker / Blamberger, Günter: Erzählliteratur der frühen Nachkriegszeit (1945–1952). München 1990.

Weyrauch, Wolfgang (Hrsg.): Tausend Gramm. Ein Bekenntnis in dreißig Geschichten aus dem Jahr 1949. Mit einer Einl. von Charles Schüddekopf. Reinbek bei Hamburg 1989.

Autoren, Kurzbiographien, Textnachweise

ED	Erstdruck
DV	Druckvorlage
u. d. T.	unter dem Titel

ILSE AICHINGER

(1. 11. 1921 Wien – 11. 11. 2016 Wien)

Ilse Aichinger, Tochter einer jüdischen Ärztin und eines Lehrers, konnte aufgrund der NS-Rassengesetze nicht studieren; Mitglieder ihrer Familie waren Opfer der Verfolgung. Ein 1945 begonnenes Medizinstudium brach sie ab, um ihren ersten (und einzigen) Roman zu vollenden. *Die größere Hoffnung*, 1948 publiziert, trägt autobiografische Züge; erzählt werden, aus der Perspektive einer sechzehnjährigen »Halbjüdin«, die Geschicke nicht emigrierter Juden gegen Ende des Kriegs in Wien. Der Durchbruch gelang Aichinger 1952 mit der Lesung der *Spiegelgeschichte* auf der Frühjahrstagung der ›Gruppe 47‹; die virtuos gestaltete Geschichte, in der ein Mädchen während seiner kurzen Agonie »sein Leben wie im Spiegel wieder erlebt« (Aichinger), wurde – als »seltsamste, zarteste Prosa der Nachkriegszeit« (H. G. Brenner) – begeistert aufgenommen und mit dem Preis der Gruppe ausgezeichnet. Der Text ging in Aichingers erste Erzählsammlung (*Rede unter dem Galgen*, Wien 1952) ein, die 1953 in Deutschland unter dem Titel *Der Gefesselte* in einer erweiterten Neuausgabe herauskam. Neben etlichen Hörspielen (gesammelt in *Auckland*, 1969) publizierte Aichinger weitere Erzählprosa sowie 1978 ihren ersten Gedichtband *Verschenkter Rat*. Der nach einer mehr als zehnjährigen Schreibpause veröffentlichte Kurzprosaband *Film und*

Verhängnis. Blitzlichter auf ein Leben (2001) veranschaulicht die Atmosphäre der Zwischenkriegszeit in Wien anhand von einschlägigen Filmerlebnissen. Aichinger wurde mit zahlreichen Preisen ausgezeichnet, u.a. 1995 mit dem Großen Österreichischen Staatspreis für Literatur und 2015 mit dem Großen Kunstpreis des Landes Salzburg. – Die ausgewählten Geschichten, die verschiedene Formtypen repräsentieren, sind in Aichingers erster Erzählsammlung, die dritte in der Neuausgabe, enthalten; alle drei wurden einzeln vorabgedruckt (die *Spiegelgeschichte* im August 1949 und erneut 1952 im Januarheft des *Merkur*). Die *Seegeister* umfassten im Erstdruck eine selbständige vierte Episode, die für die erste Buchausgabe gestrichen wurde.

ED: (1) [In drei Teilen:] Wiener Tageszeitung. 3. Jg. 1949. Nr. 183, 7. August, S. 7. Nr. 184, 9. August, S. 5. Nr. 185, 10. August, S. 5. – (2) Frankfurter Hefte. 6. Jg., Heft 2, Februar 1951. S. 113–117. – (3) Stillere Heimat. Jahrbuch der Stadt Linz. 1952. S. 136–142 [u. d. T. *Sommergeister*].

DV: I. A.: Der Gefesselte. Erzählungen (1948–1952). Hrsg. von Richard Reichensperger. Frankfurt a.M.: Fischer Taschenbuch Verlag, 1991. S. 63–74 (1). 30–38 (2). 86–92 (3). – In der *Spiegelgeschichte* wurden, unter Heranziehung der beiden genannten Vorabdrucke, zwei Textänderungen durchgeführt: 64,13 »die Krane« (Druckvorlage 1991: »die Krone«) und 66,16 »ein wenig zu groß« (diese Lesart bietet auch die erste Buchausgabe Wien 1952; Druckvorlage 1991: »zu wenig groß«).

ALFRED ANDERSCH

(4. 2. 1914 München – 21. 2. 1980 Berzona/Tessin)

Andersch brach 1928 zugunsten einer Buchhändlerlehre seine Schulausbildung ab; 1933 war er aufgrund seines Engagements für die KPD einige Monate im KZ Dachau inhaftiert. 1944 desertierte er aus der Wehrmacht. Während seiner Gefangenschaft in den USA redigierte er die Kriegsgefangenenzeitschrift *Der Ruf*; 1946/47 gab er gemeinsam mit Hans Werner Richter eine Zeitschrift mit diesem Titel heraus, aus der später die ›Gruppe 47‹ hervorging. Andersch setzte sich in der Nachkriegszeit als Redakteur beim Rundfunk und bei verschiedenen Zeitschriften, u. a. *Texte und Zeichen*, die er selbst herausgab, für die junge deutsche Literatur ein. Das Hauptthema seines literarischen Werks ist die Freiheit bzw. die – mitunter scheiternde – Selbstbefreiung des Individuums, z. B. in dem autobiographischen Bericht *Die Kirschen der Freiheit* (1952) über seine Desertion aus der Wehrmacht, aber auch in den Romanen *Sansibar oder der letzte Grund* (1957) und *Die Rote* (1960) sowie in seinen Hörspielen und Kurzprosatexten. 1958 erschien die Erzählsammlung *Geister und Leute* mit einem auf die Möglichkeiten der Kurzgeschichte reflektierenden Vorwort. In diesem Band enthalten ist die hier abgedruckte Geschichte, in der Andersch das Wirtschaftswunderland Deutschland – repräsentiert durch den Frankreich bereisenden Krefelder Kunstseidenfabrikanten Schmitz – satirisch aufs Korn nimmt. Im selben Jahr verließ er die Bundesrepublik, deren restaurative Bestrebungen ihm missfielen, und übersiedelte in die Schweiz. Anderschs letzter großer Erfolg war die im Herbst 1979 abgeschlossene »Schulgeschichte« *Der Vater eines Mörders*, die allerdings erst nach seinem Tod erschien. – Neben anderen Preisen erhielt Andersch 1975 den Literaturpreis der Bayerischen Akademie der Schönen Künste.

ED: Süddeutsche Zeitung. Nr. 209, 31. August / 1. September 1957. DV: A. A.: Gesammelte Erzählungen. Zürich: Diogenes Verlag, 1990. S. 73–84. –

HANS BENDER

(1. 7. 1919 Mühlhausen/Rhein-Neckar-Kreis – 28. 5. 2015 Köln)

Als Sohn einer Gastwirtsfamilie aufgewachsen, begann Bender 1939 ein Studium der Literatur- und Kunstgeschichte, wurde jedoch bald zur Wehrmacht einberufen. Er war fünf Jahre an der Front und dann bis 1949 in sowjetischer Gefangenschaft. Als Herausgeber und Mitarbeiter mehrerer literarischer Zeitschriften und zahlreicher Anthologien hat er junge Autoren gefördert und die Entwicklung der Nachkriegsliteratur dokumentiert, u. a. von 1954 bis 1980 als Mitherausgeber der Zeitschrift *Akzente*. Krieg und Gefangenschaft dominieren thematisch bis Ende der 1950er Jahre Benders Prosa, z. B. im Roman *Wunschkost* (1959) und in den Texten seiner Erzählsammlung *Wölfe und Tauben* (1957), die ihm den Ruf eines ›modernen Klassikers‹ des Genres Kurzgeschichte eintrugen. Thematische Erweiterungen brachten die Initiations- und Sozialisationsgeschichten – zusammengestellt in *Das wiegende Haus* (1961) – und die Reisegeschichten des Sammelbandes *Mit dem Postschiff* (1962). Bender, der sich auch theoretisch zur Kurzgeschichte äußerte (*Ortsbestimmung der Kurzgeschichte*, 1962), hat seit Anfang der 1970er Jahre vor allem autobiographische Aufzeichnungen in Form knapper Notizen und Randbemerkungen publiziert (z. B. *Einer von ihnen*, 1979; *Postkarten aus Rom*, 1989). In seinen späten Jahren schrieb Bender zahlreiche Kurzgedichte, von denen er 2012 eine Auswahl in dem Band *Auf meine Art. Gedichte in vier Zeilen* veröffentlichte. Er erhielt zahlreiche Preise, zuletzt im Jahr 2006 die Ehrengabe der Deutschen Schillerstiftung. – Die ausgewählte Geschichte hat in zahlreiche Anthologien Eingang gefunden und gehört, neben *Iljas Tauben* und *Der Brotholer*, zu den Schulbuch-Klassikern. Gegenüber dem Erstdruck und der ersten Buchausgabe von 1957 ist der Text in der Druckvorlage leicht straffend überarbeitet und in fünf (statt zuvor vier) »locker aufeinanderfolgende Augenblicksbilder« (Walter Höllerer) unterteilt.

ED: Akzente. 1. Jg., Heft 3, Juni 1954. S. 198–203.
DV: H. B.: Mit dem Postschiff. 24 Geschichten. München: Hanser, 1962. S. 163–169. – Mit Genehmigung der Rimbaud Verlagsgesellschaft mbH, Aachen.

PETER BICHSEL

(geb. 24. 3. 1935 Luzern)

Bis 1968 arbeitete Bichsel in seinem Beruf als Primarlehrer. Nach zwei verschollenen Jugendpublikationen veröffentlichte er 1964 die schon im Sommer 1962 abgeschlossene schmale Geschichtensammlung *Eigentlich möchte Frau Blum den Milchmann kennenlernen*, mit der er einen fulminanten literarischen Durchbruch erzielte. Die in lakonisch-distanzierter Sprache geschriebenen 21 Prosaminiaturen spiegeln die meist uneingestandenen Sehnsüchte und Wünsche durchschnittlicher Menschen und die kleinen Trauerspiele des Alltags. Ähnlich erfolgreich waren die sieben *Kindergeschichten* (1969). Mit der Prosaarbeit *Jahreszeiten* (1967), seiner umfangreichsten Dichtung, für die er 1965 den Preis der ›Gruppe 47‹ erhielt, ansonsten aber bei der Kritik auf wenig Verständnis stieß, versuchte Bichsel zugleich die Demontage der herkömmlichen Romanform und eine Parodie des Antiromans. Seit 1968 schrieb er überdies zahlreiche Kolumnen für verschiedene Schweizer Tages- und Wochenzeitungen, u. a. den Zürcher *Tages-Anzeiger*; diese von ihm selbst »Politschnulzen« genannten Artikel sind zusammengefasst in *Geschichten zur falschen Zeit* (1979) und weiteren Bänden, die zwischen 1986 und 2000 erschienen. – Bichsel lehrte zwischen 1972 und 1989 mehrfach als Gastdozent an amerikanischen und deutschen Universitäten; er wurde mit mehreren Schweizer und deutschen Literaturpreisen ausgezeichnet. 2012 erhielt er den (letztmals verliehenen) Großen Schillerpreis der Schweizerischen Schillerstiftung.

San Salvador 271

ED: Neue Zürcher Zeitung. Nr. 5113, 8. Dezember 1963, Sonntagsbeilage.
DV: P. B.: Eigentlich möchte Frau Blum den Milchmann kennenlernen. 21 Geschichten. Frankfurt a. M.: Suhrkamp, 1993. S. 50–52. –

HEINRICH BÖLL

(21. 12. 1917 Köln – 16. 7. 1985 Langenbroich/Eifel)

Als Sohn einer Handwerkerfamilie aufgewachsen, begann Böll nach dem Abitur eine Buchhändlerlehre. Im Sommer 1939 nahm er das Studium der Altphilologie und Germanistik auf, wurde aber wenig später zur Wehrmacht eingezogen. Der rheinische Katholizismus seines kleinbürgerlichen Elternhauses, die Heimatstadt Köln sowie Krieg und Gefangenschaft haben Bölls Werk entscheidend geprägt. Die ersten Schreib- und Publikationsversuche fielen in die Vorkriegsjahre; 1946 nahm er die literarische Arbeit wieder auf und lieferte mit Kurzgeschichten und größeren Prosaarbeiten seinen Beitrag zur »Kriegs-, Heimkehrer-

und Trümmerliteratur« (*Der Zug war pünktlich*, 1949; *Wo warst du, Adam?*, 1951). In der ersten Erzählsammlung *Wanderer, kommst du nach Spa ...* (1950), die Bölls Renommee als Kurzgeschichten-Autor begründete, dominieren Texte in realistischer Manier, geschult an amerikanischen Vorbildern; danach bevorzugte er für seine Kurzprosa zunehmend die satirische Schreibweise (*Doktor Murkes gesammeltes Schweigen und andere Satiren*, 1958). Mehr als drei Jahrzehnte, beginnend mit *Der Engel schwieg* (entst. 1949–51), hat Böll – »der Chronist unserer Epoche« – die Entwicklungen der bundesrepublikanischen Gesellschaft kritisch-produktiv begleitet: mit Erzählungen wie *Das Brot der frühen Jahre* (1955) und *Die verlorene Ehre der Katharina Blum* (1974), mit seinen Romanen von *Und sagte kein einziges Wort* (1953) über *Ansichten eines Clowns* (1963) und *Gruppenbild mit Dame* (1971) bis hin zu *Frauen vor Flußlandschaft* (1985) und mit zahllosen Essays. Er wurde mit bedeutenden Literaturpreisen ausgezeichnet, u. a. dem Preis der ›Gruppe 47‹ (1951), dem Georg-Büchner-Preis (1967) und dem Nobelpreis für Literatur (1972). – Die Kurzgeschichte *Wanderer, kommst du nach Spa...*, die im November 1950 in (gegenüber dem Druck in der Buchausgabe) abweichender Textgestalt in den *Frankfurter Heften* erschien, gehört wie *An der Brücke* (publ. auch u. d. T. *Die ungezählte Geliebte*) zu den Schulbuch-Klassikern. Den satirischen *Wegwerfer* hat Böll selbst aus seinem Kurzgeschichten-Œuvre herausgehoben; er nannte ihn 1965 »die beste Geschichte, die ich je geschrieben habe«.

ED: (1) Der Ruf. 4. Jg., Heft 3, 1. Februar 1949. S. 12f. – (2) H. B.: Wanderer, kommst du nach Spa... Opladen: Middelhauve, [Oktober] 1950. S. 47–59. – (3) Frankfurter Allgemeine Zeitung. Nr. 298, 24. Dezember 1957, Beilage [u. d. T. *Bekenntnisse eines »Wegwerfers«*].

DV: H. B.: Erzählungen. Hrsg. von Viktor Böll und Karl Heiner Busse. Köln: Kiepenheuer & Witsch, 1994. S. 235–237 (1). 296–305 (2). 683–693 (3). [Auch in: H. B.: Werke. Kölner Ausgabe. Bd. 4. Hrsg. von Hans Joachim Bernhard. 2003. (1,2) Bd. 10. Hrsg. von Viktor Böll. 2005. (3)] –

WOLFGANG BORCHERT

(20. 5. 1921 Hamburg – 20. 11. 1947 Basel)

Borchert, Sohn eines Lehrers und einer Schriftstellerin, verließ die Oberrealschule nach der Obersekunda, machte eine Buchhändlerlehre und nahm daneben Schauspielunterricht. Nach einem kurzen Engagement in Lüneburg wurde er 1941 zur Wehrmacht eingezogen. Er erlitt mehrere Verwundungen und wurde wegen »Wehrkraftzersetzung« und staatsfeindlicher Äußerungen mehrfach unter Anklage gestellt. Ab 1942 verbrachte er vier Monate an der Ostfront, zehn Monate im Lazarett und 16 Monate im Gefängnis. Nach der Flucht aus französischer Kriegsgefangenschaft arbeitete er in Hamburg als Kabarettist und Regieassistent, bis ihn eine unheilbare Krankheit für die letzten beiden Lebensjahre ans Bett fesselte. Borcherts (ursprünglich als Hörspiel konzipiertes und am 13. Februar 1947 erstmals gesendetes) Stück *Draußen vor der Tür*, thematisch wie in manchen Stilzügen expressionistischen Heimkehrerdramen aus der Zeit nach dem Ersten Weltkrieg verwandt, war das auf den deutschen Bühnen erfolgreichste Drama der Nachkriegszeit; die Theateruraufführung fand einen Tag nach dem Tod des Autors in Hamburg statt. Mit den insgesamt 31 Texten der Erzählsammlungen *Die Hundeblume* und *An diesem Dienstag* (beide 1947), in denen er Krieg, Gefangenschaft und Heimkehrerproblematik verarbeitet, trug Borchert entscheidend zum Durchbruch der Kurzgeschichte in der deutschen Literatur bei. *Nachts schlafen die Ratten doch*, wie die beiden anderen ausgewählten Geschichten ein Schulbuch-Klassiker, hat Borchert seinem Vater am 11. Januar 1947 zum Geburtstag geschenkt. *Das Brot* nannte Heinrich Böll 1955 »eine meisterhafte Erzählung« und ein »Musterbeispiel für die Gattung Kurzgeschichte«.

ED: (1) Hamburger Freie Presse. 1. Jg., Nr. 65, 13. November 1946. S. 2. – (2) W. B.: An diesem Dienstag. Neunzehn Geschichten. Hamburg/Stuttgart: Rowohlt, [Ende November] 1947. S. 38–41. – (3) Ebd. S. 69–72.
DV: W. B.: »Draußen vor der Tür« und andere Werke. Hrsg. von Axel Dunker. Stuttgart: Reclam, 2018. S. 155–157 (1). 92–96 (2). 101–104 (3).

FRIEDRICH DÜRRENMATT

(5. 1. 1921 Konolfingen / Kanton Bern – 14. 12. 1990 Neuchâtel)

Dürrenmatt, Sohn eines protestantischen Pfarrers, studierte in Bern und Zürich Theologie, Philosophie und Literaturwissenschaft. Er brach das Studium nach zehn Semestern ab und begann zu zeichnen und zu schreiben, zu Beginn Theaterkritiken, 1943 eine erste Komödie. Zunächst um finanzielle Probleme zu überwinden, wendete er sich dem Kriminalroman (Detektivroman) zu, mit dessen Möglichkeiten er experimentierte; es entstanden *Der Richter und sein Henker* (1952) und *Der Verdacht* (1953), Jahre später *Das Versprechen* (1958), das der Autor als »Requiem auf den Detektivroman« deklarierte. Nach *Romulus der Große* (uraufgeführt 1949), der in Teilaspekten die eigenwillige Komödientheorie (*Theaterprobleme*, 1955) vorwegnimmt, entstanden ab Mitte der 1950er Jahre die

Stücke, mit denen Dürrenmatt Weltgeltung als Bühnenautor erlangte; das sind vor allem die »tragische Komödie« *Der Besuch der alten Dame* (1956) und die mit der »schlimmstmöglichen Wendung« endende Komödie *Die Physiker* (1962), deren Schauplatz, ein Irrenhaus, den grotesken Weltzustand im Atomzeitalter spiegelt und zu deren legendärem Erfolg Therese Giehse (in der Rolle der Ärztin) beigetragen hat. Seit 1943 verfasste Dürrenmatt auch kurze Erzählprosatexte, die er 1952 in dem Sammelband *Die Stadt* vorlegte. Die meiste Beachtung fand von diesen Texten *Der Tunnel*, der, nach einem Hinweis des Autors 1952, also im Jahr der Erstveröffentlichung entstanden und 1964 auch in einer Einzelausgabe gedruckt, 1978 vom Autor noch einmal bearbeitet wurde. Wichtigster Eingriff war, neben der Eliminierung der Anspielung auf die »Rotte Korah«, die Streichung des Schlusssatzes; die neue Fassung schließt mit dem Wort »Nichts«. – Dürrenmatt erhielt zahlreiche Preise, u. a. 1986 den Georg-Büchner-Preis.

ED/DV: F. D.: Die Stadt. Prosa I–IV. Zürich: Verlag der Arche, 1952. S. 149–167. [Überarb. Version und ursprünglicher Schluss in: F. D.: Der Hund. Der Tunnel. Die Panne. Erzählungen. Zürich: Diogenes, 1998.] –

HERBERT EISENREICH

(7. 2. 1925 Linz – 6. 6. 1986 Wien)

Eisenreich wurde 1943 zum Reichsarbeitsdienst, dann zum Kriegsdienst verpflichtet und 1944 an der Westfront schwer verwundet. Ende 1945 kehrte er aus der Gefangenschaft nach Österreich zurück, holte das Abitur nach und studierte in Wien einige Semester Germanistik und Theaterwissenschaft. Während dieser Zeit machte er die Bekanntschaft von Heimito von Doderer, der zu einem seiner Vorbilder wurde. 1952 bis 1956 war Eisenreich in Hamburg beim Rundfunk und bei Zeitschriften (u. a. der *Zeit*) tätig; er ging dann nach Österreich zurück, wo er für den ORF arbeitete. Ergebnis der praktischen Arbeit beim Rundfunk war u. a. das Hörspiel *Wovon wir leben und woran wir sterben*, das ihn bekannt machte und für das er 1957 den Prix Italia erhielt. Auf weniger Resonanz stießen Eisenreichs größere Prosawerke, u. a. *Auch in ihrer Sünde* (1953); Fragment blieb der ein Jahr vor seinem Tod herausgegebene Roman *Die abgelegte Zeit*, an dem er mehr als 30 Jahre gearbeitet hatte und der ein Panorama der österreichischen Nachkriegsgesellschaft entwerfen sollte (Arbeitstitel: *Sieger und Besiegte*). In Eisenreichs Œuvre dominiert die Kurzgeschichte, zu der er sich im Anhang zu *Böse schöne Welt* (1957) auch theoretisch äußerte. Dem zweiten Kurzprosa-Band – *Sozusagen Liebesgeschichten* (1965) – ist der abgedruckte Text entnommen; dessen Titel verweist unverkennbar auf Kleists kleine Prosaarbeit *Der neue (glücklichere) Werther*, die Wolfgang Weyrauch 1949 als eine von fünf »Modellgeschichten« in der Anthologie *Tausend Gramm* abgedruckt hatte.

ED/DV: H. E.: Sozusagen Liebesgeschichten. Gütersloh: Sigbert Mohn, 1965. S. 74–82. [Wiederabdr. in: H. E.: Die Freunde meiner Frau. Zürich: Diogenes, 1966.] – © 1966, 1978 Diogenes Verlag AG, Zürich.

FRANZ FÜHMANN

(15. 1. 1922 Rokytnice/Böhmen – 8. 7. 1984 Ost-Berlin)

Nach Notabitur und Reichsarbeitsdienst wurde der in einer »Atmosphäre von Kleinbürgertum und sudetendeutschem Faschismus« aufgewachsene Sohn eines Apothekers 1941 zum Kriegsdienst eingezogen. Erst 1949 aus sowjetischer Gefangenschaft in die DDR entlassen, war Fühmann bis 1958 hauptamtlich für die National-Demokratische Partei tätig. Ab 1958 lebte er als freischaffender Autor in Ost-Berlin. Seit Ende der 1960er Jahre setzte er sich aktiv für die Friedensbewegung ein und wurde, unbeirrt am Sozialismus festhaltend, als Kritiker der offiziellen DDR-Kulturpolitik zu einer moralischen Instanz für die jüngeren DDR-Autoren. In seinem literarischen Werk, das von der Aufarbeitung der eigenen Lebensgeschichte durchdrungen ist, hat Fühmann immer wieder Krieg und Faschismus thematisiert und sich dabei intensiv mit ›Täter‹-Figuren auseinandergesetzt. – Der Erzählzyklus *Das Judenauto* (1962) beschreibt aus der Ich-Perspektive vierzehn Tage aus zwanzig Lebensjahren des Dichters, stellt Irrtümer und Wandlungen in den Zusammenhang der historischen Entwicklung. Ein Vergleich der Drucke ergab, dass die Titelgeschichte 1962 durch das Verlagslektorat in einigen Details verändert wurde; die Ausgabe von 1979 bietet den Text – nach einem von Fühmann selbst gegebenen Hinweis – im ursprünglichen Wortlaut. Uwe Buckendahl hat in einer umfänglichen Monographie die Editionsgeschichte des Textes aufgearbeitet und dabei die Varianten von drei publizierten sowie zwei unbekannten Textzeugen dokumentiert und analysiert (Frankfurt a. M.: Peter Lang, 2017).

ED: F. F.: Das Judenauto. Vierzehn Tage aus zwei Jahrzehnten. Berlin: Aufbau-Verlag, [Dezember] 1962. S. 5–14.
DV: F. F.: Das Judenauto. Kabelkran und Blauer Peter. Zweiundzwanzig Tage oder Die Hälfte des Lebens. Rostock: Hinstorff, 1979. S. 9–17. –

GERD GAISER

(15. 9. 1908 Oberriexingen/Württemberg – 9. 6. 1976 Reutlingen)

Der Sohn eines Pfarrers studierte Kunstgeschichte, war während des Zweiten Weltkriegs Luftwaffenoffizier, wurde 1949 Zeichenlehrer in Reutlingen und 1962 Professor für Kunsterziehung an der Pädagogischen Hochschule Reutlingen. Bekannt wurde er in den 1950er Jahren vor allem durch den Kriegsroman *Die sterbende Jagd* (1953) und den die Wirtschaftswunderjahre kritisch in den Blick nehmenden Roman *Schlußball* (1958). In den Anfängen der Bundesrepublik viel gelesen und diskutiert, geriet er, u. a. wegen einer ihm unterstellten Nähe zur NS-Ideologie, Anfang der 1960er Jahre in die Kritik und schließlich ins wirkungsgeschichtliche Abseits. Dennoch würdigte Marcel Reich-Ranicki, der zu den schärfsten Kritikern gehört hatte, in einem Nachruf Gaisers außerordentliche Intensität der Darstellung und seine Stärke in der Wiedergabe sinnlicher Wahrnehmungen, im Atmosphärischen. – Gaiser, den Günter Blöcker 1960 das »größte Prosatalent der deutschen Nachkriegsliteratur« nannte, hat schon 1949 – unter dem Titel *Zwischenland* – einen ersten Band mit kurzen Erzählprosatexten vorgelegt. Die abgedruckte Kurzgeschichte, die er in seine Erzählsammlung *Gib acht in Domokosch* (1959) aufnahm, war, nicht zuletzt wegen ihrer kunstvollen Struktur, lange Zeit ein Schulbuch-Klassiker.

ED: Frankfurter Allgemeine Zeitung. Nr. 262, 10. November 1954.
DV: G. G.: Mittagsgesicht. Erzählungen. Ostfildern: Schwabenverlag, 1983. S. 153–162. – Mit Genehmigung von Verena Förster, Pfullingen.

WOLFGANG HILDESHEIMER

(9. 12. 1916 Hamburg – 21. 8. 1991 Poschiavo/Graubünden)

Hildesheimer, Sohn einer jüdischen Familie, emigrierte 1933 nach Palästina; 1937 bis 1939 absolvierte er eine Ausbildung zum Maler und Bühnenbildner in London. Nachdem er die Kriegsjahre als britischer Informationsoffizier in Palästina verbracht hatte, war er von 1946 bis 1948 Simultanübersetzer bei den Nürnberger Kriegsverbrecherprozessen. Seit 1950 lebte er als freier Schriftsteller in München und in der Schweiz, bereiste Europa und den Nahen Osten. Die Kurzgeschichten-Sammlung *Lieblose Legenden*, mit der er 1952 debütierte, ist geprägt von kühler Ironie und surrealen Pointen; Hauptthemen sind gesellschaftliche Konventionen und der oft affektierte Kulturbetrieb. Im Zentrum seines Romans *Paradies der falschen Vögel* (1953) steht die Hochstapelei derjenigen, die gesellschaftlich Geltung suchen, vor allem der Künstler. In seinen Hörspielen und Theaterstücken vertieft Hildesheimer die Frage nach Realität und Fiktion, ebenso wie in seinen an die Prosa Becketts erinnernden großen Prosaarbeiten *Tynset* (1965) und *Masante* (1973). 1977 kam Hildesheimers vielgelobte Mozart-Biographie heraus, vier Jahre später die fiktive Künstlerbiographie *Marbot*. 1966 erhielt er den Georg-Büchner-Preis, 1982 den Literaturpreis der Bayerischen Akademie der Schönen Künste. – Die abgedruckte Geschichte, die im Februar 1952 auch in den *Frankfurter Heften* veröffentlicht wurde, erschien 1962 in der überarbeiteten und erweiterten Neuausgabe der *Lieblosen Legenden* in erheblich veränderter Form.

ED: Schweizer Journal. 17. Jg., Heft 9/10, September/Oktober 1951. S. 39–41.

DV: W. H.: Lieblose Legenden. Frankfurt a. M.: Suhrkamp, 1962. S. 114–127. –

MARIE LUISE KASCHNITZ

(31. 1. 1901 Karlsruhe – 10. 10. 1974 Rom)

Kaschnitz, Tochter eines Offiziers, arbeitete als Buchhändlerin in München, dann ab 1924 in Rom, wo sie den Archäologen Guido von Kaschnitz-Weinberg kennen lernte (Heirat 1925). Sie begleitete ihren Mann auf zahlreichen Reisen, lebte in Königsberg (1932–37) und Marburg (1937–41) und ertrug in Frankfurt a. M. die Zerstörungen des Luftkriegs. Die Begegnungen vor allem mit der römischen Antike (sie lebte 1924–32 und 1952–56 in Rom) gaben ihrem Werk entscheidende Impulse. Kaschnitz schrieb 1929/30 die ersten Erzählungen und veröffentlichte in den 1930er Jahren zwei Romane (*Liebe beginnt*, 1933; *Elissa*, 1937). Wahrgenommen wurde sie lange Zeit vor allem als Lyrikerin. Die 1947 publizierten *Gedichte* versammeln die bis 1944 entstandene Lyrik; der im selben Jahr veröffentlichte Band *Totentanz und Gedichte zur Zeit* liefert einen Beitrag zur »Trümmerliteratur«, vor allem mit dem zentralen Zyklus *Rückkehr nach Frankfurt*. Weitere Lyrikbände folgten; berühmt wurde das Gedicht *Hiroshima* (in: *Neue Gedichte*, 1957). Erfolgreich war Kaschnitz auch mit zahlreichen Hörspielen. Während ihres ganzen Lebens hat sie überdies kürzere Erzählprosa verfasst und diese in vier Sammlungen vorgelegt: *Das dicke Kind und andere Erzählungen* (1952), *Lange Schatten* (1960), *Ferngespräche* (1966) und *Vogel Rock* (1969). Für die Geschichte *Ja, mein Engel*, die ihrer Aussage nach »die Tragödie des Alterns« darstellt, erhielt Kaschnitz 1964 den Georg Mackensen Literaturpreis für die beste deutsche Kurzgeschichte. Dieser wie auch die beiden anderen hier abgedruckten Texte – die Pubertätsstudie *Lange Schatten* und der surreale Elemente verarbeitende *Vogel Rock* – zeugen von dem starken psychologischen Interesse der Autorin, die »eine persönliche Form der Kurzgeschichte entwickelt« hat (Elsbeth Pulver). – 1955 wurde sie mit dem Georg-Büchner-Preis ausgezeichnet, 1966 mit der Goethe-Plakette der Stadt Frankfurt.

ED: (1) Merkur. 14. Jg., Heft 5, Mai 1960. S. 448–453. – (2) M. L. K.: Ferngespräche. Erzählungen. Frankfurt a. M.: Insel Verlag, 1966. S. 216–225. – (3) Westermanns Monatshefte. 105. Jg., Heft 10, Oktober 1964, S. 5–12.
DV: M. L. K.: Gesammelte Werke. Hrsg. von Christian Büttrich und Norbert Miller. Bd. 4: Die Erzählungen. Frankfurt a. M.: Insel Verlag, 1983. S. 168–175 (1). [Auch in: M. L. K.: Lange Schatten. Erzählungen. Hamburg: Claassen, 1960 u. ö.] – © 1960 Ullstein Buchverlage GmbH, Berlin.
Ebd. S. 561–569 (2). 589–604 (3). – © Insel Verlag, Frankfurt am Main 1985. Alle Rechte bei und vorbehalten durch Insel Verlag, Berlin.

ALEXANDER KLUGE

(geb. 14. 2. 1932 Halberstadt)

Kluge, Sohn eines Arztes, studierte Jura und Geschichte und promovierte 1956 in Marburg zum Dr. jur.; 1958 war er als Assistent von Fritz Lang zum ersten Mal beim Film tätig. Bereits als Filmemacher profiliert, las er 1962 vor der ›Gruppe 47‹ aus der in nüchtern-lakonischem Stil gehaltenen Sammlung *Lebensläufe* (1962), der die ausgewählte Geschichte entnommen ist. Dieser unmittelbar vor Beginn der ersten Auschwitz-Prozesse veröffentlichte Band enthält quasi-dokumentarische Biographien, die durch das Erleben der NS-Zeit geprägt sind. Seitdem ist Kluge als Schriftsteller, Filmautor und -regisseur, Kunsttheoretiker, Medienpolitiker und seit Anfang der 1990er Jahre auch als Produzent und Autor einiger kritischer TV-Magazine präsent. – 1964 erschien die aus authentischen und fiktiven Dokumenten montierte *Schlachtbeschreibung*, die nach Aussage des Autors von dem »organisierten Aufbau eines Unglücks« handelt, dem Untergang der sechsten Armee vor Stalingrad. Für seinen Film *Die Artisten in der Zirkuskuppel: ratlos* (1967) erhielt Kluge den ›Goldenen Löwen‹ (Filmfestspiele Venedig) – eine der vielen Auszeichnungen seines breitgefächerten sozialphilosophisch fundierten Werks. 1978 wirkte er an einer filmischen Bestandsaufnahme der späten 1970er Jahre mit (*Deutschland im Herbst*); weitere Filme und literarische Arbeiten folgten. Die im Jahr 2000 in zwei Bänden vorgelegte *Chronik der Gefühle* stellt eine Fortschreibung seiner Erzählsammlungen dar. Im Juni 2012 erhielt Kluge eine Einladung auf die Poetik-Dozentur der Goethe-Universität Frankfurt; er hielt vier Vorlesungen, die im selben Jahr unter dem Titel *Theorie der Erzählung. Frankfurter Poetikvorlesungen* veröffentlicht wurden.

ED: A. K.: Lebensläufe. Stuttgart: Goverts, [Oktober] 1962. S. 133–136.
DV: A. K.: Chronik der Gefühle. Bd. 2: Lebensläufe. Frankfurt a. M.: Suhrkamp, 2000. S. 770–772. –

ELISABETH LANGGÄSSER

(23. 2. 1899 Alzey/Rheinhessen – 25. 7. 1950 Karlsruhe)

Langgässer, Tochter eines Baurats jüdischer Herkunft, war nach dem Studium Lehrerin an verschiedenen Schulen in Hessen. 1929 zog sie nach Berlin, arbeitete zunächst als Dozentin; von 1930 bis 1948 (Übersiedlung nach Rheinzabern) lebte sie hier als freie Schriftstellerin. 1924 waren ihre ersten Gedichte, 1932 die ersten Prosaarbeiten erschienen. 1936 wurde sie (als »Halbjüdin«) aus der Reichsschrifttumskammer ausgeschlossen, was ein absolutes Schreibverbot bedeutete. – Nach einer Aussage Luise Rinsers zeigt Langgässer die »Wirklichkeit des Christen, die sich ausspannt zwischen den Gewalten von Fleisch und Geist, Gott und Satan, Schuld und Gnade«. Diese Auseinandersetzung spiele sich ab in einer Welt, in der »Magie und Intellektualität« einander auf »unheimliche und ungewöhnliche Weise« durchdringen. Langgässers Weltbild spiegelt sich nicht nur in drei Gedichtzyklen wider, sondern auch in dem 1936 begonnenen, 1946 veröffentlichten Roman *Das unauslöschliche Siegel*, einem der wenigen Beispiele für die Produktion der inneren Emigration während des »Dritten Reiches«. Ihre steten Bemühungen um eine spezielle Formgebung des christlichen Romans bezeichnete die Autorin selbst als »Supranaturalismus«. Auf die Konstruktion metaphysischer Zusammenhänge wird in den Kurzgeschichten des Anfang 1948 (mit der Jahresangabe 1947) publizierten Bandes *Der Torso* weitgehend verzichtet. Aus diesem Zyklus ausgewählt wurden die auf einem authentischen Erlebnis beruhende Geschichte *Saisonbeginn* sowie *Glück haben*; über Letztere schrieb die Autorin im September 1946 in einem Brief: »›Glück haben‹ ist das Selbstgespräch einer Irren und ›als Konzentrat‹ der Untergang der bürgerlichen Welt.« Beide Geschichten gehören zu den vor allem durch die Schule kanonisierten Texten. – 1950 wurde Langgässer postum der Georg-Büchner-Preis verliehen.

ED: (1) Unser Tag (Freiburg-Littenweiler). Nr. 61, 8. August 1947. S. 5 [u. d. T. *Das Straßenschild*]. – (2) Frankfurter Hefte. 2. Jg., Heft 12, Dezember 1947. S. 1244–1248.
DV: E. L.: Ausgewählte Erzählungen. Mit einem Nachw. von Horst Krüger. Düsseldorf: Claassen, 1979. S. 190–193 (1). 230–237 (2). –

SIEGFRIED LENZ

(17. 3. 1926 Lyck/Ostpreußen – 7. 10. 2014 Hamburg)

Nach dem Besuch des Gymnasiums wurde Lenz 1943 zur Marine eingezogen; er desertierte, geriet in englische Kriegsgefangenschaft und schließlich, 1945, nach Hamburg. Ein dort aufgenommenes Studium (Philosophie, Anglistik und Germanistik) schloss er nicht ab, sondern arbeitete journalistisch. Seit 1951 lebte er als freier Schriftsteller in Hamburg und auf der dänischen Insel Ålsen. – Als Voraussetzungen seines Schaffens nennt Lenz in seinem Drama *Zeit der Schuldlosen* (1961) »ein gewisses Mitleid, Gerechtigkeit und einen nötigen Protest«. Lenz' Erinnerungen, aus denen sich sein literarisches Werk speist, sind eng an die verlorene masurische Heimat geknüpft. Sein erster Roman *Es waren Habichte in der Luft* erschien 1951; den Durchbruch erzielte er jedoch mit den Erzählungen *So zärtlich war Suleyken* (1955), in denen er mit versöhnlichem Humor die Menschen und ihre Lebensweise in seiner ostpreußischen Heimat schildert. In den späteren Erzählsammlungen griff Lenz verstärkt zu sozialkritischen, auch politischen Themen. Das gilt für die noch unter dem Einfluss des Vorbildes Hemingway stehenden Texte des Bandes *Jäger des Spotts* (1958) – darin, als ältester der aufgenommenen Texte, die schon 1949 entstandene Kurzgeschichte *Die Nacht im Hotel*; das gilt auch für die Sammlung *Das Feuerschiff* (1960), die mit *Ein Freund der Regierung* eine der bekanntesten Geschichten enthält. *Die Nacht im Hotel* hat Lenz auf der Tagung der ›Gruppe 47‹ in Niendorf im Mai 1952 vorgelesen (regelwidrig – da der Text schon im Dezember 1951 veröffentlicht worden war). 1968 hatte Lenz mit dem Roman *Deutschstunde*, in dem er einen pervertierten Pflichtbegriff desavouiert, auch international großen Erfolg. Wie in diesem Roman setzt er sich auch in *Heimatmuseum* (1978) und *Exerzierplatz* (1985) kritisch mit der jüngeren deutschen Geschichte, vor allem NS-Zeit, Flucht und Vertreibung, auseinander. – Hohe Anerkennung – auch von Seiten der Literaturkritik – erhielt der Autor noch einmal 2008 für die Novelle *Schweigeminute*, die 2016 verfilmt wurde. Einen fulminanten Verkaufserfolg erzielte der 1952 von Hoffmann und Campe abgelehnte, 2016 aus dem Nachlass veröffentlichte Roman *Der Überläufer*, der den letzten Kriegssommer eines jungen Soldaten an der Ostfront schildert. Lenz erhielt zahlreiche Preise, u. a. 1988 den Friedenspreis des Deutschen Buchhandels, 1999 den Goethe-Preis der Stadt Frankfurt und 2009 den Lew-Kopelew-Preis für Frieden und Menschenrechte.

ED: (1) Die Zeit. Nr. 51, 20. Dezember 1951. – (2) Die Zeit. Nr. 14, 3. April 1959.

DV: (1) S. L.: Werkausgabe in Einzelbänden. Bd. 13: Erzählungen 1. 1949–1955. Hamburg: Hoffmann und Campe, 1996. S. 7–13. – (2) Ebd. Bd. 14: Erzählungen 2. 1956–1962. Hamburg: Hoffmann und Campe, 1997. S. 137–146. – © 1949 (1), 1959 (2) Hoffmann und Campe Verlag, Hamburg.

KURT MARTI

(31. 1. 1921 Bern – 11. 2. 2017 Bern)

Nach dem Theologiestudium arbeitete Marti als Pfarrer, zuletzt von 1961 bis 1983 in Bern. Er engagierte sich in den 1960er Jahren für Frieden und Abrüstung und u. a. als Mitbegründer der »Erklärung von Bern« für mehr Unterstützung der Dritten Welt. Immer wieder forderte er zu einem unbequemen Christentum auf, das sich mit den Ohnmächtigen gegen die regierenden Mächte verbündet. Das »politische Tagebuch« *Zum Beispiel: Bern 1972*, in dem er die Gleichsetzung von demokratischer Opposition und kommunistischer Subversion zurückweist, trug ihm einen Prozess ein, und die Universität Bern verweigerte ihm einen Lehrauftrag. Dennoch erhielt Marti 1972 u. a. den Großen Literaturpreis des Kantons Bern, 1977 die Ehrendoktorwürde der theologischen Fakultät der Universität Bern, 1981 den Literaturpreis der Stadt Bern und 2011 den Preis der Schweizerischen Schillerstiftung. Mit seinen *republikanischen gedichten* (1959) wurde Marti zum Begründer des modernen politischen Gedichts in der Schweiz; unter seinen weiteren Lyrikbänden erreichten die aus seiner Pfarrtätigkeit hervorgegangenen *leichenreden* (1969) die größte Wirkung. Die in mehreren Bänden vorgelegten Kurzprosatexte (*Dorfgeschichten*, 1960; *Bürgerliche Geschichten*, 1981; *Nachtgeschichten*, 1987) sind wie das übrige Werk aus einem moralisch-christlichen Schreibimpetus erwachsen. Der ausgewählte Text – aus den durch illusionslosen Realismus geprägten *Dorfgeschichten* – wurde häufig in Anthologien und Lesebücher aufgenommen; er ist in der Werkauswahl geringfügig überarbeitet. – 2010 erschien eine *Notizen und Details* betitelte Sammlung mit Kommentaren zu Literatur, Politik und Gesellschaft, die Marti 1964 bis 2007 für die Zeitschrift *Reformatio* geschrieben hatte; der Band, der ein Stück Zeitgeschichte dokumentiert, wurde von der Kritik begeistert aufgenommen und als »ein neues Hauptwerk des Dichters« gefeiert.

ED: K. M.: Dorfgeschichten. Gütersloh: Sigbert Mohn, 1960, S. 60–63.
DV: K. M.: Werkauswahl in 5 Bänden. Ausgew. von K. M. und Elsbeth Pulver. Bd. 1: Neapel sehen. Erzählungen. Zürich/Frauenfeld: Nagel und Kimche, 1996. S. 16f. –

HEINZ PIONTEK

(15. 11. 1925 Kreuzburg/Oberschlesien – 26. 10. 2003 München)

Piontek, 1943 noch als Schüler zum Wehrdienst einberufen, holte nach Kriegsende in Bayern das Abitur nach, studierte einige Semester Germanistik und war seit 1948 als freier Schriftsteller tätig. Verstreut veröffentlichten Erzählungen folgten die beiden Gedichtbände *Die Furt* (1952) und *Die Rauchfahne* (1953), welche ihn rasch bekannt machten. Die traditionellen Formen verpflichtete Lyrik, die in viele Anthologien Eingang gefunden hat und häufig übersetzt wurde, steht im Zentrum von Pionteks Werk; seine schriftstellerische Tätigkeit umfasst jedoch auch Romane, Hörspiele und literarische Essays, u. a. den Aufsatz *Graphik in Prosa. Ansichten über die deutsche Kurzgeschichte* (in: *Buchstab – Zauberstab*, 1959). Seine fiktionalen Kurzprosatexte weisen in der Bildhaftigkeit der Landschaftsbeschreibungen eine gewisse Nähe zur Lyrik auf und sind teilweise autobiographisch geprägt. Die hier abgedruckte Kurzgeschichte, 1954 entstanden und 1955 in die Sammlung *Vor Augen. Proben und Versuche* aufgenommen, gestaltet ein Vertriebenenschicksal und damit ein Stück deutscher Zeitgeschichte; sie besteht, wie Benders *Die Wölfe kommen zurück*, aus mehreren locker aneinander gereihten »Augenblicksbildern«. – Piontek, der einen »weltanschaulichen und moralischen Konservatismus« (Martin Hollender) vertrat, erhielt zahlreiche Preise, u. a. 1976 den Georg-Büchner-Preis.

ED: horizont. Heft 1, 1955. S. 1–6.
DV: H. P.: Erde unter dem Schnee. In: Feuer im Wind. Werke. Bd. 3: Die Erzählungen. München 1985. S. 9–15. –

LUISE RINSER

(30. 4. 1911 Pitzling/Oberbayern – 17. 3. 2002 Unterhaching)

Nach dem Studium der Pädagogik und Psychologie arbeitete Rinser bis 1939 als Volksschullehrerin. Mit ihrem Roman *Die gläsernen Ringe* erzielte sie 1941 einen durchschlagenden Erfolg (eine 2. Auflage verhinderte die Reichsschrifttumskammer). Im Oktober 1944 wurde sie wegen »Wehrkraftzersetzung und Widerstands gegen den Staat« festgenommen; in der Haftzeit entstand ihr *Gefängnis-Tagebuch* (publ. 1946). Zur Erfolgsautorin wurde Rinser durch den Roman *Mitte des Lebens* (1950), der kontrastiv zwei weibliche Lebensentwürfe gestaltet. Nach der Trennung von Carl Orff, mit dem sie von 1954 bis 1959 verheiratet war, und der Übersiedlung nach Italien dominieren in ihrem Werk religiöse Themen, so in dem 1962 publizierten Roman *Die vollkommene Freude*. In den 1980er Jahren veröffentlichte sie unter dem Titel *Den Wolf umarmen* eine Autobiographie sowie den Christus-Roman *Mirjam*. Rinsers Schreiben ist geprägt von einer »moralisch-humanistischen Grundhaltung« und ihrem Selbstverständnis als Sozialistin und Katholikin (Sigrid Weigel). 1984 gipfelte ihr politisches Engagement in der Kandidatur für das Amt des Bundespräsidenten. Einen letzten großen literarischen Erfolg erzielte sie 1991 mit dem Roman *Abaelards Liebe*. – Nachdem Wolfgang Weyrauch *Die rote Katze* 1949 in die Anthologie *Tausend Gramm* aufgenommen hatte, wurde diese Initiationsgeschichte in zahlreichen weiteren Sammlungen deutscher Nachkriegsprosa abgedruckt. Enthalten ist sie auch in dem Erzählband *Ein Bündel weißer Narzissen*, in dem Rinser 1956 eine Reihe von Kurzgeschichten vorgelegt hat.

ED: Karussell. Literarische Monatsschrift. 3. Jg., Januar 1948, Folge 19. S. 23–27.
DV: L. R.: Ein Bündel weißer Narzissen. Erzählungen. Frankfurt a. M.: Fischer Taschenbuch Verlag, 1975. S. 203–210. –

PAUL SCHALLÜCK

(17. 6. 1922 Warendorf – 29. 2. 1976 Köln)

Schallück, Sohn einer russisch-sibirischen Mutter und eines Deutschen, erlebte schon als Kind die Vorurteile, die seiner fremdländischen Mutter entgegengebracht wurden. Sein Berufsziel, katholischer Missionar zu werden, musste er aufgrund einer schweren Kriegsverletzung aufgeben. Ab 1949 arbeitete er als Theaterkritiker und Schriftsteller, wirkte an der Gründung der ›Germania Judaica‹ – der Bibliothek des deutschen Judentums – mit und war aktiv in der ›Kölnischen Gesellschaft für christlich-jüdische Zusammenarbeit‹. Ab 1972 leitete er als Chefredakteur die Zeitschrift ›Dokumente – Zeitschrift für internationale Zusammenarbeit‹. Mit seinen Romanen (*Wenn man aufhören könnte zu lügen*, 1951; *Ankunft null Uhr zwölf*, 1953), Essays (*Zum Beispiel*, 1962), Hör- und Fernsehspielen lieferte Schallück, ein unbestechlicher Moralist, immer wieder pointiert kritische Dokumente der Zeit nach dem Zweiten Weltkrieg. Sein bekanntester Roman, *Engelbert Reineke* (1959), setzt sich mit den Erfahrungen der NS-Zeit im heimischen Warendorf auseinander. Da Schallück sich selbst wiederholt als »Nestbeschmutzer« bezeichnet hatte, erschien eine Sammlung von Erzählungen aus dem Nachlass 1977 unter dem Titel *Bekenntnisse eines Nestbeschmutzers*. – *Pro Ahn sechzig Pfennige* ist eine seiner populärsten Geschichten; der Text wurde für die Buchausgabe 1966 gekürzt und in vielen Details verändert.

ED: Frankfurter Allgemeine Zeitung. Nr. 211, 11. September 1954, Beilage: Bilder und Zeiten.
DV: P. Sch.: Lakrizza und andere Erzählungen. Baden-Baden: Signal-Verlag Hans Frevert, 1966. S. 36–44. – Mit Genehmigung von Pierre E. Frevert, Frankfurt am Main.

ARNO SCHMIDT

(18. 1. 1914 Hamburg – 3. 6. 1979 Celle)

Nach dem Tod des Vaters, eines Polizisten, übersiedelte Schmidt mit der Familie nach Schlesien; in Görlitz machte er 1933 das Abitur, absolvierte eine kaufmännische Lehre und arbeitete seit 1937 als Angestellter. 1940 wurde er zur Wehrmacht eingezogen. Kriegsgefangenschaft und Vertreibung brachten den Verlust zahlreicher Manuskripte mit sich. 1949 erschien als erste Publikation der aus tagebuchartigen Berichten bestehende Prosaband *Leviathan*. Aufsehen erregte die Erzählung *Seelandschaft mit Pocahontas* (1955), die Schmidt eine Strafanzeige wegen »Gotteslästerung und Pornographie« eintrug. 1958 bezog er sein endgültiges Domizil im Heidedorf Bargfeld. – Die zahlreichen Erzählwerke Schmidts, u. a. *Brand's Haide* (1951), *Aus dem Leben eines Fauns* (1953), *Das steinerne Herz* (1956) und *Die Gelehrtenrepublik* (1957), stellen Einzelgänger in den Mittelpunkt, die sich ihrer Zeit teils melancholisch, teils zynisch zu widersetzen suchen. Schmidt entwickelte in seiner Prosa, die sich häufig fast phonetisch getreu abbildender Notierung bedient und mit Umgangssprache und Dialekt durchsetzt ist, zusehends eine Technik, die den Erzählfluss in kurze Abschnitte (»Raster«) zersplittert. 1970 erschien sein Opus magnum *Zettels Traum*. 1973 erhielt er den Goethe-Preis der Stadt Frankfurt. Das Werk des »Solipsisten« Schmidt ist nicht, wie mitunter befürchtet, in Vergessenheit geraten; Zeugnisse dafür sind die von der Arno Schmidt Stiftung betreuten Editionen seiner Schriften sowie der seit 1981 erscheinende *Bargfelder Bote*. – Die ausgewählte Kurzgeschichte ist am 26. Januar 1956 entstanden; zehn Jahre nach dem Erstdruck wurde sie in der Sammlung *Trommler beim Zaren* (1966) erneut veröffentlicht.

ED: Die Andere Zeitung (Hamburg). Nr. 7. 16. Februar 1956.
DV: A. S.: Bargfelder Ausgabe. Werkgruppe 1: Romane, Erzählungen, Gedichte, Juvenilia. Studienausgabe. Bd. 4. Zürich: Haffmans, 1988. S. 51–53. [Auch in A. S.: Trommler beim Zaren. Karlsruhe: Stahlberg, 1966.] –

WOLFDIETRICH SCHNURRE

(22. 8. 1920 Frankfurt a. M. – 9. 6. 1989 Kiel)

Nach dem Besuch eines Gymnasiums wurde Schnurre 1939 zur Wehrmacht einberufen, aus der er im April 1945 desertierte. Nach dem Krieg arbeitete er als Theater- und Filmkritiker und lebte seit 1950 als freier Schriftsteller in Berlin. Beim ersten Treffen der ›Gruppe 47‹ im September 1947 (und bei einem verspäteten Schlusstreffen im Jahre 1977) las er *Das Begräbnis* vor, das Musterbeispiel eines Kahlschlagtextes, in dem die durch Krieg und Terror ausgelöste Glaubenskrise thematisiert wird. Schnurres frühe Geschichten verarbeiten Kriegs- und Heimkehrererlebnisse bei stets leicht unwirklicher Darstellung der Situation. Die Kurzgeschichte war für ihn vor allem ein Instrument, Missstände aufzudecken und die Menschenwürde zu verteidigen; sie zwinge außerdem den Autor, »Farbe zu bekennen« (vgl. den Essay *Kritik und Waffe*, 1961). 1950 veröffentlichte Schnurre sechs seiner Kurzgeschichten in *Die Rohrdommel ruft jeden Tag*, 1958 weitere 13 in *Eine Rechnung, die nicht aufgeht* (darin auch *Das Manöver*, das – nach dem Erstdruck 1952 – noch einmal am 28. August 1954 unter dem endgültigen Titel in der FAZ erschienen war). In dem Band *Man sollte dagegen sein* wurden 1960 acht Geschichten aus den Jahren 1945 bis 1947 vorgelegt (u. a. *Das Begräbnis* in überarbeiteter Form). Neben zahlreichen Kinderbüchern verfasste Schnurre auch Gedichte, den »Roman in Geschichten« *Als Vaters Bart noch rot war* (1958) sowie unter dem Titel *Der Schattenfotograf* (1978) tagebuchähnliche Aufzeichnungen, eine Art Autobiographie. – 1983 wurde er mit dem Georg-Büchner-Preis ausgezeichnet.

ED: (1) Ja. Zeitung der jungen Generation (Berlin). Nr. 3, Februar 1948. S. 5. – (2) Deutsche Rundschau. 78. Jg., Heft 12, Dezember 1952. S. 1280–85 [u. d. T. *Ein Zwischenfall*].
DV: W. Sch.: Erzählungen 1945–1965. München: List Verlag, 1977. S. 14–20 (1). 213–220 (2). – Mit Genehmigung von Marina Schnurre, Berlin.

MARTIN WALSER

(geb. 24. 3. 1927 Wasserburg/Bodensee)

Der aus einer Gastwirtsfamilie stammende Walser wurde kurz vor Kriegsende als Flakhelfer eingezogen. Nach dem Krieg studierte er Literaturwissenschaft, Philosophie und Geschichte und promovierte 1951 mit einer Dissertation über Franz Kafka. Für *Templones Ende* erhielt Walser 1955 den Preis der ›Gruppe 47‹, an deren Treffen er seit 1953 teilnahm. Die Publikation dieser Geschichte erfolgte im selben Jahr – zusammen mit anderen Satiren – in dem Band *Ein Flugzeug über dem Haus*, mit dem er erstmals von der Öffentlichkeit wahrgenommen wurde. 1957 übersiedelte Walser von Stuttgart, wo er seit 1949 beim Süddeutschen Rundfunk tätig war, an den Bodensee. 1957 erschien auch sein Romanerstling *Ehen in Philippsburg*, für den ihm der Hermann-Hesse-Preis verliehen wurde. Es folgte die Anselm-Kristlein-Trilogie: *Halbzeit* (1960), *Das Einhorn* (1966) und *Der Sturz* (1973). In diesen wie in einer Reihe weiterer Romane verarbeitet und kommentiert Walser Entwicklungen der bundesrepublikanischen Gesellschaft, stellt insbesondere die kontinuierliche Frustration der Selbstverwirklichungswünsche von Mittelschichtindividuen dar. In *Dorle und Wolf* (1987), der zweiten »Novelle« nach *Ein fliehendes Pferd* (1978), greift er das Thema der Teilung Deutschlands auf, im Roman *Ein springender Brunnen* (1998) beschwört er die eigene Kindheit. Für sein imponierendes Werk wurde Walser mit zahlreichen Preisen ausgezeichnet, u. a. 1981 mit dem Georg-Büchner-Preis. 1998 erhielt er den Friedenspreis des Deutschen Buchhandels, auf den er mit seiner umstrittenen Rede über die »Instrumentalisierung« des Holocaust reagierte. Die Mediensatire *Tod eines Kritikers* (2002) löste – infolge eines ungerechtfertigten Antisemitismus-Vorwurfs – eine weitere heftige Debatte aus. Walser ließ sich durch die Attacken nicht in seiner schriftstellerischen Arbeit beeinträchtigen und schuf in den Folgejahren mit weiteren Romanen, Erzählungen und Essays ein beeindruckendes Alterswerk. Zum 90. Geburtstag des Autors am 24. März 2017 erschien eine Gesamtausgabe letzter Hand in 25 Bänden, die insgesamt etwa 11450 Seiten im Groß-Oktav-Format umfasst.

ED: M. W.: Ein Flugzeug über dem Haus. Und andere Geschichten. Frankfurt a. M.: Suhrkamp, 1955. S. 86–103.
DV: M. W.: Werke in zwölf Bänden. Hrsg. von Helmuth Kiesel unter Mitw. von Frank Barsch. Bd. 8: Prosa. Frankfurt a. M.: Suhrkamp, 1997. S. 70–82. –